독학사

2·4단계

국어국문학과

국어학개론

시대에듀

머리말 INTRO

학위를 얻는 데 시간과 장소는 더 이상 제약이 되지 않습니다. 대입 전형을 거치지 않아도 '학점은행제'를 통해 학사학위를 취득할 수 있기 때문입니다. 그중 독학학위제도는 고등학교 졸업자이거나 이와 동등 이상의 학력을 가지고 있는 사람들에게 효율적인 학점 인정 및 학사학위 취득의 기회를 줍니다.

학습을 통한 개인의 자아실현 도구이자 자신의 실력을 인정받을 수 있는 스펙인 독학사는 짧은 기간 안에 학사학위를 취득할 수 있는 가장 빠른 지름길로써 많은 수험생들의 선택을 받고 있습니다.

이 책은 독학사 시험을 준비하는 수험생분들이 단기간에 효과적인 학습을 할 수 있도록 다음과 같이 구성 하였습니다.

---

01 핵심이론을 학습하기에 앞서 각 단원에서 파악해야 할 중점과 학습목표를 정리하여 수록하였습니다.

02 시험에 출제될 수 있는 내용을 '핵심이론'으로 수록하였으며, 이론 안의 '더 알아두기' 등을 통해 내용 이해에 부족함이 없도록 하였습니다. (2023년 시험부터 적용된 개정 평가영역 반영)

03 해당 출제영역에 맞는 핵심포인트를 분석하여 구성한 '실전예상문제'를 수록하였습니다.

04 최신 출제유형을 반영한 '최종모의고사(2회분)'를 통해 자신의 실력을 점검해 볼 수 있도록 하였습니다.

05 4단계 시험에 대비할 수 있도록 '주관식 문제'를 수록하였습니다.

책을 집필할 때마다 수험생들이 시험을 준비하는 데 얼마나 도움이 될 수 있는지에 대해 깊이 고민합니다. 본 교재는 여러 해 동안 수험생들을 대상으로 관련 과목을 강의하면서 얻은 감각과 경험을 참고하여 평가 영역을 분석하여 집필하였으며, 충분히 독학사 시험을 대비할 수 있는 교재라고 자신합니다. 수험생 여러분 이 관심을 가지고 본 교재로 꾸준히 학습한다면, 국어학의 전반적인 내용을 파악하고 시험에 대한 자신감 과 실력 또한 갖출 수 있을 것입니다.
끝으로 졸고를 선뜻 출판해 주신 출판사 대표님과 편집하느라 여러 날 고생하셨을 임직원 여러분께 이 자리 를 빌려 심심한 감사의 말씀을 드립니다.

편저자 드림

독학학위제 소개 BDES

○ 독학학위제란?

「독학에 의한 학위취득에 관한 법률」에 의거하여 국가에서 시행하는 시험에 합격한 사람에게 학사학위를 수여하는 제도

- ☑ 고등학교 졸업 이상의 학력을 가진 사람이면 누구나 응시 가능
- ☑ 대학교를 다니지 않아도 스스로 공부해서 학위취득 가능
- ☑ 일과 학습의 병행이 가능하여 시간과 비용 최소화
- ☑ 언제, 어디서나 학습이 가능한 평생학습시대의 자아실현을 위한 제도
- ☑ 학위취득시험은 4개의 과정(교양, 전공기초, 전공심화, 학위취득 종합시험)으로 이루어져 있으며 각 과정별 시험을 모두 거쳐 학위취득 종합시험에 합격하면 학사학위 취득

○ 독학학위제 전공 분야 (11개 전공)

국어국문학 / 영어영문학 / 심리학 / 경영학 / 컴퓨터공학 / 간호학
법학 / 행정학 / 가정학 / 유아교육학 / 정보통신학

※ 유아교육학 및 정보통신학 전공 : 3, 4과정만 개설
  (정보통신학의 경우 3과정은 2025년까지, 4과정은 2026년까지만 응시 가능하며, 이후 폐지)
※ 간호학 전공 : 4과정만 개설
※ 중어중문학, 수학, 농학 전공 : 폐지 전공으로, 기존에 해당 전공 학적 보유자에 한하여 2025년까지 응시 가능

※ 시대에듀는 현재 4개 학과(심리학과, 경영학과, 컴퓨터공학과, 간호학과) 개설 완료
※ 2개 학과(국어국문학과, 영어영문학과) 개설 중

독학학위제 시험안내 INFORMATION

⬡ 과정별 응시자격

단계	과정	응시자격	과정(과목) 시험 면제 요건
1	교양	고등학교 졸업 이상 학력 소지자	• 대학(교)에서 각 학년 수료 및 일정 학점 취득 • 학점은행제 일정 학점 인정 • 국가기술자격법에 따른 자격 취득 • 교육부령에 따른 각종 시험 합격 • 면제지정기관 이수 등
2	전공기초		
3	전공심화		
4	학위취득	• 1~3과정 합격 및 면제 • 대학에서 동일 전공으로 3년 이상 수료 (3년제의 경우 졸업) 또는 105학점 이상 취득 • 학점은행제 동일 전공 105학점 이상 인정 (전공 28학점 포함) • 외국에서 15년 이상의 학교교육과정 수료	없음(반드시 응시)

⬡ 응시방법 및 응시료

- 접수방법 : 온라인으로만 가능
- 제출서류 : 응시자격 증빙서류 등 자세한 내용은 홈페이지 참조
- 응시료 : 20,700원

⬡ 독학학위제 시험 범위

- 시험 과목별 평가영역 범위에서 대학 전공자에게 요구되는 수준으로 출제
- 독학학위제 홈페이지(bdes.nile.or.kr) ➡ 학습정보 ➡ 과목별 평가영역에서 확인

⬡ 문항 수 및 배점

과정	일반 과목			예외 과목		
	객관식	주관식	합계	객관식	주관식	합계
교양, 전공기초 (1~2과정)	40문항×2.5점 =100점	–	40문항 100점	25문항×4점 =100점	–	25문항 100점
전공심화, 학위취득 (3~4과정)	24문항×2.5점 =60점	4문항×10점 =40점	28문항 100점	15문항×4점 =60점	5문항×8점 =40점	20문항 100점

※ 2017년도부터 교양과정 인정시험 및 전공기초과정 인정시험은 객관식 문항으로만 출제

⬡ 합격 기준

■ 1~3과정(교양, 전공기초, 전공심화) 시험

단계	과정	합격 기준	유의 사항
1	교양	매 과목 60점 이상 득점을 합격으로 하고, 과목 합격 인정(합격 여부만 결정)	5과목 합격
2	전공기초		6과목 이상 합격
3	전공심화		

■ 4과정(학위취득) 시험 : 총점 합격제 또는 과목별 합격제 선택

구분	합격 기준	유의 사항
총점 합격제	• 총점(600점)의 60% 이상 득점(360점) • 과목 낙제 없음	• 6과목 모두 신규 응시 • 기존 합격 과목 불인정
과목별 합격제	매 과목 100점 만점으로 하여 전 과목(교양 2, 전공 4) 60점 이상 득점	• 기존 합격 과목 재응시 불가 • 1과목이라도 60점 미만 득점하면 불합격

⬡ 시험 일정

| 1단계
2월 중 | 2단계
5월 중 | 3단계
8월 중 | 4단계
10월 중 |

■ 국어국문학과 2단계 시험 과목 및 시간표

구분(교시별)	시간	시험 과목명
1교시	09:00~10:40(100분)	국어학개론, 국어문법론
2교시	11:10~12:50(100분)	국문학개론, 국어사
중식 12:50~13:40(50분)		
3교시	14:00~15:40(100분)	고전소설론, 한국현대시론
4교시	16:10~17:50(100분)	한국현대소설론, 한국현대희곡론

※ 시험 일정 및 세부사항은 반드시 독학학위제 홈페이지(bdes.nile.or.kr)를 통해 확인하시기 바랍니다.

※ 시대에듀에서 개설된 과목은 빨간색으로 표시하였습니다.

독학학위제 출제방향 GUIDE

국가평생교육진흥원에서 고시한 과목별 평가영역에 준거하여 출제하되, 특정한 영역이나 분야가 지나치게 중시되거나 경시되지 않도록 한다.

독학자들의 취업 비율이 높은 점을 감안하여, 과목의 특성을 반영하는 범주 내에서 학문적이고 이론적인 문항뿐만 아니라 실무적인 문항도 출제한다.

단편적 지식의 암기로 풀 수 있는 문항의 출제는 지양하고, 이해력·적용력·분석력 등 폭넓고 고차원적인 능력을 측정하는 문항을 위주로 한다.

이설(異說)이 많은 내용의 출제는 지양하고 보편적이고 정설화된 내용에 근거하여 출제하며, 그럴 수 없는 경우에는 해당 학자의 성명이나 학파를 명시한다.

교양과정 인정시험(1과정)은 대학 교양교재에서 공통적으로 다루고 있는 기본적이고 핵심적인 내용을 출제하되, 교양과정 범위를 넘는 전문적이거나 지엽적인 내용의 출제는 지양한다.

전공기초과정 인정시험(2과정)은 각 전공영역의 학문을 연구하기 위하여 각 학문 계열에서 공통적으로 필요한 지식과 기술을 평가한다.

전공심화과정 인정시험(3과정)은 각 전공영역에 관하여 보다 심화된 전문적인 지식과 기술을 평가한다.

학위취득 종합시험(4과정)은 시험의 최종 과정으로서 학위를 취득한 자가 일반적으로 갖추어야 할 소양 및 전문지식과 기술을 종합적으로 평가한다.

교양과정 인정시험 및 전공기초과정 인정시험의 시험방법은 객관식(4지택1형)으로 한다.

전공심화과정 인정시험 및 학위취득 종합시험의 시험방법은 객관식(4지택1형)과 주관식(80자 내외의 서술형)으로 하되, 과목의 특성에 따라 다소 융통성 있게 출제한다.

저는 학사편입 제도를 이용하기 위해 2~4단계 시험에 순차로 응시했고 한 번에 합격했습니다. 아슬아슬한 점수라서 부끄럽지만 독학사는 자료가 부족해서 부족하나마 후기를 쓰는 것이 도움이 될까 하여 제 합격전략을 정리하여 알려 드립니다.

#1. 교재와 전공서적을 가까이에!

학사학위 취득은 본래 4년을 기본으로 합니다. 독학사는 이를 1년으로 단축하는 것을 목표로 하는 시험이라 실제 시험도 변별력을 높이는 몇 문제를 제외한다면 기본이 되는 중요한 이론 위주로 출제됩니다. 시대에듀의 독학사 시리즈 역시 이에 맞추어 중요한 내용이 일목요연하게 압축·정리되어 있습니다. 빠르게 훑어보기 좋지만 내가 목표로 한 전공에 대해 자세히 알고 싶다면 전공서적과 함께 공부하는 것이 좋습니다. 교재와 전공서적을 함께 보면서 교재에 전공서적 내용을 정리하여 단권화하면 시험이 임박했을 때 교재 한 권으로도 자신 있게 시험을 치를 수 있습니다.

#2. 시간확인은 필수!

쉬운 문제는 금방 넘어가지만 지문이 길거나 어렵고 헷갈리는 문제도 있고, OMR 카드에 마킹까지 해야 하니 실제로 주어진 시간은 더 짧습니다. 앞부분에 어려운 문제가 있다고 해서 시간을 많이 허비하면 쉽게 풀 수 있는 뒷부분 문제들을 놓칠 수 있습니다. 문제 푸는 속도가 느려지면 집중력도 떨어집니다. 그래서 어차피 배점은 같으니 아는 문제를 최대한 많이 맞히는 것을 목표로 했습니다.
① 어려운 문제는 빠르게 넘기면서 문제를 끝까지 다 풀고 ② 확실한 답부터 우선 마킹한 후 ③ 다시 시험지로 돌아가 건너뛴 문제들을 다시 풀었습니다. 확실히 시간을 재고 문제를 많이 풀어봐야 실전에 도움이 되는 것 같습니다.

#3. 문제풀이의 반복!

여느 시험과 마찬가지로 문제는 많이 풀어볼수록 좋습니다. 이론을 공부한 후 예상문제를 풀다보니 부족한 부분이 어딘지 확인할 수 있었고, 공부한 이론이 시험에 어떤 식으로 출제될지 예상할 수 있었습니다. 그렇게 부족한 부분을 보충해가며 문제유형을 파악하면 이론을 복습할 때도 어떤 부분을 중점적으로 암기해야 할지 알 수 있습니다. 이론 공부가 어느 정도 마무리되었을 때 시계를 준비하고 모의고사를 풀었습니다. 실제 시험시간을 생각하면서 예행연습을 하니 시험 당일에는 덜 긴장할 수 있었습니다.

학위취득을 위해 오늘도 열심히 학습하시는 수험생 여러분에게도 합격의 영광이 있길 기원하면서 이만 줄입니다.

이 책의 구성과 특징 STRUCTURES

| 단원 개요 |

국어를 연구 대상으로 하는 개별언어학인 국어학을 공부하려면
고 그 연구 대상이 되는 언어란 무엇이며 그 언어의 하나인
필요가 있다. 이 단원에서는 언어와 한국어, 언어의 특성, 국

| 출제 경향 및 수험 대책 |

이 단원에서는 언어의 일반성, 국어의 특성, 언어의 자의성과 창
영역 등에 대해서 묻는 문제가 출제되었고 앞으로도 출제될

01 단원 개요

핵심이론을 학습하기에 앞서 각 단원에서
파악해야 할 중점과 학습목표를 확인해
보세요.

제 1 장 | 언어와 한국어

1 한국어와 언어 중요

세계에는 적게는 3천여 종, 많게는 7천여 종의 언어들이 있다고 한다. 한국어는 이런 언어들 중의 하나로 대외
적으로 이르는 말이다. 언어들은 각기 고유한 특징을 갖고 있다. 영어는 영어대로, 중국어는 중국어대로, 일본
어는 일본어대로 나름의 고유한 특징을 가지고 있다. 한국어도 마찬가지이다.
그러나 언어들은 공통점도 많이 가지고 있다. 예를 들어, 어떤 언어에는 몇 개의 모음과 자음이 있다거나, 아
무리 언어가 다를지라도 사람의 발음기관을 통해서 실현된다는 것 등이 있다. 물론 언어마다 자음과 모음의
수가 다르거나 발음할 때의 차이가 있기는 하나, 큰 범주로 보면 음절과 단어라는 단위로 표현된다는 점에서
오히려 공통점이 많다. 이와 같은 언어의 공통점을 '언어의 보편성'이라고 한다.
결론적으로 한국어는 언어로서 존재하기 때문에 언어가 갖는 보편성을 가지며, 또한 개별언어로서 국어만이
갖는 개성과 특수성도 아울러 가지고 있다. 예를 들어 자음이 다른 언어에서는 볼 수 없는 삼중 체계(평음, 경
음, 격음)를 갖는다는 것과 조사와 어미, 경어법이 발달했다는 것이다.

2 한국어의 분포

한국어의 본거지는 한반도 전역이지만 우리 동포들이 집단적으로 이주해 사는 만주, 시베리아, 일본, 미국 등
에도 널리 퍼져 있다. 한반도만 보더라도 2015년 기준 남한에서 5천만가량이, 북한에서는 2천 5백만가량이,
그리고 세계 여러 지역에 거주하는 동포들의 수까지 포함하면(대략 5백만) 지구상에서 8천만이 넘는 숫자가 한
국어를 사용하고 있으며, 사용 인구수만 따져도 세계 13위 정도에 해당하는 주요 언어이다. 한국의 국력이 신
장되고 위상이 높아지면서 일찍이 불어온 한류 열풍에 힘입어 한국어 사용 인구가 급속도로 늘어나고 있는 상
황이어서 그 분포는 앞으로 더 넓어질 것으로 전망된다.

3 한국어의 특징

02 핵심이론

평가영역을 바탕으로 꼼꼼하게 정리된
'핵심이론'을 통해 꼭 알아야 하는 내용을
명확히 파악해 보세요.

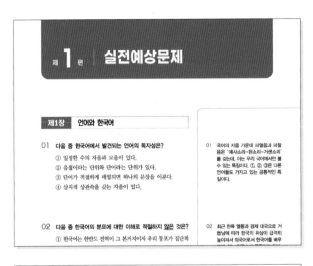

03 실전예상문제

'핵심이론'에서 공부한 내용을 바탕으로 '실전예상문제'를 풀어 보면서 문제를 해결하는 능력을 길러 보세요.

04 최종모의고사

'최종모의고사'를 실제 시험처럼 시간을 정해 놓고 풀어 보면서 최종점검을 해 보세요.

05 주관식 문제

출제유형을 분석하여 반영한 '주관식 문제'로 4단계 시험도 대비해 보세요.

목차 CONTENTS

목차 CONTENTS

PART 2   최종모의고사

PART 3   부록

제 1 편

국어와 국어학

| 단원 개요 |

국어를 연구 대상으로 하는 개별언어학인 국어학을 공부하려면, 언어학이란 무엇이며, 그 연구 방법의 특색은 무엇인가, 그리고 그 연구 대상이 되는 언어란 무엇이며 그 언어의 하나인 한국어란 또 무엇인가에 대해서 개괄적인 지식을 가지고 있을 필요가 있다. 이 단원에서는 언어와 한국어, 언어의 특성, 국어학의 영역과 방법 등에 대해 살펴보고자 한다.

| 출제 경향 및 수험 대책 |

이 단원에서는 언어의 일반성, 국어의 특성, 언어의 자의성과 창조성, 랑그와 파롤, 음운론과 문법론, 국어문법과 언어학의 하위 영역 등에 대해서 묻는 문제가 출제되었고 앞으로도 출제될 수 있으니 이에 대한 학습이 필요하다.

제 1 장 | 언어와 한국어

1 한국어와 언어 (중요)

세계에는 적게는 3천여 종, 많게는 7천여 종의 언어들이 있다고 한다. 한국어는 이런 언어들 중의 하나로 대외적으로 이르는 말이다. 언어들은 각기 고유한 특징을 갖고 있다. 영어는 영어대로, 중국어는 중국어대로, 일본어는 일본어대로 나름의 고유한 특징을 가지고 있다. 한국어도 마찬가지이다.

그러나 언어들은 공통점도 많이 가지고 있다. 예를 들어, 어떤 언어에는 몇 개의 모음과 자음이 있다거나, 아무리 언어가 다를지라도 사람의 발음기관을 통해서 실현된다는 것 등이 있다. 물론 언어마다 자음과 모음의 수가 다르거나 발음할 때의 차이가 있기는 하나, 큰 범주로 보면 음절과 단어라는 단위로 표현된다는 점에서 오히려 공통점이 많다. 이와 같은 언어의 공통점을 '언어의 보편성'이라고 한다.

결론적으로 한국어는 언어로서 존재하기 때문에 언어가 갖는 보편성을 가지며, 또한 개별언어로서 국어만이 갖는 개성과 특수성도 아울러 가지고 있다. 예를 들어 자음이 다른 언어에서는 볼 수 없는 삼중 체계(평음, 경음, 격음)를 갖는다는 것과 조사와 어미, 경어법이 발달했다는 것이다.

2 한국어의 분포

한국어의 본거지는 한반도 전역이지만 우리 동포들이 집단적으로 이주해 사는 만주, 시베리아, 일본, 미국 등에도 널리 퍼져 있다. 한반도만 보더라도 2015년 기준 남한에서 5천만 정도가, 북한에서는 2천 5백만 정도가, 그리고 세계 여러 지역에 거주하는 동포들의 수까지 포함하면(대략 5백만) 지구상에서 8천만이 넘는 숫자가 한국어를 사용하고 있으며, 사용 인구수만 따져도 세계 13위 정도에 해당하는 주요 언어이다. 한국의 국력이 신장되고 위상이 높아지면서 일찍이 불어온 한류 열풍에 힘입어 한국어 사용 인구가 급속도로 늘어나고 있는 상황이어서 그 분포는 앞으로 더 넓어질 것으로 전망된다.

3 한국어의 특징

(1) 음운상의 특징

① **파열음, 파찰음 계열의 삼중 체계**

국어 자음 중 파열음과 파찰음 계열은 예사소리(평음), 된소리(경음), 거센소리(격음) 세 갈래의 대립을 통해서 서로 다른 음소를 형성하는 삼중 체계를 이룬다. 한편 영어 등 인도 유럽어족은 울림소리(유성음)와 안울림소리(무성음)의 이중 체계를 이룬다.

> 예 불(火) : 뿔(角) : 풀(草)
>
> 예 짐 – 찜 – 침

② **단모음의 수가 많은 편**

우리말은 10개나 되는 단모음(ㅏ, ㅓ, ㅗ, ㅜ, ㅡ, ㅣ, ㅐ, ㅔ, ㅚ, ㅟ)을 가지고 있어, 다른 언어들에 비하여 그 개수가 많다고 할 수 있다. 다른 언어는 대개 5~7개 정도이다.

③ **음절 끝소리 규칙**

국어의 자음 중 파열음이 음절 끝에 올 때에 터지지 않고, 닫힌 상태로 발음되는 현상이다. 국어의 음절 끝에 오는 'ㅋ, ㅌ, ㅍ, ㅊ' 등은 각각 'ㄱ, ㄷ, ㅂ, ㅈ' 등으로 발음된다. 국어에서 음절 끝은 'ㄱ, ㄴ, ㄷ, ㄹ, ㅁ, ㅂ, ㅇ'의 7개로 발음된다.

> 예 부엌[부억], 옷[옫], 밭[받], 잎[입], 꽃[꼳]

④ **두음 법칙**

국어에서는 단어의 첫소리에 둘 이상의 자음이나 유음 'ㄹ', 구개음화된 'ㄴ' 등의 소리가 오지 않는다.

> 예 ㅅㅌ라이크(×), 老人(로인) → 노인, 女子(녀자) → 여자

⑤ **모음조화**

한 단어에 들어 있는 모음 중, 양성모음(ㅏ, ㅗ 계열)은 양성모음끼리, 음성모음(ㅓ, ㅜ 계열)은 음성모음끼리 결합하려는 현상이 있다.

> 예 졸졸 : 줄줄, 살금살금 : 슬금슬금, 잡아 : 먹어

⑥ **모음동화('ㅣ' 모음동화)**

'ㅣ' 모음 앞뒤의 모음이 'ㅣ' 모음을 닮아 'ㅣ' 모음과 비슷한 전설모음으로 변한다.

> 예 살리어 → [살리여], 손잡이 → [손잽이], 먹이다 → [메기다]

⑦ **자음동화**

이웃하고 있는 자음들이 서로 닮는 현상이 있다.

㉠ 비음화 : 비음(콧소리 : ㄴ, ㅁ, ㅇ)이 아닌 소리가 비음에 동화되어 같은 비음으로 변하는 현상

> 예 국물[궁물], 섭리[섬니], 듣는[든는], 백로[뱅노]

ⓛ 유음화 : 유음(ㄹ)이 아닌 말소리가 유음을 닮아 유음으로 바뀌는 현상

> 예 신라[실라], 칼날[칼랄]

⑧ **음상에 따른 의미의 분화**

음상(音相)의 차이로 인하여 어감이 달라지고 의미가 분화되는 경우가 있다.

> 예 빙빙>삥삥>핑핑, 방글방글>벙글벙글, 덜다(減) : 털다(拂), 맛(口味) : 멋(風味)

(2) 어휘상의 특징

① 국어의 어휘는 고유어와 외래어 및 한자어로 삼중 체계를 이룬다.
② 국어 어휘에서는 한자어가 차지하는 비중이 크다(우리말 단어 중 약 58.9%를 차지).

> **더 알아두기**
>
> **한자어에 대한 입장**
> • **우호적인 입장** : 한자어는 국어의 어휘를 풍부하게 하고 있는 우리말로 수용하여야 한다.
> • **적대적인 입장** : 한자어들은 고대부터 뿌리 깊은 사대사상에 기반을 두고 유입된 말들이며, 따라서 순수한 우리말이 아니다. 우리의 문화적 자긍심이 무시된다.

③ 고유어에는 의성어와 의태어와 같은 상징어가 발달되어 있다.

> 예 꼬끼오, 멍멍, 개굴개굴, 지지배배, 반짝반짝, 살살, 살랑살랑, 깡충깡충

④ 고유어에는 논리적인 어휘가 부족하고 감각어가 풍부하다.

> 예
> • 색채어의 경우 : 노랗다, 노르께하다, 노르무레하다, 노르스름하다, 노릇노릇하다, 노르톡톡하다, 노르끄레하다
> • 그 사람 참 짜다(싱겁다, 가볍다, 텁텁하다).

⑤ 국어에는 친족 관계를 나타내는 말이 발달해 있고, 높임말이 많다.
⑥ 국어의 명사는 남녀의 성이 없으며, 관용적으로 구별된다.
⑦ 단어의 단수 · 복수의 개념이 엄격하지 않다.
⑧ 관사(冠詞)와 관계 대명사가 없다.

(3) 문법상의 특징

① 조사나 어미와 같은 문법적 관계를 나타내는 말이 발달되어 있어서 '교착어'에 속한다.

② 서술어가 문장의 맨 끝에 온다. 서술어가 맨 끝에 위치하므로 즉, 중요한 부분(화자의 결론)이 맨 끝에 진술되므로 끝까지 들어야만 그 의미를 확신할 수 있다.

> 예 나는 사과를 좋아한다. / I like an apple.
>
> ※ 이는 끝까지 청자를 잡아 놓는 반면, 비판적으로 사고할 기회를 빼앗을 수 있다. 그러나 영어는 '주어 + 서술어 + 목적어'의 어순이어서 청자가 비판적으로 들을 수 있는 반면, 청자를 끝까지 붙들어 두는 긴장감이 부족하다.

③ 국어에는 단어 형성법이 발달해 왔다.

④ 문장의 요소를 생략하는 일이 많다.

> 예 언제 왔어? 조금 전에.

⑤ 수식어는 피수식어 앞에 온다.

⑥ 높임법이 발달하였다(오랜 유교사회의 영향).

4 국어학과 언어학

국어학은 개별언어인 한국어를 연구 대상으로 하는 학문을 이르는 말이고, 언어학은 세계 여러 언어의 보편적 현상을 연구하는 학문이라고 할 수 있다. 하지만 **국어**는 언어로서 존재하기 때문에 국어학의 연구가 언어학의 테두리를 벗어날 수는 없다. 그 이유는 자음, 모음, 단어, 문장 등 언어학에서 사용하고 있는 단어들이 국어학에서도 쓰일 수밖에 없기 때문이다.

제 2 장 | 언어의 특성

1 창조성

동물의 의사 전달 수단은 한정되어 있어서 새로운 상황에 접했을 때 새로운 언어로 표현할 수 있는 창조성이 결여되어 있다. 하지만 인간은 언어를 사용하여 새로운 단어를 만들 수도 있으며, 기존의 단어를 다르게 배열하여 새로운 생각을 표현할 수도 있다. 이러한 작동 원리에 따라 인간은 언어를 사용하여 **무한한 문장**을 만들 수 있으며 **사고를 무한히 확장**할 수 있다. 이러한 언어의 성질을 창조성, 또는 열린 생산성, 개방성이라고 한다.

2 자의성

동물의 언어는 형식과 의미가 일대일 관계로 그 관계가 필연적일 수밖에 없다. 하지만 인간의 모든 언어는 의미와 기호의 결합이지만 그 결합은 일정한 법칙에 의한 필연적 산물이 아닌 언어 사용자[언중(言衆)이라고도 함]의 약속에 의한 자의성을 가지고 있다. 즉, 언어의 내면적 의미와 외연적 형식은 절대적인 관계를 갖고 있지 않다는 뜻이다. 예를 들어 '왜 우리는 붉은 것을 꽃이라고만 하는가?'라는 의문의 제기는 언어의 형식과 의미가 필연적이지 않음을 의미한다. 이렇듯 언어는 의미와 형식의 만남이 필연적인 것이 아닌 우연적이라는 뜻에서 자의성, 또는 **임의성**이라고 말하기도 한다.

3 사회적 약속

언어는 사회적 도구이자 제도로, 모든 언어는 그 언어를 사용하는 사회구성원 간의 사회적 약속이기 때문에 개인이 마음대로 바꾸거나 만들 수 없다. 예를 들어 누군가 '왜 멍멍 짖는 동물을 [개]라고 하지? 나는 오늘부터 [개]를 [내]라 해야겠다'고 해도 [개]가 [내]가 되는 것은 아니고, 그럴 수도 없다. 그 사회구성원인 언중(言衆) 간에 합의가 이루어지지 않았기 때문이다. 언어가 처음 형성될 때는 형식과 의미가 자의적 관계에 있지만 일단 인간 사회로 수용되면 그 사회구성원 간의 약속에 의해 생명성을 얻게 된다. 언어학자 소쉬르는 이를 언어의 **사회적 약속, 계약**이라고 했다.

4 랑그와 파롤

(1) 랑그(lange)와 파롤(parole) 중요

소쉬르는 언어라는 인간의 정신활동 자체를 랑가주(language)라 명명하고 그것을 다시 둘로 나누어 랑그와 파롤로 구분하였다.

① **랑그** : 사회적 소산물로서 언어 집단에 속하는 언중(言衆)들의 머릿속에 저장되어 있는 지식언어를 말하며, 이는 의기(意氣)인 '시니피에(개념)'와 음기(陰記)인 '시니피앙(청각영상)'으로 나뉜다. → 사회적, 추상적, 에르곤(Ergon)

② **파롤** : 언중(言衆) 개개인의 발성으로 나타난 개개인의 언어, 즉 행용언어를 말한다. → 구체적, 개별적, 창조적, 에네르게이아(Energeia)

③ **랑그와 파롤의 관계 비유**

랑그	악보	장기의 규칙	희곡
파롤	실제 연주	실제 게임	실제 연극

(2) 언어능력과 언어수행

미국의 언어학자 촘스키가 주장한 이론이다.

① **언어능력(Linguistic Competence)** : 자기 모국어(母國語)를 말할 수 있기 위한 기초 능력으로서 내재화하여 가지고 있는 규칙의 집합을 말한다.

② **언어수행(Linguistic Performance)** : 구체적인 상황에서 언어가 실제적으로 사용된 것을 가리키는 개념이다.

(3) 에르곤(Ergon)과 에네르게이아(Energeia)

독일 철학자 훔볼트가 주장하였다.

① **에르곤** : 인간의 의사소통 수단으로서의 언어, 즉 언어활동의 산물이라는 것을 의미한다.

② **에네르게이아** : 사상을 표현하기 위해 끊임없이 되풀이되는 정신활동이라는 것을 의미한다.

5 음성언어와 문자언어 중요

원래 언어는 음성기호로 이루어져 있는데, 말을 시각적으로 바꾸어 놓은 글도 '쓰인 언어', 또는 '문자언어'라고 불리기 때문에 이와 대비해서 '음성언어'라고 하는 것이다. 이런 점에서 보면 언어는 말보다 더 큰 개념으로 이해된다. 음성언어와 문자언어의 특징을 살펴보면 다음과 같다.

(1) 음성언어

① 시간의 제약을 받는다.

② 듣는 이를 대면한 상태에서 사용한다.

③ 손짓, 억양, 몸짓 표정 등 부수적인 표현 방법을 사용할 수 있다.

④ 듣는 이의 반응을 참고하며 말할 수 있다.

⑤ 비교적 쉬운 내용을 간단하게 말한다.

(2) 문자언어

① 시간의 제약을 받지 않는다.

② 사전 계획과 사후 수정이 가능하다.

③ 군말이 없고 구성이 치밀하다.

④ 영구적으로 많은 이에게 동일한 내용을 전달할 수 있다.

⑤ 길이의 제약이 없어 많은 내용을 적을 수 있다.

(3) 문자언어의 특성을 지닌 말하기

연극이나 영화의 시나리오와 같은 대본에 말하기, 생방송이 아닌 라디오나 텔레비전 뉴스 진행자의 말, 원고에 의한 연설, 시사 프로그램의 진행자 등의 말은 사전에 치밀하게 구성되어 있는 대본을 바탕으로 한다. 이와 같이 대본에 의한 말하기는 비록 음성언어로 실현되지만 문자언어의 특성을 지닌 말하기이다.

6 자연언어와 인공언어

사람이 태어나서 저절로 배우고 일상적으로 쓰는 언어를 자연언어 또는 일상언어라고 한다. 이는 논리학자들이 만들어 쓰는, 기호로 된 언어를 인공언어, 또는 형식언어라고 하기 때문에 그에 대비되는 말로 그리 부르는 것이다. 다른 것과 구별할 필요 없이 보통 이를 때는 '언어'라고 말하면 된다. '에스페란토'가 일종의 인공언어이다.

7 제1언어와 제2언어 중요

태어나서 제일 먼저 습득하게 되는 언어를 제1언어라고 한다. 보통 한국에서 태어난 아이는 한국어를 배우면서 자라기 때문에 한국어가 제1언어이자 모국어가 되는 것이다.

제2언어는 제1언어를 배우고 나서 다음으로 배우는 언어를 이르는 말이다. 학교에서 배우는 외국어가 제2언어 습득의 대표적인 예이다. 그러나 한국인이라고 해서 반드시 한국어가 제1언어가 되는 것은 아니다. 만약 한국 아이가 외국에서 태어났다면 한국어가 제2언어가 될 수도 있기 때문이다.

제 3 장 | 국어학의 영역과 방법

1 음운론 · 문법론 · 의미론

(1) 국어학의 핵심 분야 중요

한 언어에 대해 우리가 관심을 갖는 것은 그 언어의 구조이다. 즉 그 언어의 어순은 어떠하며 활용 방식은 어떠하며 어떤 자음과 모음으로 이루어져 있느냐 등 그 언어의 조직에 대한 관심이 사람들이 한 언어에 갖는 1차적인 관심이라 할 수 있으며, 그와 같은 한 언어의 기본 구조를 다루는 핵심 분야가 음운론과 문법론이다.

① **음운론과 문법론**
   - ㉠ 음운론 : 자음, 모음, 악센트, 음장, 음절 등 언어의 소리 쪽을 연구하는 분야이다.
   - ㉡ 문법론 : 형태소, 단어, 구, 문장 등 그 자체가 어떤 의미를 동반하고 있는 단위들을 다루는 분야이다.
     - ⓐ 좁은 의미의 문법론은 형태론과 통사론을 포함한다.
     - ⓑ 통사론은 문장론이라고 하기도 한다.

② **음성학과 의미론**
   - ㉠ 음성학 : 인간의 발음기관은 어떻게 생겼으며 이들이 어떠한 작용을 거쳐 음성들이 나오는가, 나아가 이러한 음성들이 공기 중에 전파될 때 음향학적으로 어떤 특성을 가지며 또 이들이 어떻게 들리는가 등 주로 자연과학적인 입장에서 음성에 대한 연구를 하는 분야이다.
   - ㉡ 의미론 : 여러 언어단위의 의미를 연구하는 분야이다. 언어를 '형식 + 의미'로 본다면, 그 반쪽이 의미로 이루어져 있는 것이므로, 의미 영역을 대표하는 단어가 어떤 의미 영역을 가지며 이들 단어들이 결합하여 복합어를 이루는지, 더 나아가 구를 이루고 문장을 이룰 때 의미의 영역은 어떻게 변모되고 확대되어 가는가를 다루는 분야이다.

③ **어휘론**
   20세기 후반 전자계산기가 실용화되면서 출발한 학문 분야로, 단어의 파생 · 의의 · 용법을 다루는 학문이다. 일반적으로 어휘론은 그 많은 어휘 연구들을 대상으로 다시 종합 정리하고 체계를 모색하는 것을 본령으로 하는 메타 학문(meta science)이라고 말할 수 있다. 따라서 '어휘론'은 직접적으로 어휘를 수집 · 정리하고 계량하는 작업을 행하지 않으면서도 성립할 수가 있다. 하위 여러 영역들에서 어휘를 대상으로 하여 이루어지고 있는 연구들을 종합 정리하고 그 이론들을 제공하는 것만으로도 일단 성립할 수가 있는 것이기 때문이다.

(2) 국어학의 영역

2 공시론과 통시론, 계통론, 문자론과 방언론

(1) 공시론과 통시론 종요

언어학은 그 연구 범위를 한 시대에 한정시키느냐 여러 시대에 걸쳐 사(史)적으로 연구하느냐에 따라 구분되는데, 전자를 공시언어학, 후자를 통시언어학이라고 한다.

① 공시언어학

전 시대의 국어와 관련짓지 않고 현 시대의 국어 모습만을 연구 대상으로 하는 언어학이다. 이를 테면 '한국어문법', '라틴어문법' 등이 이에 속한다. 어느 한 시기를 대상으로 연구하다 보니 그 변화의 양상을 찾기가 어려워 마치 거의 고정된 상태인 것처럼 보이기도 한다. 그래서 정태언어학이라 부르기도 한다.

② 통시언어학

말은 고정불변하지 않고 변화하는 것이다. 그 변화 속도는 매우 느려 마치 고정되어 있는 것처럼 보여도 미세하게나마 끊임없이 언어는 변화하고 있는 것이다. 이러한 변화가 누적되다 보면 어느 순간에는 그 변화가 두드러지게 나타나게 마련인데, 이러한 변화의 과정을 연구하는 학문을 통시언어학이라 한다.

③ 공시언어학과 통시언어학의 관계

19세기에는 통시적 언어학이 절대적 우위에 있었다. 그러나 한 시대 한 시대의 연구가 제대로 되어 있지 않다면 통시적 연구는 좋은 성과를 거둘 수가 없다. 이러한 이유로 공시적 언어학으로 그 주축이 바뀌게 되었다. 하지만 어느 시기의 언어적 현상은 오랜 역사의 산물이므로 지난날의 모습을 모르고서는 언어의 실체를 파악하기가 어려운 경우가 많다. '살'과 '고기'가 만나면 '살코기'가 된다. 이러한 경우 언어를 역사적으로 고찰하지 않으면 이해하기가 쉽지 않아 예외적으로 치부하는 결과를 가져온다. 중세에서는 'ㅎ'를 종성으로 갖는 체언이 있었는데, 바로 '살'이라는 단어가 그런 경우에 해당한다. '살ㅎ'와 '고기'가 만나니 축약이 되어 '살코기'로 된 것이다. 이와 같이 언어적 현상을 정확히 알려면 언어의 공시적 연구와 통시적 연구가 상호보완적 관계에 있어야 한다.

(2) 계통론과 비교언어학 `중요`

사람에게도 그 뿌리가 있듯이 언어의 주체는 인간이기에 언어에도 그 기원적 뿌리가 있다. 따라서 우리가 오늘날 사용하고 있는 언어가 어디에서 기원했으며 어느 말들과 그 뿌리를 같이 하는가를 캐는 연구를 계통론이라고 한다.

또한, 한 언어의 계통을 캐려면 같은 어족에 속하는 언어들과 비교하지 않으면 안 된다. 이를테면 국어의 계통을 연구하는데 같은 어족권에 속하여 있는 만주어, 몽골어 또는 터키어 등을 비교하여 공통점을 밝혀야 하며, 더 나아가서 이들 언어가 분화되기 전의 모습, 즉 공통조어를 재구성하는 작업을 거쳐야한다. 이렇게 한 언어의 계통을 밝힐 때 필수적으로 비교 방법을 취할 수밖에 없는데, 이와 같이 다른 언어와의 비교를 통해 그들의 계통을 밝히는 것을 목표로 하는 분야를 비교언어학이라고 한다.

비교언어학은 역사언어학과 밀접한 관계에 있다. 역사언어학이 한 언어를 대상으로 그 계통을 밝혀 나가는 학문이라면 비교언어학은 다른 언어와의 비교를 통해 그 계통을 밝혀 나간다는 점이 다르다. 이런 점에서 비교언어학을 공시언어학, 역사언어학을 통시언어학이라고도 한다.

그러나 연구 대상이 다르다는 점만 있을 뿐, 대상 언어의 계통을 밝혀 나간다는 점에서 둘 다 통시성을 갖고 있어 비교언어학도 넓은 의미의 역사언어학에 속한다고 말할 수 있다. 여기서 주의해야 것은 **친족 관계가 없는 언어는 비교언어학의 대상이 될 수 없다**는 것이다. 예를 들어 영어와 국어는 전혀 다른 계통의 언어이기에 공통점보다는 오히려 차이점을 많이 가지므로 대상 언어 간의 공통점을 연구의 대상으로 하는 비교언어학의 범주에 들지 않는다.

(3) 문자론과 방언론

앞에서 언어를 음성언어와 문자언어로 가를 수 있다고 했다. 우리의 언어생활은 대부분 말에 의해서 이루어지지만 문자언어를 통해서도 영위된다. 따라서 문자론은 이러한 문자를 대상으로 그것이 어떻게 기원되었고, 어떠한 변천 과정을 통해서 지금에 이르렀으며 다른 문자와 비교해서 어떠한 특성을 지니고 있는가를 연구하는 학문이다.

또한 언어는 환경과 여러 사회적 요인으로 분화된다. 이러한 현상은 어느 언어 사회에서나 보편적으로 일어나는 현상이다. 이들 언어는 다소 차이를 보이기 마련인데, 그러한 차이를 연구 대상으로 하는 분야가 방언론이다. **국어방언론**은 국어의 지역적인 분화와 사회적인 변이 및 그 차이에 대하여 연구하여 방언의 지역적 경계를 확정하고 방언의 분포를 지도화하는 작업에 중심을 두기도 한다. 그러한 점에서 언어지리학과 거의 유사하며, 사회의 다양한 언어 변화와 추이를 연구한다는 점에서 사회언어학과도 밀접한 관계를 갖고 있다.

(4) 응용언어학 `중요`

언어학은 그 연구 대상을 무엇으로 삼느냐에 따라 일반언어학과 응용언어학으로 나뉠 수 있다. 일반언어학은 순수한 학문적 목적만으로 수행하는 분야이고, 응용언어학은 언어학의 결과를 실용적인 문제에 적용하는 분야이다.

응용언어학의 연구분야로는 국어정책론, 국어교육론, 국어문체론 등이 있다. 이러한 응용언어학과 밀접한 관계를 갖고 있는 인접 학문으로는 심리국어학, 사회국어학, 국어철학, 임상국어학, 전산국어학 등이 있다.

3 사회언어학, 언어정보학, 언어정책론, 대조언어학, 언어교육

(1) 사회언어학

사회언어학은 단순히 화자의 문법적 능력뿐만 아니라 사회적 맥락에서 언어를 사용해야 하는 인간의 의사소통 능력 혹은 사회언어학적 능력을 연구 대상으로 한다. 누구에게 어떤 상황 즉 사회적 맥락에 따라 적절하게 언어를 사용할 수 있어야 하는데, 이때 사회적 요인이 화자의 언어 사용에 영향을 주게 된다.

(2) 언어정보학

언어를 구성하는 언어단위들에 대한 정보를 체계화하고 구조화하는 것을 목표로 하는 학문이다. 예를 들어 한국어정보학을 통해 설명하면, 한국어를 구성하는 언어단위들이란 형태소, 문장 등을 의미한다. 이 언어단위들이 어떠한 규칙과 질서로 운용되는지에 대한 내적 구조를 이해하려는 것이 국어정보학의 궁극적인 목표가 되는 것이다. 그런데 이러한 한국어의 내적 구조를 제대로 탐구하기 위해서는 한국어를 정밀하게 관찰하고 분석하며, 체계적으로 기술하기 위한 방법론이 필수적으로 요구된다. 이에 국어정보학에서는 한국어의 언어단위들을 체계적으로 데이터베이스화하는 방법과 이를 효율적으로 검색하여 운용하는 방식에 관심을 둔다. 때문에 국어정보학은 필연적으로 전산학(電算學, computer science), 언어학(言語學, linguistics), 정보과학(情報科學, information science)의 여러 측면과 연관될 수밖에 없다. 그래서 국어정보학은 이러한 여타 학문들과 융합된 학문이나 종합 학문적 성격을 띤다.

(3) 언어정책론

국가가 그 나라에서 쓰는 말을 통일 · 발전시키려고 쓰는 정책에 대한 이론이다.

(4) 대조언어학

대조언어학이란 두 개 혹은 두 개 이상의 언어에 대해 음성 · 음운 · 어휘 · 문법 등의 언어체계, 나아가서는 그것을 사용하는 행동인 언어행동의 다양한 측면을 대조하여 어느 부분과 어느 부분이 서로 대응되는지 혹은 대응되지 않는지를 밝히는 언어연구의 한 분야이다.

① 두 언어를 비교할 때에는 비교 대상이 되는 언어 간의 공통점과 차이점 모두에 관심을 두지만 특히 차이점에 초점을 둔다.

② 두 언어를 비교할 때에는 두 해당 언어의 음운, 형태, 의미, 통사, 나아가 화용에 이르기까지 언어학 전반의 모든 영역을 포함한다.

(5) 언어교육

언어교육은 자신의 모국어를 학습하도록 하는 모국어교육과 외국어교육으로 크게 대별할 수 있다. 이들은 대개 발음·악센트·어휘·어법·독해·회화·작문 등의 언어기능을 포함하고 있다. 일반적으로 학교교육의 중요한 내용이 언어교육이며 초등학교 저학년부터는 모국어의 사용을 강조하는데, 중등학교 수준부터는 외국어 습득을 추가해서 가르치고 있는 실정이다. 종래에는 대개 언어교육이 읽기·쓰기·말하기·듣기 등을 중심으로 했으나 현대에 와서는 언어능력이나 언어기능을 신장시키는 데 궁극적인 목표를 두고 교육이 진행되고 있다.

제1장 언어와 한국어

01 다음 중 한국어에서 발견되는 언어의 독자성은?

① 일정한 수의 자음과 모음이 있다.

② 음절이라는 단위와 단어라는 단위가 있다.

③ 단어가 적절하게 배열되면 하나의 문장을 이룬다.

④ 삼지적 상관속을 갖는 자음이 있다.

02 다음 중 한국어의 분포에 대한 이해로 적절하지 <u>않은</u> 것은?

① 한국어는 한반도 전역이 그 본거지이자 우리 동포가 집단적으로 이주해 사는 해외 여러 나라에도 퍼져 있다.

② 한국어의 분포는 민족의 역사적·정치적 상황과 밀접한 관련을 가지고 있다.

③ 한국어의 사용인구는 세계 14위 이내에 들고 있다.

④ 영어와 중국어의 세력이 커짐에 따라 전체 한국어 사용자 수는 점차 감소하고 있다.

03 다음 중 언어학과 국어학에 대한 이해로 적절하지 <u>않은</u> 것은?

① 국어학은 한국어를 연구 대상으로 하는 개별언어학이다.

② 언어학은 세계 여러 언어의 보편적 특성을 연구하는 학문이다.

③ 국어학은 국어를 분석 대상으로 하는 언어학이다.

④ 국어학은 언어학의 울타리를 벗어나 독립적인 위치에 있는 학문이다.

01 국어의 자음 가운데 파열음과 파찰음은 '예사소리-된소리-거센소리'를 갖는데, 이는 우리 국어에서만 볼 수 있는 특징이다. ①, ②, ③은 다른 언어들도 가지고 있는 공통적인 특질이다.

02 최근 한류 열풍과 경제 대국으로 거듭남에 따라 한국의 위상이 급격히 높아져서 외국어로서 한국어를 배우고자 하는 인구수가 폭증하고 있다. 따라서 한국어 사용자 수는 점차 감소하고 있는 것이 아니라 그 수가 급격히 증가하고 있다고 봐야 한다.

03 국어학은 언어학의 울타리를 벗어날 수 없으며, 전체적으로 언어학의 방법론 위에서 국어학이 이루어진다.

정답 (01 ④　02 ④　03 ④)

04 단어가 적절하게 배열되면 하나의 문장을 이룬다는 것은 다른 언어들도 가지고 있는 공통적인 특질이다.

04 한국어에만 나타나는 특징이라고 볼 수 <u>없는</u> 것은?

① 조사와 어미 및 존대법이 발달하였다.
② 단어가 적절하게 배열되면 하나의 문장을 이룬다.
③ 경음과 격음을 가지고 있다.
④ '주어 + 목적어 + 서술어'의 문장 구성이다.

05 국어는 조사와 어미가 발달한 형태상 '첨가어'에 속한다.

05 다음 중 국어의 특성에 대한 설명으로 옳지 <u>않은</u> 것은?

① 국어는 '아름다운 고향'과 같이 수식어가 피수식어 앞에 오는 특징이 있다.
② 조사와 어미가 발달한 굴절어적 특성을 보인다.
③ 국어는 다른 언어에 비해 높임법이 상당히 발달되어 있다.
④ 일반적으로 국어의 단모음은 'ㅣ, ㅔ, ㅐ, ㅏ, ㅓ, ㅗ, ㅜ, ㅡ, ㅚ, ㅟ'의 열 개가 인정되고 있다.

06 조사가 발달하여 어순에 따른 제약이 전혀 없는 것이 아니라 성분 자리 이동이 자유롭다고 해야 옳다.

06 다음 중 국어의 특징에 대한 설명으로 가장 적절하지 <u>않은</u> 것은?

① 친족어나 의성어·의태어 같은 상징어가 발달해 있다.
② 자음 중에서 '예사소리/된소리/거센소리' 등 삼중체계를 갖는 것이 있다.
③ 오랜 신분제 사회가 지속된 역사적 이유로 경어법이 발달되어 있다.
④ 조사가 발달하여 어순에 따른 제약이 전혀 없다.

정답 04 ② 05 ② 06 ④

제2장   언어의 특성

01 다른 언어와 구별되도록 그 언어만이 가지고 있는 고유한 성질을 무엇이라고 하는가?

① 자의성

② 보편성

③ 독자성

④ 창조성

01 ① 자의성 : 형식과 의미관계가 필연적이지 않다는 언어적 성질
② 보편성 : 다른 언어들도 가지고 있는 공통적인 성질
④ 창조성 : 언어의 주체인 인간은 무한대로 문장을 만들 수 있으며 무한대로 사고의 영역을 확장할 수 있다는 언어의 일반성

02 '왜 저 붉은 것을 꽃이라고만 하는가?'라는 의문과 관련된 언어적 특성은?

① 역사성

② 자의성

③ 사회성

④ 추상성

02 문제의 의문은 얼마든지 다른 형식(기호)를 통해 대상을 나타낼 수 있다는 것이다. 이는 형식과 의미가 필연적이지 않다는 생각이므로 '자의성'과 관련이 있다.

03 다음 중 유한한 수단을 무한하게 부려쓰는 것과 관련된 언어의 일반성은?

① 자의성

② 창조성

③ 사회성

④ 이원성

03 언어를 이루고 있는 소리, 단어, 문법은 모두 그 수가 한정되어 있다. 이러한 한정된 수단을 가지고 단어나 문장을 무한대로 만들어 쓰는 것을 언어의 창조성이라고 한다.

정답 01 ③   02 ②   03 ②

04 ①은 사회성에 관한 예이다. 언어의 사회성은 동시대에 같은 말을 사용하고 있는 사람들(언중)의 약속된 기호로써 대상을 표현함을 의미한다. 고문(古文)을 보면 그 시대의 언중들에 의해 약정된 기호이기에 오늘날 우리가 알 수 없는 어휘들이 많이 나온다. 예를 들어, '혹다(→ 작다)', '머흘다(→ 험하다)', '헌사롭다(→ 야단스럽다)' 등을 오늘날 현대인들은 괄호 안의 말로써 나타내고 있다.

04 다음 중 언어의 특성과 그 예가 잘못 연결된 것은?

① 자의성 - 조선시대 책에는 우리가 알 수 없는 말이 많이 나온다.
② 역사성 - 옛날에는 '사랑한다'는 말이 '생각한다'는 의미로 쓰였다.
③ 사회성 - '하늘'을 '땅'이라고 부르면 다른 사람들이 알아들을 수 없게 된다.
④ 창조성 - 사람들은 문장을 무한히 만들어 낼 수 있다.

05 랑그가 악보라면 파롤은 실제의 연주라 할 수 있다.

05 다음 중 랑그와 파롤에 관한 설명으로 옳지 않은 것은?

① 랑그는 그 사회에서 공인된 상태로의 언어이다.
② 언어학자들이 실제 연구의 분석 대상으로 삼는 것은 랑그이다.
③ 파롤은 개인의 구체적인 언어이다.
④ 파롤이 악보라면 랑그는 실제의 연주라 할 수 있다.

06 언어능력(Linguistic Competence) : 자기 모국어(母國語)를 말할 수 있기 위한 기초 능력으로서 내재화하여 가지고 있는 규칙의 집합을 말한다.

06 사람들이 자기 모국어에 대해서 갖고 있는 내재적 지식으로, 언어학자가 중심적으로 관찰의 대상으로 삼는 것은?

① 언어수행
② 언어저력
③ 언어능력
④ 언어실행

정답 04 ① 05 ④ 06 ③

07 머릿속에 기억돼 있는 추상적인 언어의 모습으로, 그 사회에서 공인된 상태로의 언어를 의미하는 것은?

① 파롤
② 언어능력
③ 에르곤
④ 랑그

07 ① 파롤은 현실적인 언어의 모습으로 개인의 구체적인 언어를 의미한다.
② 언어 사용자가 자기 모국어를 자유롭게 조작할 수 있는 암묵적 지식을 이르는 말이다.
③ 에르곤은 언어학자 훔볼트가 주장한 것으로 언어가 정적 산물이라는 것이다.

08 다음 중 음성언어와 문자언어에 대한 설명으로 옳은 것은?

① 문자언어는 시간적 · 공간적인 제약이 있다.
② 음성언어는 문명이 발달하고 문자가 생겨나면서 그 비중이 줄어들었다.
③ 최근의 언어학자들은 문자언어를 일차적으로 다루고 있다.
④ 문자언어는 한 시기 한 순간의 언어의 모습을 가장 잘 반영한다.

08 음성언어는 문명이 발달하고 문자가 생겨나면서 비중이 줄어들고 문자언어가 주목받게 되었다.
① 문자언어는 시간적 · 공간적인 제약이 없다.
③ 최근의 언어학자들은 문자언어보다 음성언어를 일차적으로 다루고 있다.
④ 문자언어가 아닌 음성언어가 한 시기 한 순간의 언어의 모습을 가장 잘 반영한다.

09 다음 중 나머지 셋과 관련이 없는 하나는?

① 자연언어
② 에스페란토어
③ 인공언어
④ 형식언어

09 인공언어를 형식언어라고도 한다. 논리학이나 전자계산에서 인위적으로 만들어 사용하는 기호화된 언어를 인공언어 또는 형식언어라 하며, 1887년에 만들어진 에스페란토어가 이 인공언어의 일종이다.

정답 07 ④ 08 ② 09 ①

제3장 국어학의 영역과 방법

01
② 형태론은 형태소와 단어에 대해 연구하는 분야이다.
③ 넓은 의미의 문법론에는 형태론과 문장론도 포함된다.
④ 음성학은 주로 자연과학적인 입장에서 음성을 연구하는 분야고, 음성의 기능이나 체계를 연구하는 것은 음운론이다.

01 국어학의 영역에 관한 다음의 설명 중 옳은 것은?

① 자음, 모음, 음장 등을 연구 대상으로 하는 분야는 음운론이다.
② 형태론은 단어와 문장의 구조에 대해 연구하는 분야이다.
③ 넓은 의미의 문법론에는 음운론과 의미론도 포함된다.
④ 음성학에서는 음성의 기능이나 체계를 연구한다.

02 어느 한 언어의 기원을 캐는 연구를 계통론이라고 하는데, 여기에는 속하는 분야로는 비교언어학, 역사언어학(통시언어학) 등이 있다. 대조언어학은 언어학의 한 분야이며 두 개 이상의 언어를 똑같은 관점에서 대비시켜 차이점을 드러나게 한 후 그 차이점들에 대해서 분석하는 분야이다. 대조언어학은 비교언어학과 달리 그저 언어 간의 차이점에 착목하기 때문에, 역사적 관계와는 상관없이 두 개 이상의 언어가 대상이 될 수가 있으며, 응용언어학 쪽에 가깝다.

02 다음 중 계통론과 관계가 먼 분야는?

① 비교언어학
② 역사언어학
③ 통시언어학
④ 대조언어학

03 방언은 어느 한 지역에서 유행하여 그 언어공동체에 고루 전파되는 것이 아니라, 그 흐름을 막는 장벽을 사이에 두고 일어나는 언어의 분화를 말한다.

03 방언론에 대한 설명으로 옳지 않은 것은?

① 한 언어 안에서 나타나는 언어의 차이를 방언차라 한다.
② 언어학은 언어가 동질성을 갖는다는 전제에서 출발하고 방언학은 한 언어의 이질적인 측면을 중시한다.
③ 지역에 따라 말이 달라지는 현상은 어느 언어사회에서나 발견되는 보편적인 현상이다.
④ 어느 한 지역에서 유행하여 그 언어공동체에 고루 전파되는 것이 방언으로 나타난다.

정답 01 ① 02 ④ 03 ④

04 한 언어 내부에서 지니고 있는 이질적인 측면을 중시하는 분야는?

① 문법론
② 문자론
③ 방언론
④ 음운론

04 ① 문법론 : 단어의 내적 구조를 지배하는 규칙과 단어들이 결합하여 문장을 구성하는 원리에 대하여 연구하는 학문이다.
② 문자론 : 언어 표기하는 문자에 대하여 연구하는 분야이다.
④ 음운론 : 언어체계 내에서 음성이 가지는 기능을 고려하여 음운에 관하여 연구하는 분야이다.

05 응용언어학의 범위에 속하지 <u>않는</u> 것은?

① 언어정책
② 언어교육론
③ 언어장애치료
④ 국어문법론

05 언어학의 연구 결과를 어떤 실용적인 문제에 적용하는 분야를 응용언어학이라 하여 순수한 학문적인 목적으로 수행하는 일반언어학과 구별한다. 응용언어학에는 언어정책, 언어교육론뿐만 아니라 언어장애 치료, 사전학, 기계번역, 통신공학, 전산학 등도 언어학 연구 결과가 적용될 수 있다.

06 다음 중 어느 한 시기의 고정된 언어체계를 연구하는 학문은?

① 역사언어학
② 통시언어학
③ 계통론
④ 정태언어학

06 어느 한 시기의 고정된 언어체계를 연구하는 학문을 정태언어학 또는 공시언어학이라고 한다.

07 다음 설명 중 옳지 <u>않은</u> 것은?

① 비교언어학은 역사언어학의 일종이거나 그로부터 갈라져 나온 계통이다.
② 친족관계가 없는 언어끼리의 비교 연구를 비교언어학이라 한다.
③ 비교언어학은 역사언어학과 밀접한 관계에 있다.
④ 계통론은 한 언어에 초점을 두고 지칭하는 용어이지만 비교언어학은 그러한 제약이 없다.

07 친족관계가 없는 언어끼리의 비교 연구를 비교언어학이 아니라 친족관계가 있는 언어끼리의 비교 연구를 비교언어학이라 한다. 동일한 어족에 속하는 언어를 관찰하여 이들이 분화되기 이전의 모습, 즉 공통조어의 모습까지 밝히는 작업을 하며, 그 뿌리가 된 언어와 거기에서 분화된 모든 언어의 역사적 변천관계를 연구하는 역사언어학의 한 분야이다.

정답 04 ③ 05 ④ 06 ④ 07 ②

훌륭한 가정만한 학교가 없고, 덕이 있는 부모만한 스승은 없다.

– 마하트마 간디 –

제 2 편

음운론

한 언어의 구조나 특성을 알고자 하면 우선 그 언어에 쓰이는 음성의 특성부터 알아봐야 한다. 음성을 파악하는 방법에는 두 가지가 있다. 하나는 그 음성을 자연과학적인 관점에서 그것이 어떤 발음기관의 어떠한 작용에 의하여 생성되며, 그것이 만들어 내는 음파의 특성은 어떠한가를 관찰하는 길이며, 다른 하나는 그 음성들이 그 언어에서 하는 기능을 중심으로 파악하는 길이다. 전자는 음성학, 후자는 음운학 또는 음소학이라고 한다. 이 장에서는 이 둘을 합쳐 음운학이라 명명하여 다루고자 한다.

| 출제 경향 및 수험 대책 |

이 단원에서는 조음체와 발음기관, 조음위치에 따른 자음의 분류, 조음방식에 따른 자음의 종류, 치조음·양순음·불파음의 특징, 양순폐쇄음의 종류, 중설평순저모음과 전설평순고모음, 의미분화를 일으키는 최소 단위, 음운 규칙에 따른 음운 변동 등에 대해 묻는 문제들이 출제될 수 있으니 이에 대한 학습이 요구된다.

제 1 장 | 발음기관

1 성대, 목젖, 구개, 이와 잇몸, 혀 종요

음성을 산출하는 데 관여하는 인간의 모든 신체기관을 발음기관이라 한다. 발음기관은 크게 공기를 움직이게 하는 부분인 **발동부**, 음성을 만드는 **발성부**, 음성을 여러 가지로 세분하는 **조음부**로 나누어진다. 발동부는 폐와 기관지, 후두와 후부구강으로 이뤄져 있는데 이 중 폐가 가장 중요하다. 발성부에서 중요한 것은 성대이고 조음부는 구강과 비강, 혀와 입술이 중요한 기능을 한다. 실제로 발음에 동원되는 신체 부위는 그 수가 100개도 넘는다고 한다. 하지만 여기서는 그중 몇 가지만을 발음기관이라 하고 그것을 다루고자 한다.

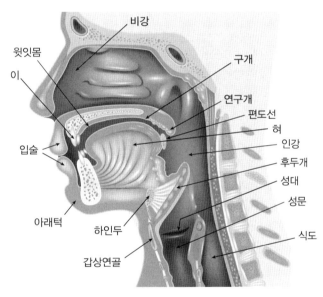

▶ 발음기관 단면도

(1) 성대

악기를 불 때 숨을 불어넣어 소리를 내듯이 음성을 만들려면 우선 숨이 있어야 한다. 허파에서 나온 숨이 소리가 되기 위해서 반드시 통과해야 할 곳이 성문이다. 성문은 두 개의 성대 사이를 이르는 말이다. 성대가 있는 위치는 흔히 아담스애플(아담의 사과)이라고 하는 곳으로 남자 목 부분에 도드라지게 나온 부분이다. 성대의 작용에 의해서 음성의 성질이 달라지기 때문에 성대는 중요한 발음기관의 하나이다. 성대가 울리고 나오면 **유성음**이 되고, 그렇지 않으면 **무성음**이 된다. 이 성대를 중심으로 한 숨의 통로를 **후두**라 한다. 후두 위에 후두개라는 뼈가 있어 후두와 식도가 동시에 열리는 것을 막아준다.

(2) 목젖

성문을 통과한 숨은 인두로 나오게 되는데, 인두 위에는 목젖이 있다. 목젖은 앞뒤로 움직일 수 있어 숨을 입으로 나오게 하느냐, 코로 나오게 하느냐를 조절하는 일을 한다. 목젖을 인두의 뒷벽에 붙여 비강으로 통하는 기류를 막으면 공기는 입안으로 통과하여 소리를 산출하는데 이를 구음이라 한다. 이에 비해 입안의 어떤 자리를 막으면서 목젖이 밑으로 축 처져 비강으로 기류가 개방되어 나타나는 음이 비음이다. 이처럼 목젖은 **비음을 낼 때 중요한 기능**을 하는 발음기관이라 할 수 있다.

(3) 구개

구개는 목젖에서부터 윗잇몸까지 쭉 이어지는 부분을 이르는 말로, 입천장으로 이해하면 된다. 입천장은 가운데를 기준하여 딱딱한 부분을 경구개, 뒤쪽 여린 부분을 연구개라 한다. 우리말로 풀어서 전자를 센입천장, 후자를 여린입천장이라고 말한다.

(4) 이, 잇몸, 입술

입천장은 잇몸으로 이어지는데 이 잇몸을 치조라고도 한다. 아랫잇몸도 있으나 발음을 할 때 쓰이는 잇몸은 윗잇몸만 관여한다. 잇몸 앞에 이가 있고 이 앞에 입술이 있다. 입술은 발음할 때 윗입술과 아랫입술이 모두 쓰이지만, 이는 거의 윗니만 쓰인다.

(5) 혀

발음기관 중 가장 중요한 역할을 하는 것이 혀이다. 혀는 각 부분이 발음에 관여하기 때문에 여러 부위로 나누어 파악한다. 혀의 제일 앞을 설첨, 혀의 앞부분을 설단이라고 한다. 설첨을 굳이 구분하지 않을 때는 설단에 넣어 이르기도 한다. 설단은 입을 다물고 있을 때 입천장에 닿는 부분이다. 또 경구개에 닿은 부분을 설면, 연구개와 마주 보는 혀의 부분을 설배라 한다. 그리고 혀의 제일 뒷부분, 즉 인두와 마주 보는 혀의 부분을 설근이라고 하나 발음에 관여하지는 않는다.

2 조음체와 조음점 _{중요}

이상 살펴 본 발음기관은 위·아래로 맞서 있는데 입안 아래쪽에 있는 아랫입술, 혀 등을 조음체라 하고, 그 조음체들이 가 닿는 **입천장, 윗니, 윗입술** 등을 조음점이라 한다. 조음체들이 상대적으로 잘 움직이는 반면에 조음점은 움직임이 덜하다. 그래서 조음체를 능동부라 하고 조음점을 고정부라 말하기도 한다.

제 **2** 장 | 음성의 분류

1 자음, 모음, 음절 [중요]

발음기관을 통해 산출되는 음성은 발음기관의 작용에 따라 장애를 받고 나오느냐 그렇지 않느냐에 따라 장애음과 비장애음으로 나눌 수 있다. 전자를 자음이라 하고 후자를 모음이라 한다. 자음은 기류(호기)의 통로에서 발음기관의 어떤 장애를 받아 귀에 들릴 정도의 마찰이나 파열을 일으켜 산출되는 음이고, 모음은 성대를 통해 흘러나오는 공기가 자유로이 통과하면서 입이나 코와 같이 그 안에 공명실을 만들어 그것에 의해 산출되는 음이다. 그 결과 모음은 단독으로 소리가 되고 자유롭게 음의 길이를 조절하여 낼 수 있는 반면, 자음은 그렇지 못하여 반드시 모음에 얹혀서 발음되는 성질을 갖는다. 그래서 모음을 홀소리, 자음을 닿소리라고 하기도 한다. 하나의 모음 또는 자음에 하나의 모음을 붙여 실현되는 소리를 음절이라 한다.

(1) 자음

자음은 기류가 성문을 통하여 입 밖에 나올 때까지 자유롭지 못하고 방해를 받아 폐쇄와 파열, 마찰 등이 일어나 나오는 소리이다. 이 장애는 조음점과 조음체의 접촉에 의해 일어난 것이다.

자음은 장애를 받는 자리와 장애를 받는 방식에 따라 크게 둘로 나뉜다. 전자를 조음위치라 하고 후자를 조음방법이라 한다.

① 조음위치에 따른 자음 분류

국어의 자음은 조음위치에 따라 다섯 가지로 분류된다.

- ㉠ 양순음 : 두 입술이 맞닿아서 내는 소리를 말한다. 국어에서 양순음은 양 입술에 의한 음만이 존재하므로 순음이라고 한다. 'ㅂ, ㅃ, ㅍ, ㅁ' 등이 여기에 속한다.
- ㉡ 치조음 : 혀끝이 치조에 닿아서 내는 소리를 말한다. 현대국어의 'ㄷ, ㄸ, ㅌ, ㄴ, ㄹ, ㅅ, ㅆ' 등이 이에 해당된다. 훈민정음 창제 당시에는 'ㅅ'를 'ㅈ, ㅊ'과 묶어 치음이라 불렀다. 음성학적으로 엄밀히 따지면 조음점이 완전히 같지 않으나 대체적으로 치조위치에서 일어나는 것으로 파악한다.
- ㉢ 경구개음 : 혓바닥(설면)이 경구개에 접촉하여 생기는 음이다. 국어의 경구개음으로 대표적인 것에는 'ㅈ, ㅉ, ㅊ' 등이 있다. 경구개는 그 부위가 넓기 때문에 전경구개, 후경구개로 나누는 경우도 있으나 일반적으로 경구개 하나로 족하다.
- ㉣ 연구개음 : 조음체 설근 부분이 조음점 연구개에 접촉되어 발생되는 소리이다. 국어의 'ㄱ, ㄲ, ㅋ, ㅇ'이 이에 해당한다.
- ㉤ 후음 : 기류가 후두의 성문을 미끄러져 나오면서 내는 소리이다. 그래서 후두마찰음이라고도 한다. 국어의 'ㅎ'이 이에 해당한다.

② **조음방법에 따른 자음 분류**

기류가 방해를 받아 발음되는 자음은 그 장애의 정도나 방법에 따라 다음과 같이 다섯 가지로 분류된다.

㉠ 파열음 : 자음은 장애를 받는 소리라고 했는데 그중 제일 장애를 받는 소리가 파열음이다. 파열음은 성대를 지난 기류를 입안의 어떤 조음부에서 일단 완전히 막았다가 터뜨리면서 발음하는 음성이다. 그래서 폐쇄음, 정지음이라 불리는데, 다음과 같이 통상 3단계 동작으로 구분된다.

   ⓐ 폐쇄단계 : 능동부의 조음체가 고정부의 조음점에 붙는 단계

   ⓑ 정지단계 : 폐쇄된 정지의 단계

   ⓒ 파열단계 : 조음체가 조음점에서 떨어지는 파열의 단계

   폐쇄음은 파열음의 유무에 따라 외파음과 내파음으로 나눌 수 있다. 이 파열의 유무는 그 음의 변별적 기능을 다르게 한다. 하지만 파열이 없는 내파는 변별음을 구별하지 못하여 중화된다. 국어에서는 마지막 단계인 파열음의 단계가 일어나지 않는 경우가 있다. 이러한 폐쇄음을 '불파음' 또는 '미파음'이라고 한다. 국어에는 'ㅂ, ㅃ, ㅍ, ㄷ, ㄸ, ㅌ, ㄱ, ㄲ, ㅋ'이 폐쇄음에 속한다.

㉡ 마찰음 : 이 음은 두 조음기관의 간격을 좁히고 공기 흐름을 좁은 통로로 흐르게 하여 마찰시켜 내는 소리이다. 이것은 완전히 폐쇄되는 동작도 없고 완전히 파열되는 동작도 없다. 국어에선 혀끝과 치조 사이의 기류가 마찰을 일으켜 내는 소리 'ㅅ, ㅆ'과 성대가 좁혀져 그 사이의 기류가 마찰을 일으켜 내는 성문마찰음 'ㅎ'이 있다. 다른 언어에 비해 국어는 상대적으로 마찰음의 수가 적은 편이다.

㉢ 파찰음 : 파열음과 마찰음을 내는 방법이 섞인 음으로, 폐쇄음처럼 기류를 완전히 막았다가, 터트릴 때는 폐쇄음과 달리 서서히 터트리면서 마찰음처럼 마찰이 생기게 하여 내는 소리이다. 따라서 파찰음은 앞부분이 폐쇄음과 비슷하고 뒷부분이 마찰음과 비슷한 소리이다. 'ㅈ, ㅉ, ㅊ'이 이에 속하며 이들 음은 혀 앞부분을 경구개에 대어 내는 소리다. 예를 들어 '쯔쯔쯔'를 소리 내보면 쉽게 알 수 있다. 파찰음에서의 폐쇄와 마찰은 발음기관의 위치 이동 없이 동일한 조음점에서 연속되어 일어난다.

㉣ 유음 : 자음 가운데 기류가 장애를 가장 받지 않고 물 흐르듯이 발음되는 소리라 해서 붙인 이름이다. 국어에는 'ㄹ'이 이에 해당한다. 유음은 조음방식에 따라 몇 가지로 세분된다. 설전음, 설탄음, 설측음이 그것이다.

   ⓐ 설전음 : 모음 사이에서 실현되는 음으로 혀끝을 치켜들어 앞입천장 가까이에서 닿을락말락 하여 비교적 빠르게 떨어서 내는 소리이다.

   ⓑ 설탄음 : 혀끝을 치조부위에 두들겨 내는 소리이다. 국어에서 'ㄹ'은 한 번 정도 떨어서 나는 소리이므로 엄밀히 말하면 '설탄음'이라고 봄이 맞다.

   ⓒ 설측음 : 혀의 양 옆으로 기류가 흐르면서 내는 소리이기에 설측음(혀 옆소리)라고 부른다. 대체적으로 음절 말이나 설측음 다음의 음절 초에서 일어난다. 국어의 'ㄹ'은 보통 음절 말에서는 설측음으로, 그 외의 환경에선 설탄음으로 발성된다.

㉤ 비음 : 기류가 비강으로 나와 내는 소리로, 'ㄴ, ㅁ, ㅇ'이 이에 속한다. 'ㄴ'은 혀끝이 치조에 닿아 구강은 막히고 비강으로 기류가 나오면서 발음되는 것이고, 'ㅁ'은 입술이 폐쇄되어 구강이 완전히 막혀 비강으로 기류가 나오면서 산출된다. 'ㅇ'은 설근이 연구개에 닿아 구강이 막혀 비강

으로만 기류가 나오면서 발음되는 음이다. 국어에서 음성론적으로 호기가 비강으로 흘러서 나는 모음도 있으나, 음소의 기능을 하지 못하기 때문에 국어에서 비음이라 하면 일반적으로 자음만을 말한다.

③ 그 밖의 음성들
　㉠ 경음과 격음
　　ⓐ 경음 : 이 소리는 후두긴장음이라고도 하는데, 후두가 긴장, 수축되어 산출되기 때문이다. 경음은 폐쇄음, 마찰음, 파찰음을 발음할 때 성문 아래에서 공기를 압축했다가 조금만 방출하면서 내는 소리이다.
　　ⓑ 격음 : 격음은 성대마찰음이 동반하는 소리로, 폐쇄음과 파찰음을 발음할 때 성문 아래에서 공기를 압축했다가 많이 방출하면서 내는 소리이다.
　　※ 경음과 격음을 발음할 때는 성대와 주위의 근육을 긴장시켜 낸다는 점에서 평음과 차이가 있다.
　㉡ 유성음과 무성음
　　ⓐ 유성음 : 기류가 성대를 울리고 나오는 소리로 모음, 반모음, 'ㄴ, ㄹ, ㅁ, ㅇ' 등이 이에 속한다.
　　ⓑ 무성음 : 기류가 성대를 울리고 나오지 않는 소리로, 유성음이 아닌 이외의 자음은 모두 무성음이다.

[국어의 자음 분류표] 중요

소리의 성질	조음방법		두입술 [순음]	윗잇몸 [치조음]	혓바닥 [경구개음]	혀뒤 [연구개음]	목청사이 [후음]
안울림소리 (無聲音)	파열음	예사소리	ㅂ	ㄷ		ㄱ	
		된소리	ㅃ	ㄸ		ㄲ	
		거센소리	ㅍ	ㅌ		ㅋ	
	파찰음	예사소리			ㅈ		
		된소리			ㅉ		
		거센소리			ㅊ		
	마찰음	예사소리		ㅅ			ㅎ
		된소리		ㅆ			
울림소리 (有聲音)	비음(鼻音)		ㅁ	ㄴ		ㅇ	
	유음(流音)			ㄹ			

(2) 모음
① 모음의 분류
　모음은 기류가 별 장애 없이 내는 소리다. 따라서 모음은 어떤 모음이 정확히 어떤 조음체와 조음점의 작용으로 발음된다는 식으로 파악하기는 어렵다. 모음을 분류함에는 여러 가지 방법이 있을 수 있으나 가장 기본적인 분류기준은 (i) 혀의 고저에 따른 분류, (ii) 혀의 전후에 따른 분류, (iii) 입술의 모양에 따른 분류 등이다.

㉠ 혀의 높이에 따른 분류

혀 위치의 고저(높낮이)에 따른 분류는 모음을 발음할 때 혀가 구개에 접근하는 정도에 따른 것을 말한다. 입을 좁게 벌리면 혀의 위치는 상대적으로 높고 크게 벌리면 상대적으로 낮다. 입을 좁게 벌려 혓바닥과 입천장의 거리가 가장 가깝게 되어 발음되는 모음을 고모음이라 하고, 그 거리가 가장 멀어진 상태에서 발음되는 것을 저모음이라고 한다.

혀의 고저는 모음의 고저 위치를 결정한다. 즉, 아래턱의 고저가 모음의 고저를 결정하는 것이다. 턱 벌리는 정도가 가장 작은, 즉 아래턱이 가장 위로 올라가는 모음은 'ㅣ'이고, 턱 벌리는 정도가 가장 큰, 즉 아래턱이 가장 아래로 내려오는 모음은 'ㅏ'이다. 이러한 혀의 고저 위치로 분류하면 'ㅣ, ㅟ, ㅡ, ㅜ'는 혀가 가장 위로 올라가는 고모음이고 'ㅔ, ㅚ, ㅗ, ㅓ'는 중모음이며 'ㅏ, ㅐ'는 혀가 가장 내려오는 저모음이다.

㉡ 혀의 전후에 따른 분류

이 분류는 모음을 구개에 접근하는 혀의 위치에 따라 분류하는 방법인데, 설면이 경구개로 향해 작용하는 것은 전설모음, 설근이 연구개음을 향해 작용하는 것은 후설모음이라 하며, 전설과 후설의 중간 위치에서 발음되는 모음을 중설모음이라 한다.

㉢ 입술의 모양에 따른 분류

같은 위치에 있는 모음 'ㅣ'와 'ㅜ'를 비교해 보면 발음할 때 'ㅜ'는 입술을 둥글게 하고 'ㅣ'는 입술이 둥글지 않고 퍼진다. 이같이 발음 시 입술을 둥글게 하는 모음을 원순모음이라 하고, 입술이 둥글지 않고 퍼지는 모음을 평순모음 또는 비원순모음이라 한다.

[모음 도표] 중요

혀의 높이 \ 혀의 앞뒤 / 입술 모양	전설모음 평순모음	전설모음 원순모음	후설모음 평순모음	후설모음 원순모음
고모음 [폐모음]	ㅣ	ㅟ	ㅡ	ㅜ
중모음 [반폐모음·반개모음]	ㅔ	ㅚ	ㅓ	ㅗ
저모음 [개모음]	ㅐ		ㅏ	

② 반모음과 이중모음

㉠ 반모음

모음을 발음할 때보다 혀를 구개에 더 접근시켜 발음하는 음으로 자음과 모음의 중간적 성질을 갖는다. 처음 시작은 모음처럼 하지만 모음과는 달리 독립 음절을 이루지 못하고 또 다른 모음이 갖는 지속성도 없어 곧바로 다른 모음 자리로 옮겨 가는 성질을 가지고 있다. 그래서 전이음이라고 말하기도 하고 미끄러지듯 발음되는 소리라 해서 활음 또는 과도음이라고도 한다. 반모음은 다른 모음에 얹혀 이중모음을 만드는 데에만 쓰이는 음으로 국어에는 'j, w'가 있다.

ⓛ 이중모음

발음하는 도중에 혀가 일정한 자리에서 시작하여 다른 자리로 옮겨 가면서 발음되는 소리이다. 이중모음은 반모음과 모음의 결합이기 때문에 처음에는 반모음의 입모양이다가 나중에는 모음의 입모양으로 끝나서 입모양의 처음과 끝이 다르다. 이에 비해 단모음은 발음할 때는 처음과 나중의 발음기관의 위치가 동일하고 소리도 같게 들린다. 따라서 이중모음과 단모음을 구별할 때는 혀의 위치나 입모양의 변화 여부를 통해 구별할 수 있다. 즉, 발음할 때 혀의 위치나 입모양이 변하지 않는다면 단모음이고 변한다면 이중모음이다. 이중모음에서 강하게 발음되는 것이 주음이고 약하게 발음되는 것이 부음이다. 즉, 부음이 반모음이다. 그리고 반모음이 선행하느냐 후행하느냐에 따라 전자를 상승적 이중모음이라고 하고, 후자를 하강적 이중모음이라 한다. 국어의 이중모음은 다음과 같이 분류된다.

ⓐ 반모음 ‘ㅣ’로 시작하는 이중모음[ㅣ(j)계] : ㅑ, ㅕ, ㅛ, ㅠ, ㅒ, ㅖ
ⓑ 반모음 ‘ㅗ/ㅜ’에서 시작하는 이중모음[ㅗ/ㅜ(w)계] : ㅘ, ㅙ, ㅝ, ㅞ
ⓒ 반모음 ‘ㅡ’에서 시작하는 이중모음 : ㅢ
여기서 ⓐ, ⓑ는 상승적 이중모음이고 ⓒ가 하강적 이중모음에 해당된다.

(3) 음절과 운율적 특징

① 음절과 성절음

ⓐ 음절 : 한 번에 낼 수 있는 소리마디를 나타내는 문법단위로, 음절은 의미와 전혀 관계가 없는 음성학적 문법단위일 뿐이다. 음절이 만들어지기 위해서는 반드시 모음이 있어야 한다. 모든 말은 음절 단위로 마디를 이루어서 발음된다. 따라서 자음과 모음보다는 한 단계 위의 단위로 소리의 낱덩이라고 할 수 있다.

ⓑ 성절음 : 자음이든 모음이든 혼자서 음절을 이룰 수 있는 음을 말한다. 모든 모음은 성절음이며 자음이 성절음이 되는 경우는 없다. 따라서 국어는 음절 수와 모음의 수가 비례하며 한 모음은 앞뒤 자음과 함께 한 음절을 형성하게 된다.

② 국어의 음절 구조

> 모음단독(아), 자음 + 모음(가), 모음 + 자음(악), 자음 + 모음 + 자음(강)

영어에서 ‘milk’는 1음절이나 우리말은 음절 구조상 음절의 끝소리에 자음과 자음이 연속하여 올 수 없기 때문에, 연속되는 둘 이상의 자음을 발음할 수 없다. 따라서 이 단어를 우리말로 굳이 한 음절로 발음하거나 적으려고 한다면 [밀]이나 [믹]이 될 수밖에 없다. 그러나 그렇게 되면 원래의 발음과는 완전히 달라지기 때문에, 우리는 어쩔 수 없이 모음 [으]를 첨가하여 두 음절로 나누어 [밀크]라고 발음하게 된다.

3 운율적 특질

말을 이루는 요소 중에는 단독으로 쓰이지 않고 주로 모음에 얹혀서 자음과 모음들을 얼마나 길게 내느냐, 크게 내느냐 또는 높게 내느냐 등에 작용하는 것이 있다. 예를 들어 음의 장단, 고저, 강약 등이다. 이를 운율적 특질 또는 운율적 자질이라 한다. 그리고 고저와 강약을 묶어 악센트라 하기도 한다.

(1) 고저악센트

소리의 높낮이를 고저악센트라 하는데 이것은 소리 진동의 **빠르기**에 비례한다. 또한 고저악센트는 한 음절에 놓이는 소리의 높낮이만을 가리킨다. 만약에 소리의 높낮이가 문장 전체에 놓이면 그것을 억양이라 부른다. 이러한 고저악센트를 통한 뜻의 분화는 지역에 따라 그 중요도가 다르다. 예를 들어 함경도나 경상도 방언에서는 손[手]과 손[客]을 고저악센트로 그 뜻을 구별하지만 서울말에서는 구별이 안된다.

(2) 강약악센트

음파의 진폭이 크면 그만큼 소리가 강하게 나고 작으면 그만큼 약하게 나는데, 이 소리의 강약이 모음에 놓이면 그것을 강약악센트라 한다. 이러한 강약악센트는 영어에는 그 역할이 크나 국어에서는 강약악센트에 대한 분별력이 그리 크지 않다.

(3) 음장(音長)

운율적 자질에는 악센트 이외에 길이를 결정하는 요소가 음장이다. 이러한 음장은 자음 길이보다는 모음 길이를 가리키는 것이 일반적이다. 예를 들어 '눈(雪)'과 '눈(眼)'이 음의 길이에 의해 그 의미가 분별되는데, 이때 관여하는 것은 모음 'ㅜ'를 길게 내느냐, 짧게 내느냐에 달려 있는 것이다.

제 **3** 장 │ 음운/음소

1 개념, 최소대립쌍, 상보적 분포, 변이음

(1) 음성과 음운, 음소와 운소의 개념 **중요**

① 음성

인간의 발음기관을 통하여 만들어진, 말을 만드는 데 활용되는 분절적인 소리이다. 이 음성은 사람에 따라 다르며 같은 사람이라 하더라도 때와 장소, 상황에 따라 약간씩 다르게 발음된다. 또한 음성은 음절상의 위치에 따라서도 다르게 실현되는 구체적, 물리적 소리이다.

② 음운

사람들이 머릿속에서 같은 소리로 인식하는 추상적, 사회적, 심리적인 말소리이며, 단어의 의미를 변별하는 최소의 단위이다.

음성	음운
물리적	관념적
개별적	보편적
구체적	추상적
비변별적	변별적

음성은 구체적이고 물리적인 소리이기 때문에 어느 언어에나 존재할 수 있는 데 비하여, 추상적, 사회적, 심리적으로 인식하는 단위인 음운은 언어마다 차이가 있을 수 있다.

③ 음소

음성에는 뜻을 구별하는 요소가 있고 뜻을 구별하지 못하는 것도 있다. 이같이 뜻을 구별하는 음성을 음소라 한다. 사람들이 발음을 할 때 그 발음의 조건이 다르기 때문에 실현되는 음은 동일하지가 않다. 그럼에도 불구하고 사람들은 어떤 소리들에 대해 같은 소리라고 인식한다. 이렇게 특정 언어에서 하나의 소리로 인식되는 말소리의 최소 단위를 음소라고 하는 것이다. 이러한 음소는 뜻을 분화하기도 하고 어감을 다르게 하기도 한다. 예를 들어 '빙빙-삥삥-핑핑'과 '불-뿔-풀'은 예사소리, 된소리, 거센소리 관계를 통해 각각 어감의 분화와 의미의 분화를 드러내고 있다.

④ 운소

앞서 설명한 음소는 자음이나 모음 같은 분절 음운을 가리키는 반면에, 운소는 소리의 장단, 고저, 세기 등 비분절 음운을 가리킨다. 운소도 음소처럼 변별적 기능을 가지기도 한다. 현대국어에서는 소리의 장단과 억양이 주로 그 역할을 한다. 음소와 운소를 합쳐 음운이라 하기도 한다. 또한 운소는 초분절음소 또는 초분해음소라 하기도 하는데 분할·분해를 초월하는 음소라는 뜻이다.

(2) 최소대립과 최소대립쌍

음성학적으로 다른 두 소리가 어떤 특정 언어에서 언중들에게 다른 소리로 인식되고 또 의미를 분화시키는 기능을 가지면 그 두 음은 그 언어에서 변별적, 또는 대립적이라 한다. 둘 이상의 단어가 같은 위치에 있는 하나의 음운 때문에 의미의 차이를 가져오는 경우를 최소대립이라 하고, 그 짝을 최소대립쌍이라고 한다.

> 손 : 산 / 발 : 말

(3) 상보적 분포와 변이음(變異音)

변이음은 동일 음소이면서 환경에 따라 서로 다른 음성으로 실현되는 것을 이르는 말이다. 각각의 변이음이 실현되는 환경은 서로 배타적인데 이를 배타적 분포라 하며, 이 각각의 변이음은 서로 상보하여 한 음운을 이루기 때문에 이들의 분포를 상보적 분포라고 한다. 이러한 변이음들은 의미를 구별하는 데엔 아무런 역할을 하지 못한다.

> 'ㄱ' → 어두에서 무성음[k], 유성음 사이에서 유성음[g], 어말에서 닫음소리[k ˋ]

2 국어의 자음체계, 모음체계, 운소체계

음운은 서로 대립되고 변별적인 기능을 하는 것으로 하나의 체계를 이룬다. 음운은 고립적인 것이 아니라 서로가 얽혀서 전체적으로 긴밀한 조직체를 형성하고 있다. 국어의 음운체계에는 자음체계, 모음체계 그리고 운소체계가 있는데, 현대국어에서 자음체계와 모음체계는 각각 19개와 21개, 도합 40음운체계로 되어 있으며, 운소엔 소리의 길이와 억양이 있다.

(1) 자음체계

국어의 자음체계는 파열음, 파찰음이 평음, 격음, 경음으로 변별되는 매우 질서정연한 체계를 갖추고 있음을 특징으로 한다. 그래서 삼지적 상관속이라 부른다.

(2) 모음체계

모음체계는 계열과 서열로써 파악될 수 있다. 계열은 혀의 전후 위치와 입술의 모양에 의거하여 나누며, 서열은 단계라고도 하는데 혀의 높낮이 즉, 개구도로 한다. 이러한 분류는 표준어와 방언상에 체계 차이점이 있기도 하다. 예를 들어 방언에서는 'ㅔ'와 'ㅐ', 그리고 'ㅡ'와 'ㅓ'를 변별하지 하지 못하는 것이다. 이 외에도 모음은 단모음, 이중모음, 반모음 등의 체계를 갖고 있다.

(3) 운소체계

소리의 장단을 통해 뜻을 변별하는 기능을 하며 제1음절에서만 변별적 기능을 갖는 제약이 따른다. 그러나 이조차도 젊은 세대로 내려갈수록 그것의 변별력은 점차 약해져 가는 경향이 있다. 그만큼 운소는 현대국어에서 그 지위가 불안한 음소라고 할 수 있다. 음장 외에 억양, 휴지(쉼)의 위치에 따른 연접 여부 등도 운소체계에 속하며, 이러한 운소체계도 음소체계와 마찬가지로 방언마다 그 체계에 차이가 있다.

제 4 장 | 음운규칙

음소들이 모여서 음절을 이루고 단어를 이루며 이들이 다시 문장을 이루어 나갈 때 음소들은 그 놓이는 자리에 따라 어떤 제약을 받기도 하고 상호 간에 어떤 영향을 주고받기도 한다. 이러한 현상을 음운규칙 또는 음운현상이라 한다. 몇 가지 유형으로 나누어 살펴보기로 한다. 음운현상을 그 원인에 따라 크게 분류하면 (i) 음운의 가로체계(통합체계)의 제약에 의한 것(제약), (ii) 발음의 편이를 위한 조음경제적인 것(동화, 축약, 탈락), (iii) 말의 청취효과를 높이려는 원인에서 일어나는 것(첨가) 등 크게 세 가지가 있다.

1 분포의 제약 중요

(1) 어두 및 음절 초에서의 제약

① 어두 초성에 'ㄴ, ㄹ, ㅇ[ŋ]'과, 중세국어 때는 사용되었던 차성복자음이 오는 것을 제약한다.
  例 래일 → 내일, 녀자 → 여자, ᄡᅳ다 → 쓰다
  ㉠ 'ㄴ'은 단어의 두음에서 'ㅣ' 모음 앞이나 j계 이중모음(ㅑ, ㅕ, ㅛ, ㅠ, ㅒ, ㅖ 등)은 탈락한다.
    例 뇨소 → 요소, 뉴대 → 유대
  ㉡ 'ㄹ'이 어두에 분포하지 못하는 제약이 있다. 한자음 '라, 래, 로, 뢰, 루, 르' 등이 단어의 첫머리에 올 때에, 각각 '나, 내, 노, 뇌, 누, 느' 등으로 실현된다.
    例 로인 → 노인, 락원 → 낙원
② 외래어 표기에서는 이러한 제약을 받지 않는다.
  例 뉴스, 라디오
③ 국어는 어두에 두 자음을 허용하지 않지만 영어에서는 두 개나 세 개가 잇달아 나올 수 있다.
  例 spring

(2) 음절 말에서의 제약

① 음절 말에서도 자음은 하나밖에 올 수 없다.
② 음절 말에 올 수 있는 자음도 7종성(ㄱ, ㄴ, ㄷ, ㄹ, ㅁ, ㅂ, ㅇ)으로 한정되어 있다.
③ 겹받침인 경우는 뒤에 모음이 따르면 모두 실현되나 자음이 오면 이들 자음 중 하나가 탈락한다. 이를 자음군 단순화라고도 한다.
  例 값 → 갑, 넋 → 넉, 삶 → 삼
④ 음절상 받침에 올 수 있는 자음(ㄱ, ㄴ, ㄷ, ㄹ, ㅁ, ㅂ, ㅅ, ㅇ) 외에 자음이 오면 'ㄱ, ㄷ, ㅂ' 중 하나로 바뀐다.
  例 ㄲ, ㅋ → ㄱ / ㅅ, ㅈ, ㅊ, ㅌ, ㅎ, ㅆ → ㄷ / ㅍ → ㅂ

(3) 비음 및 'ㄹ' 앞에서의 제약

① 비음 'ㄴ, ㅁ' 앞에는 파열음 'ㅂ, ㄷ, ㄱ'이 올 수 없다.

② 비음 'ㅁ, ㅇ' 뒤에는 'ㄹ'이 올 수 없다.

③ 'ㄹ' 앞에는 'ㄹ' 이외의 어떠한 음절 말 자음도 허용하지 않는다.

(4) 이중모음 앞에서의 제약

① 이중모음 'ㅑ, ㅕ, ㅛ, ㅠ' 앞에는 'ㅅ, ㅆ, ㅈ, ㅊ' 등의 이른바 치조음이 분포되기 어려운 제약도 있다. 예 져[저], 쳐[처], 쪄[쩌]

② 'ㅖ'와 'ㅢ'는 'ㅔ'와 'ㅣ'로 발음된다. 예 혜택[혜택], 주의[주이]

다만, '예', '례'의 경우 오직 [예], [례]로만 발음해야 하며, 단어의 첫 음절에 오는 '의'는 [의] 그대로 발음된다. 때문에 '예절'과 '의사'는 각각 그대로 [예절]과 [의사]로 발음한다. 초성이 자음으로 시작되는 말은 '의'를 '이'로 발음하는데, 예를 들어 '닁큼'은 [닝큼]으로 발음된다.

2 중화

(1) 각기 다른 음운이 특정 환경에서 그 대립을 상실하게 되는 현상을 중화라 한다.

(2) 자음이나 휴지 앞의 음절 말 위치에 실현될 수 있는 자음은 한정되어 있다.

(3) 표기상으로는 19개의 자음 중 'ㄸ, ㅃ, ㅉ'를 제외한 16개 자음만이 올 수 있다. 그러나 소리상으로는 7종성만이 올 수 있다.

(4) 음절 말 자음이 중화될 때는 같은 위치의 연음으로 중화된다. 'ㅅ, ㅆ, ㅌ, ㅈ, ㅊ'이 음절 말에 오면 불파음 'ㄷ'으로 중화된다.

(5) 모음 앞에서는 음절 말 자음이 제 음가로 모두 실현되는 것이 원칙이나 합성어나 파생어에서는 제2요소가 실질적인 어휘적 형태소로, 자립형태소인 경우엔 중화되어 실현된다.

예 옷 + 이 → [오시], 옷 + 안 → [온안](중화) → [오단](연음)

3 동화

두 개의 음이 서로 영향을 주고받아 같아지거나 비슷해지는 현상을 동화라 한다. 동화는 발음의 편이 현상으로 그 유형에는 여러 가지가 있다.

(1) 동화의 유형 중요

① **동화의 방향에 따라**
  ㉠ 순행동화 : 앞의 음운이 뒤의 음운에 영향을 주어 뒤의 음운이 앞의 음운에 동화되는 현상
    예 궁리 → [궁니]
  ㉡ 역행동화 : 뒤의 음운이 앞의 음운을 동화시키는 현상 예 밥물 → [밤물]

② **동화의 정도에 따라**
  ㉠ 완전동화 : 두 음운의 성질과 모양이 완전히 같아지는 현상 예 듣는 → [든는]
  ㉡ 부분동화 : 성질만 닮고 모양은 닮지 않는 현상 예 잡는다 → [잠는다]

③ **동화의 인접성에 따라**
  ㉠ 인접동화 : 영향을 주고받는 음운 사이에 다른 소리가 개재되지 않는 경우
    예 난리 → [날리]
  ㉡ 원격동화 : 영향을 주고받는 음운 사이에 다른 소리가 개재되어 있는 경우
    예 손잡이 → [손잽이]

(2) 동화의 종류 중요

① **구개음화** : 구개음이 아닌 자음이 'ㅣ'와 반모음 'j'의 영향을 받아 구개음으로 변하는 현상으로, 국어에서는 연구개음화가 없기 때문에 일반적으로 구개음화는 경구개음화를 말한다. 이 구개음화는 역행동화, 부분동화, 인접동화에 속한다. 즉, 구개음화는 뒤에 오는 모음에 영향을 받아 앞에 자음이 변하였기에 역행동화, 모음에 영향을 받아 'ㅣ'나 'j'에 가까워졌으나 완전히 닮지 않았기에 부분동화, 영향을 주고받는 두 소리 사이에 다른 소리가 개재되지 않았음으로 인접동화인 것이다.
  예 굳이 → [구지], 같이 → [가치]

② **움라우트** : 뒤에 오는 'ㅣ'나 'j'의 영향으로 그 앞의 모음 'ㅏ, ㅓ, ㅗ, ㅜ' 등이 'ㅐ, ㅔ, ㅚ, ㅟ'로 바뀌는 현상을 말한다. 달리 'ㅣ'모음 역행동화라 한다. 이러한 움라우트 현상은 영향을 주고받는 두 소리 사이에 다른 소리가 개재되어 있기 때문에 원격동화이고, 뒤에 소리가 앞에 소리에 영향을 줬기에 방향상 역행동화요, 정도상 부분동화이다. 움라우트 현상은 공시적으로는 표준어로 인정하지 않으나 통시적으로 굳어진 어형은 표준어로 인정하고 있다. 움라우트는 경상도방언이나 전라도방언 등의 남부방언에서 더 많이 실현된다.
  예 (공시적) 고기 → [괴기], 학교 → [핵교] / (통시적) 자미 → [재미], 차비 → [채비]

③ **비음화** : 'ㄱ, ㄷ, ㅂ'과 같은 폐쇄음은 분포상 제약을 받게 되는데 이러한 제약 때문에 일어나는 대표적 음운변동이 비음화이다. 비음화는 비음 아닌 것이 비음의 영향을 받아 비음이 되는 것을 말한다. 비음화에는 방향상 역행동화로서, 순행동화로도 나타날 수 있으며, 정도상 완전동화, 부분동

화도 있고, 영향을 주고받는 사이에 다른 소리가 개재되지 않는다는 점에서 인접동화에 속한다. 앞서 언급한 구개음화와 움라우트와는 달리 비음화 조건하에서 반드시 비음화가 일어난다는 점에서 절대동화라 하기도 한다.

   ⊙ ㅂ, ㄷ, ㄱ / ㅁ, ㄴ → ㅁ, ㄴ, ㅇ / ㅁ, ㄴ

      ⑨ 국물 → [궁물]

   ⓒ ㅁ, ㅇ / ㄹ → ㅁ, ㅇ / ㄴ

      ⑨ 담론 → [담논]

   ⓒ ㄱ, ㅂ / ㄹ(순행동화) → ㄱ, ㅂ / ㄴ(역행동화) → ㅇ, ㅁ / ㄴ(상호동화)

      ⑨ 각론 → [각논] → [강논]

④ **유음화** : 유음 'ㄹ' 앞뒤에 'ㄴ'이 오면 유음 'ㄹ'로 바뀌는 현상이다. 유음화는 한자어계에서는 역행동화로, 고유어계에서는 순행동화로 나타난다. 유음화는 성질과 모양이 완전히 닮는다는 점에서 완전동화이고 두 소리에 다른 소리가 개재되지 않고 나타나기에 인접동화이다.

   ⑨ 칼날 → [칼랄](고유어) / 신라 → [실라](한자어)

⑤ **모음조화** : 국어에서 앞요소의 모음과 뒷요소의 모음이 동계의 모음끼리 어울리는 현상을 말한다. 모음조화에서 동계의 모음이라 하는 것은 시대에 따라 언어에 따라 일정하지 않다. 현대국어에서는 'ㅏ, ㅗ' 계열을 양성모음으로 보고 나머지는 음성모음 계열로 취급한다. 모음조화는 알타이어에서 전반적으로 나타나는 현상이며 중세국어까지만 해도 엄격히 지켜졌으나 현대국어에서는 원칙적으로 모음조화를 지키지 않는다. 다만 그 흔적으로 어간과 어미, 어간과 선어말어미 그리고 의성어, 의태어 같은 상징어에서 찾아볼 수 있다.

   ⑨ 막아 – 먹어 / 잡았다 – 접었다 / 찰랑찰랑 – 철렁철렁

4 생략과 첨가 중요

(1) 생략

연속된 말 속에서 단어나 음절 사이의 소리를 빼버리는 현상을 말하며 흔히 '탈락'이라고도 한다. 생략은 어두, 어중, 어말 등에서 일어날 수 있다. 생략은 전체적으로 발음에 드는 노력을 줄이려는 현상이라고 말할 수 있다.

① '**ㄹ' 탈락**

   ⊙ 'ㄹ' 받침을 가지고 있는 합성어나 파생어 다음에 'ㄴ, ㄷ, ㅅ, ㅈ'으로 시작하는 음운이 왔을 때 'ㄹ'이 탈락한다. 합성어나 파생어에서의 'ㄹ' 탈락은 개별적인 현상이다.

      ⑨ 솔 + 나무 → 소나무, 딸님 → 따님, 물 + 자위 → 무자위, 말 + 소 → 마소

   ⓒ 'ㄹ' 받침을 가지고 있는 용언의 어간 다음에 'ㄴ, ㅂ, ㅅ, 오, ㄷ, ㅈ'가 왔을 때 'ㄹ'이 탈락한다. 다만 용언의 활용에서 'ㄴ, ㅂ, ㅅ, 오' 앞에서는 필연적으로 'ㄹ'이 탈락하지만 'ㄷ, ㅈ' 앞에서는 수의적으로 'ㄹ'이 탈락된다.

　　　　예 알 + 는 → 아는, 알 + ㅂ니다 → 압니다, 알 + 소 → 아소, 알 + 오 → 아오, 말 + 다 → 말다~
　　　　　 마다, 알자마자 → 알자마자~아자마자

② 'ㅎ' 탈락

　　㉠ 받침 'ㅎ' 탈락 : 'ㅎ' 받침을 가지고 있는 용언의 어간 다음에 모음이나 'ㄴ'으로 시작하는 어미가
　　　 오면 'ㅎ'이 탈락된다.
　　　　예 (소리상 탈락) 쌓 + 아 → 싸아, 좋 + 아서 → 조아서
　　　　　 (표기상 탈락) 파랗 + ㄴ → 파란

　　㉡ 초성 'ㅎ' 탈락 : 초성의 'ㅎ' 탈락은 모음, 비음, 유음 뒤에서 일어난다. 하지만 이 현상은 한
　　　 음절씩 또박또박 읽을 때는 나타나지 않으므로 수의적 현상이다.
　　　　예 손해 → 소내, 중후하다 → 중우하다

③ 'ㅡ' 탈락

　　용언의 어간 '으' 다음에 모음으로 시작하는 어미가 오면 'ㅡ'가 탈락된다.
　　　예 쓰 + 어 → 써, 고프 + 아 → 고파

④ 'ㅏ', 'ㅓ', 반모음 'j' 탈락

　　　예 가아 → 가('ㅏ' 탈락)
　　　　 개어 → 개('ㅓ' 탈락)
　　　　 변치 않은 → 변찮는(반모음 'ㅣ' 탈락)

(2) 첨가

첨가는 생략과는 정반대 현상으로 없던 음을 덧붙이는 현상인데, 이것은 발음의 노력은 더 들이더라도
어형이 너무 짧아 안정성이 적은 것에 안정성을 높여 주기도 하고 또는 발음하기가 뻑뻑하거나 청각상
꺽꺽한 것을 해소시켜 주는 기능을 한다.

① 'ㄴ' 첨가

　　받침음절로 끝난 합성어나 파생어 다음에 모음 'ㅣ, ㅑ, ㅕ, ㅛ, ㅠ'가 오면 'ㄴ'이 첨가되는 경우가
　　있다. 그러나 어간과 어미 사이, 체언과 조사 사이에선 이 'ㄴ' 첨가가 일어나지 않는다. 'ㄴ' 첨가는
　　역사적으로 어두의 'ㄴ' 제약과 관련되어 나타나는 현상이다.
　　　예 솜 + 이불 → [솜니불], 맨 + 입 → [맨닙], 물 + 약 → [물냑] → [물략]

② 'ㅇ' 첨가

　　모음충돌 회피를 위해 'ㅇ'를 첨가하는 경우이다. 이는 모음이 충돌할 때에 발음하기가 뻑뻑하므로
　　두 모음 사이에 자음을 삽입시켜 그러한 거북 상태를 해소시키려는 노력의 일환이다.
　　　예 소 + 아지 → 송아지

③ 반모음 첨가

　　모음충돌 해소를 위해 두 모음 사이에 반모음 'j'와 'w'를 삽입하는 경우이다. 이러한 것도 일종의
　　첨가로 본다.
　　　예 하았다 → [하였다](표기상 첨가), 좋아서 → [조와서](소리상 첨가)

5 축약과 기타 _{중요}

(1) 축약

① 두 음이 한 음으로 통합되는 현상을 축약이라 한다.

　[예] 가히 〉 가이 〉 개, 보이다 〉 뵈다, 서이우다 〉 세우다

② 축약에는 격음화도 포함된다. 격음화는 평음이 'ㅎ'과 만나 축약되어 거센소리가 되는 음운현상을 말한다. '격음 · 격음화' 대신 '유기음 · 유기음화'라는 용어를 쓰기도 한다. 유기음은 기식이 있는 소리, 즉 숨소리가 섞인 소리라는 말이다. 'ㅎ'은 기식만으로 이루어진 소리이므로 평음이 'ㅎ'과 만나 유기음이 되는 것은 당연하다. 평음과 'ㅎ'이 만날 때 'ㅎ'이 앞에 오느냐 뒤에 오느냐에 따라 순행적 격음화와 역행적 격음화로 구분한다. 역행적 격음화는 한자어에서 많은 예를 볼 수 있다.

　㉠ 순행적 격음화

　　용언의 어간 받침 'ㅎ · ㆆ · ㅀ'에 어미나 접미사의 첫소리 'ㄱ · ㄷ · ㅈ'이 이어지는 경우

　　[예] 좋다 → [조타], 않던 → [안턴]

　㉡ 역행적 격음화

　　앞말의 종성(끝소리)으로 쓰인 'ㄱ · ㄷ · ㅂ'의 뒤에 뒷말의 초성(첫소리) 'ㅎ'이 이어지는 경우에 일어나는 현상

　　[예] 국화 → [구콰], 집합 → [지팝], 산업화 → [사: 너콰]

(2) 음운도치

한 단어 안에 있는 두 음소 또는 두 음절이 서로 자리를 바꾸는 현상을 말한다. 음운도치는 대체로 처음에는 부주의한 말에서 일어난 현상이던 것이 새로움을 주는 매력 때문에 굳어진 현상으로 해석되는데, 이런 음운도치는 언어적 현실에서는 많은 편이나 그것이 굳어지는 일은 흔치 않다.

　[예] 빗복 〉 빗곱 〉 비꼽 〉 배꼽, 하야로비 〉 해오라기

(3) 이화

동화와 대립되는 개념으로 쓰이는 이화는 서로 같거나 비슷한 소리의 하나를 다른 소리로 바꾸는 현상을 말한다. 이 현상은 발음의 단조로움을 깨려는 심리가 작용하는 것으로 풀이된다.

　[예] 붚 〉 북, 거붑 〉 거북

6 경음화

경음화는 예사소리가 인접 음운의 영향으로 된소리가 되는 음운현상을 말한다. 경음화가 일어나는 조건은 다양하다.

(1) 받침소리 7개(ㄱ·ㄷ·ㅂ·ㄴ·ㄹ·ㅁ·ㅇ) 중 'ㄱ·ㄷ·ㅂ' 뒤에 오는 'ㄱ·ㄷ·ㅂ·ㅅ·ㅈ'는 경음화가 일어난다. 나머지 경음화는 그렇지 않다.
　예 믿다 → [믿따], 국밥 → [국빱]

(2) 동사나 형용사의 어간 끝소리가 'ㄴ·ㅁ'과 같은 비음일 때는 그 뒤에서 어미의 첫소리 'ㄱ·ㄷ·ㅅ·ㅈ'가 경음화된다. 그러나 피동형이나 사동형에서는 피동·사동 접미사 '-기-'가 '-끼-'로 경음화되지 않는다.
　예 안고 → [안꼬], 감다 → [감따]
　　안기다 → [안기다], 감기다 → [감기다]

(3) 복합어가 만들어질 때는 언제 경음화가 일어나고 언제 일어나지 않는지 잘 밝혀져 있지 않다.
　예 불고기 → [불고기], 물고기 → [물꼬기]

(4) 한자어에서는 받침 'ㄹ' 뒤의 'ㄷ·ㅅ·ㅈ'는 경음화된다. 'ㄱ·ㅂ'은 경음화되지 않는 경향이 강하다.
　예 발전 → [발쩐], 갈등 → [갈뜽]
　　열기 → [열기], 달변 → [달변]

(5) 역사적 변화로써 경음화가 일어나기도 했다.
　예 '씨'의 옛 발음은 '시'였는데 이것이 성 뒤에서 경음화된 형태로 자주 쓰여 '씨'로 바뀌었다.

(6) 관형사형 전성어미 'ㄹ'과 무성음 평음(ㄱ·ㄷ·ㅂ·ㅅ·ㅈ)이 만나면 경음으로 소리가 바뀌어 난다.
　예 갈 데 → [갈떼], 할 것을 → [할꺼슬]

(7) 용언 어간 'ㄾ', 'ㄼ'과 어미 첫소리(ㄱ·ㄷ·ㅅ·ㅈ)가 만나면 경음으로 소리가 바뀌어 난다.
　예 핥다 → [할따], 밟고 → [밥꼬]

제1장 발음기관

01 다음 중 음성학에 대한 설명으로 옳은 것은?

① 음성학은 음성이 의사소통을 위해 어떻게 조직되는가를 연구한다.

② 조음음성학은 음성학 중 가장 먼저 발달한 분야이다.

③ 음성학은 의미를 변별시키는 변별적 자질에 관심이 있다.

④ 음성학은 음운론에 비해 역사가 짧으며 20세기에 들어 비로소 형성되었다.

02 다음 중 음운론에 대한 설명으로 옳지 **않은** 것은?

① 음운론에서 변별적이라는 말은 다른 말로 대립적이라는 뜻이다.

② 음운은 자음, 모음과 같은 음소와 장단, 고저, 강세와 같은 운소로 구성된다.

③ 국어에서 'ㄱ, ㄲ'과 'ㅋ'은 동일한 음소이면서 변별적이다.

④ 음성학에 대한 기초적인 이해를 바탕으로 음운학을 학습하는 태도가 바람직하다.

03 다음 중 발음기관에 대한 설명으로 옳지 **않은** 것은?

① 호흡기관은 말을 하는 데 필요한 숨을 폐에서 올라오게 한다.

② 발성기관은 후두 속에 있는 성대를 진동시켜 소리 자체를 만들어낸다.

③ 조음기관은 구강과 비강을 중심으로 혀와 입술이 움직여 각종 음성이 분화한다.

④ 말소리의 음가를 결정하는 가장 중요한 기관은 호흡기관이다.

01 ① · ③ 음성학은 구체적이며 실제적인 음성 자체만을 연구 대상으로 한다.
④ 음성학이 음운론에 비해 역사가 길며, 음운론은 20세기에 들어와 형성되었다.

02 국어에서 'ㄱ, ㄲ'과 'ㅋ'은 각기 별개의 음소이면서 변별적이다.

03 말소리의 음가를 결정하는 데 가장 중요한 역할을 하는 것은 조음기관이다.

정답 (01 ② 02 ③ 03 ④)

04
② 조음기관 : 구강(입 안), 비강(코 안)을 중심으로 혀와 입술이 움직여 각종 음성이 분화되는 곳이다.
④ 호흡기관 : 말을 하는 데 필요한 숨을 폐에서 올라오게 하는 일을 하는 발음기관

04 후두(울대머리) 속에 있는 성대를 진동시켜 소리 자체를 내게 하는 발음기관은?

① 조성기관
② 조음기관
③ 발성기관
④ 호흡기관

05
① 설배 : 혀의 뒷부분
② 설첨 : 혀의 앞부분
④ 성문 : 두 개의 성대 사이

05 발음기관 중 성대를 중심으로 한 숨의 통로를 가리키는 것은?

① 설배
② 설첨
③ 후두
④ 성문

06
② 인두 : 구강과 식도, 비강과 후두 사이에 붙어 있는 깔때기 모양의 근육성 기관
③ 구개(입천장) : 목젖에서부터 윗잇몸까지 쭉 이어지는 부분

06 다음 중 허파에서 만들어진 기류가 가장 먼저 통과하는 곳은?

① 성대
② 인두
③ 구개
④ 치조

07 음성학은 의미를 변별시키는 변별적 자질에 관심이 없다. 의미를 변별시키는 변별적 자질에 관심을 갖는 것은 음운학이다.

07 다음 중 용어와 그 설명이 일치하지 않는 것은?

① 음성학 : 의미를 변별시키는 변별적 자질에 관심이 있는 학문
② 음운학 : 음성들이 언어에서 하는 기능을 중심으로 파악하는 학문
③ 의미론 : 언어의 의미를 연구하는 학문
④ 음향학 : 동물 또는 자연의 소리처럼 비분절음을 대상으로 연구하는 자연과학 분야의 학문

정답 04 ③ 05 ③ 06 ① 07 ①

08 다음 중 비음을 내는 데 중요한 역할을 하는 것은?

① 후두
② 성대
③ 인두
④ 목젖

09 스스로 움직이지 못하고 수동적으로 조음체의 상대역만 하는 부위를 조음점이라 한다. 이에 속하지 <u>않는</u> 것은?

① 입천장
② 윗잇몸
③ 혀
④ 윗니

10 다음의 발음기관 중 유성음과 무성음의 구별과 가장 관계가 깊은 것은?

① 목젖
② 구개
③ 성대
④ 혀

08 목젖은 비음을 내는 중요한 발음기관이다. 비음은 목젖을 아래로 늘어뜨려 놓고 입 안의 어떤 곳을 막으면 숨은 코로 통하게 되는데, 이렇게 내는 소리를 말한다.

09 발음기관 중 입안 아래쪽에 있는 아랫입술, 혀 등을 조음체라 하는데, 이것은 조음할 때 능동적으로 움직이는 부분이다.

10 성대의 작용에 따라 음성의 성질이 달라지기 때문에 성대는 중요한 발음기관이다. 성대를 떨어 울려서 내는 소리를 유성음(울림소리), 그렇지 않은 소리를 무성음(안울림소리)이라고 한다.

정답 08 ④ 09 ③ 10 ③

제2장 음성의 분류

01 모음은 공기가 입안에서 어떠한 장애도 받지 않고 나는 소리이며 혀의 위치와 입술의 상태에 따라 분류할 수 있다.

01 다음 중 모음을 분류하는 기준이 <u>아닌</u> 것은?

① 혀의 높낮이
② 성대의 모양
③ 입술의 모양
④ 혀의 앞뒤 위치

02 발음기관의 어느 지점에서 기류를 완전히 막았다가 서서히 터뜨려서 마찰을 일으키도록 하는 소리는 파찰음에 대한 설명이다.

02 다음 중 파열음에 대한 설명으로 옳지 <u>않은</u> 것은?

① 발음기관의 어느 지점에서 기류를 완전히 막았다가 서서히 터뜨려서 마찰을 일으키도록 하는 소리이다.
② 파열음의 조음단계 중 발음기관에 의해 공기가 막히는 단계를 폐쇄음이라고 한다.
③ 정지음은 공기가 막힌 상태가 순간적이나마 지속되는 단계이다.
④ 기류의 흐름이 막히기만 할 뿐 터지지 않는 소리를 특별히 불파음이라고 한다.

03 원순모음이 포함된 단어가 아닌 것을 찾는 문제이다. 원순모음은 'ㅟ, ㅚ, ㅜ, ㅗ'이고 평순모음은 'ㅣ, ㅔ, ㅐ, ㅡ, ㅓ, ㅏ'이다. '거짓말'은 'ㅓ, ㅣ, ㅏ' 모두 평순모음으로 구성된 단어이다.

03 한국어 단어 중 입술을 오므리지 않고 발음할 수 있는 단어는?

① 거짓말
② 대학교
③ 외삼촌
④ 저금통

정답 01 ② 02 ① 03 ①

04 조음위치가 같은 것끼리 묶인 것은?

① /ㄱ/, /ㅇ/

② /ㅅ/, /ㅎ/

③ /ㄱ/, /ㅋ/, /ㅎ/

④ /ㄴ/, /ㅁ/, /ㅇ/

05 한국어에서 이론적으로 생성 가능한 음절에 대한 설명으로 옳은 것을 모두 고른 것은?

> ㄱ. 초성에는 19개의 자음을 사용할 수 있다.
> ㄴ. 중성에는 21개의 모음을 사용할 수 있다.
> ㄷ. 종성에는 7개 자음을 사용할 수 있다.
> ㄹ. 음절구조는 V, VC, CV, CVC 유형을 설정할 수 있다.

① ㄱ, ㄴ, ㄷ

② ㄱ, ㄴ, ㄹ

③ ㄱ, ㄷ, ㄹ

④ ㄴ, ㄷ, ㄹ

06 다음 중 자음 'ㅈ'이 해당하는 것은?

① 경구개마찰음

② 연구개마찰음

③ 경구개파찰음

④ 연구개파찰음

04 ① /ㄱ/, /ㅇ/ : 연구개음
② /ㅅ/ : 치조음, /ㅎ/ : 후음
③ /ㄱ/, /ㅋ/ : 연구개음, /ㅎ/ : 후음
④ /ㄴ/ : 치조음, /ㅁ/ : 양순음, /ㅇ/ : 연구개음

05 'ㅇ'은 종성으로 사용되면 그 음가가 존재하지만, 초성으로 사용되면 아무 음도 없다. 따라서 'ㅇ'은 초성에 사용될 수 있는 자음에 포함되지 않는다.

06 'ㅈ'은 조음위치상 경구개음에, 조음방법상 파찰음에 속한다. 따라서 경구개파찰음이 맞다.

정답 04 ① 05 ④ 06 ③

07 이중모음은 반모음과 단모음이 합해 이루어진 모음이다.

07 다음 중 반모음과 가장 관계가 깊은 것은?

① 저모음
② 원순모음
③ 이중모음
④ 폐모음

08 음소의 운율적 자질로서는 장단, 고저, 강세, 억양, 성조 등이 있으며 모음과 자음으로 나눌 수 있는 음소, 즉 분절 음소와는 달리 분절할 수 없는 음률적 특질이 있다. 이것을 운소 또는 초분절음소라고도 한다. 음성은 음소와 달리 변별성이 없다.

08 다음 중 모음과 자음으로 나눌 수 없는 음률적 특질인 음소가 <u>아닌</u> 것은?

① 성조   ② 장단
③ 음성   ④ 억양

09 후음은 조음위치에 따른 분류에 속한다.
• 조음위치에 따른 분류 : 양순음, 치조음, 경구개음, 연구개음, 후음
• 조음방식에 따른 분류 : 파열음, 마찰음, 파찰음, 비음, 유음, 격음, 경음

09 다음 중 자음 분류 기준에서 조음방식에 따라 분류된 음이 <u>아닌</u> 것은?

① 마찰음   ② 비음
③ 유음   ④ 후음

10 ㅂ : +양순음, −치조음, −경구개음, −연구개음, −후음
ㄱ : −양순음, −치조음, −경구개음, +연구개음, −후음
① ㄱ : −양순음, −치조음, −경구개음, +연구개음, −후음
ㄹ : −양순음, +치조음, −경구개음, −연구개음, −후음
② ㅁ : +양순음, −치조음, −경구개음, −연구개음, −후음
ㅂ : +양순음, −치조음, −경구개음, −연구개음, −후음
④ ㅎ : −양순음, −치조음, −경구개음, −연구개음, +후음
ㄱ : −양순음, −치조음, −경구개음, +연구개음, −후음

10 주어진 단어의 각 음절의 초성 두 개를 〈보기〉의 조건에 따라 순서대로 나타낼 때, 모두 옳은 것은?

> ─ 보기 ─
>
> 하나의 음운이 가진 조음위치의 특성을 +라고 하고, 가지고 있지 않은 특성을 −로 규정한다. 예컨대 ㅌ은 [+치조음, −양순음, −경구개음, −연구개음, −후음]으로 나타낼 수 있다.

① 가로 : [+경구개음], [−후음]
② 미비 : [−경구개음], [+후음]
③ 부고 : [+양순음], [−치조음]
④ 효과 : [−후음], [−연구개음]

정답 (07 ③ 08 ③ 09 ④ 10 ③)

제3장 음운/음소

01 다음 중 음소를 가장 바르게 설명한 것은?

① 말의 끝을 올리거나 내리는 것

② 최소의 자립형식

③ 최소의 유의적 단위

④ 의미를 분화시키는 최소 단위

01 ① 말의 끝을 올리거나 내리는 것은 '억양'이다.
② 최소의 자립형식은 '단어'이다.
③ 최소의 유의적 단위는 '형태소'이다.

02 '물'과 '불'의 관계를 무엇이라고 하는가?

① 상보대립어

② 변이음

③ 최소대립어

④ 불파음

02 ① 상보대립어는 두 낱말의 의미 영역이 상호배타적으로 양분하는 대립어이다.
② 한 음소가 환경에 따라 조금씩 다르게 실현되는 것을 '변이음'이라고 한다.
④ 기류를 막기만 하고 터지지 않는 소리를 '불파음'이라고 한다.

03 다음 한국어의 운소체계에 대한 설명으로 옳지 <u>않은</u> 것은?

① 운소는 분절하여 의미를 파악할 수 있는 최소분절음이다.

② 휴지에 따라 의미를 분화시키는 것이 연접이다.

③ 강세는 단어 차원이 아니라 발화 차원에서 변별력을 가진다.

④ 억양은 말의 끝을 올리고 내림으로써 의미 차이를 느낀다.

03 운소는 더 이상 분절할 수 없다.

정답 (01 ④ 02 ③ 03 ①)

04 국어의 단모음에는 10개가 있다. 단모음을 분류하는 기준은 세 가지이다.
- 혀의 앞뒤에 따라 : 전설모음, 후설모음
- 입술 모양에 따라 : 평순모음(평평한 입술 모양으로 내는 모음), 원순모음(둥근 입술 모양으로 내는 모음)
- 혀의 높이에 따라 : 고모음, 중모음, 저모음

[문제 하단의 해설 참고]

04 다음은 일부 지역과 계층에서 '애'와 '에'를 잘 구분하지 못하는 이유를 설명한 것이다. 괄호 안에 들어갈 말로 적절한 것은?

> '애'와 '에'를 구별하는 '(   )'이 불분명하기 때문이다.

① 혀의 앞뒤 관련 자질
② 혀의 높낮이 관련 자질
③ 소리의 강약 관련 자질
④ 소리의 장단 관련 자질

》》○

> 혀의 높이에 따른 분류는 입의 모양이 벌어지는 정도(개구도)와 관련을 맺는데, 고모음은 폐모음(입이 가장 적게 벌어지는 모음), 저모음은 개모음(입이 가장 많이 벌어지는 모음), 중모음은 반폐반개모음(폐모음과 개모음의 중간)이라고 할 수 있다.

정답 04 ②

제4장 음운규칙

01 한국어의 분포 제약을 설명한 것으로 옳지 <u>않은</u> 것은?

① 음절 말에는 [ㄱ, ㄴ, ㄷ, ㄹ, ㅁ, ㅂ, ㅇ]의 일곱 개만이 올 수 있다.

② 음절 말에는 자음이 두 개 이상 올 수 있지만 음절 초에는 자음이 하나밖에 올 수 없다.

③ [리]은 [ㄹ] 이외의 자음 뒤에는 나타나지 못한다.

④ 말의 첫소리에 [ㄴ]과 [ㄹ]이 실현되기 어렵다.

> **01** 한국어의 경우 표기는 두 개를 겹쳐서 하더라도 음절 말에는 자음이 하나밖에 올 수 없다.

02 다음 중 동화현상이 나타나지 <u>않는</u> 것은?

① 솜이불

② 서울역

③ 옷맵시

④ 해돋이

> **02** 솜이불[솜니불] : 음운첨가
> ② 서울역 → [서울녁] → [서울력]
>   : 음운첨가, 설측음화
> ③ 옷맵시[온맵씨] : 음절 말 제약,
>   자음동화, 경음화
> ④ 해돋이[해도지] : 구개음화

03 첨가에 대한 설명으로 옳지 <u>않은</u> 것은?

① 어형이 짧은 경우 음을 첨가하여 안정성을 높여준다.

② 모음이 충돌해서 발음하기가 뻑뻑한 경우 자음을 첨가하여 해소한다.

③ '가을 → 갈, 아니 → 안, 쓰어 → 써' 등이 예이다.

④ 청각적으로 뚜렷한 인상을 주기 위한 일종의 강화현상이다.

> **03** '가을 → 갈, 아니 → 안, 쓰어 → 써'
> 는 생략의 예이다.

정답 01 ② 02 ① 03 ③

04 움라우트란 뒤에 오는 모음 'ㅣ'나 [j]의 영향으로 그 앞의 모음 'ㅏ, ㅓ, ㅗ, ㅜ' 등이 'ㅐ, ㅔ, ㅚ, ㅟ'로 바뀌는 현상이다.

04 '손잡이'가 '손잽이'로 바뀌는 현상은 무엇인가?

① 구개음화

② 움라우트

③ 비음화

④ 설측음화

05 ① 동화 : 두 분절음 사이에서 한 소리가 다른 소리의 영향을 받아 같거나 비슷하게 닮는 현상
② 생략 : 언어 경제적인 행위의 결과로 음절 사이의 어떤 소리를 탈락시켜 발음하는 현상
④ 중화 : 각기 변별적인 음운이 특정한 환경에서 그 변별적 기능이 없어지고 한 음소처럼 실현되어 변별력을 상실하는 음운현상

05 두 음을 발음할 때 드는 노력을 줄여 빠르고 쉽게 한 음으로 만드는 현상을 무엇이라고 하는가?

① 동화

② 생략

③ 축약

④ 중화

06 분포의 제약에는 음절의 끝소리 규칙, 어두초성 제약, 비음 및 'ㄹ' 앞에서의 제약 등이 있는데, 구개음화는 동화의 일종으로 분포의 제약과는 관련이 없다.

06 다음 중 분포의 제약과 관련된 것이 <u>아닌</u> 것은?

① '밭'이 '받'으로 발음되는 것

② '굳이'가 '구지'로 발음되는 것

③ '신라'가 '실라'로 발음되는 것

④ '국물'이 '궁물'로 발음되는 것

정답 04 ② 05 ③ 06 ②

07 국어의 비분절 음운에 대한 설명으로 가장 적절하지 <u>않은</u> 것은?

① 국어의 비분절 음운에는 장단과 억양이 있다.

② 국어에서 장단의 문제는 모음과 자음 모두에 해당된다.

③ 국어의 비분절 음운은 자음, 모음처럼 정확히 소리마디의 경계를 그을 수 없지만 말소리 요소로서 의미를 변별하는 기능을 한다.

④ 국어에서 장음은 일반적으로 단어의 첫째 음절에 나타나는데, 특이하게 둘째 음절 이하에 오면 장음이 단음으로 발음되는 경향이 있다.

08 밑줄 친 부분이 〈보기〉에 해당하지 <u>않는</u> 것은?

> ┌ 보기 ┐
> 국어에는 동일한 모음이 연속될 때 하나가 탈락하는 현상이 나타난다.

① 늦었으니 어서 <u>자</u>.

② 여기 잠깐만 <u>서서</u> 기다려.

③ 조금만 천천히 <u>가자</u>.

④ 일단 <u>가</u> 보면 알 수 있겠지.

07 국어에서 장단의 문제는 모음과 자음 모두에 해당되는 것이 아니라 모음에만 해당된다.

08 '가자'는 '가(어간) + 자(어미)'로, 〈보기〉의 내용에 해당하는 예가 아니다.
① 자 + 아 → 자
② 서 + 어서 → 서서
④ 가 + 아 → 가

정답 (07 ② 08 ③)

09 '삼림[삼님], 심리[심니]가 되는 것은 순행동화 비음화이고, 백로[뱅노], 박력[방녁]이 되는 것은 상호동화 비음화이다.
- 백로 → [백노] → [뱅노]
- 박력 → [박녁] → [방녁]

09 다음 〈보기〉를 바탕으로 초성 /ㄹ/의 제약을 탐구한 내용으로 적절하지 **않은** 것은?

┌ 보기 ┐
ⓐ 노동(勞動), 유행(流行), 피로(疲勞), 하류(下流)
ⓑ 삼림[삼님], 심리[심니], 백로[뱅노], 박력[방녁]
ⓒ 의견란[의견난], 생산량[생산냥], 편리[펼리], 난로[날로]
ⓓ 고려[고려], 비리[비리], 철로[철로], 물리[물리]
└────────┘

① ⓐ을 보니, 한자어의 첫머리에 올 때 실현되지 않는군.
② ⓑ을 보니, 앞 음절 종성이 /ㅁ, ㅇ/일 때 [ㄴ]으로 바뀌는군.
③ ⓒ을 보니, 앞 음절 종성이 /ㄴ/일 때 [ㄴ]으로 바뀌거나 앞 음절 종성을 [ㄹ]로 바꾸는군.
④ ⓓ을 보니, 모음 뒤나 앞 음절 종성이 /ㄹ/일 때 실현되는군.

10 비음화로서 교체
② 연음
③ 된소리되기 교체
④ 음절의 끝소리 규칙과 된소리되기에 의한 교체

10 '깎다'의 활용형에 적용된 음운 변동에 대한 설명으로 옳은 것은?

- 교체 : 한 음운이 다른 음운으로 바뀌는 현상
- 탈락 : 한 음운이 없어지는 현상
- 첨가 : 없던 음운이 생기는 현상
- 축약 : 두 음운이 합쳐져서 또 다른 음운 하나로 바뀌는 현상
- 도치 : 두 음운의 위치가 서로 바뀌는 현상

① '깎는'은 교체 현상에 의해 '깡는'으로 발음된다.
② '깎아'는 탈락 현상에 의해 '까까'로 발음된다.
③ '깎고'는 도치 현상에 의해 '깍꼬'로 발음된다.
④ '깎지'는 축약 현상과 첨가 현상에 의해 '깍찌'로 발음된다.

정답 09 ② 10 ①

11 다음에 대한 설명으로 적절한 것은?

> ㉠ 가을일[가을릴]
> ㉡ 텃마당[턴마당]
> ㉢ 입학생[이팍쌩]
> ㉣ 흙먼지[흥먼지]

① ㉠ : 한 가지 유형의 음운변동이 나타난다.

② ㉡ : 인접한 음의 영향을 받아 조음위치가 같아지는 동화현상이 나타난다.

③ ㉢ : 음운변동 전의 음운 개수와 음운변동 후의 음운 개수가 서로 다르다.

④ ㉣ : 음절 끝에 'ㄱ, ㄴ, ㄷ, ㄹ, ㅁ, ㅂ, ㅇ' 이외의 자음이 오면 이 7개의 자음 중 하나로 바뀌는 규칙이 적용된다.

---

11 ㉢ 입학생[이팍쌩] : 음운분석은 소리로 돌려놓고 분석한다.
- 변동 전 : ㅣ, ㅂ, ㅎ, ㅏ, ㄱ, ㅅ, ㅐ, ㅇ (8개)
- 변동 후 : ㅣ, ㅍ, ㅏ, ㄱ, ㅅ, ㅐ, ㅇ (7개)

㉠ 가을일[가을닐 → 가을릴] : 두 가지 음운변동이 적용되었다. ('ㄴ' 첨가, 유음화)

㉡ 텃마당 : '텃마당 〉 [턷마당] 〉 [턴마당]'의 과정을 거쳐 발음된다.
ⓐ 텃마당 〉 [턷마당]
ⓑ [턷마당] 〉 [턴마당]
ⓐ의 과정에서 받침 'ㅅ'은 'ㄷ'이라는 대표음으로 바뀌어 발음된다. (조음위치는 유지되고 조음방법은 달라짐)
ⓑ의 과정에서 [턷]의 받침 [ㄷ]은 뒤에 오는 초성인 'ㅁ'의 영향을 받아 [ㄴ]으로 발음된다. 이렇게 변화한 받침 [ㄴ]은 발음 변화에 영향을 끼친 'ㅁ'과 같은 비음으로 변한 것이다. (조음위치는 달라지고 조음방법은 서로 같아짐)
결론적으로, '텃마당'이 [턴마당]으로 발음되는 현상은 그 조음방법이 같아졌다고 볼 수 있다.

㉣ 흙먼지[흥먼지] : 두 개의 음운이 하나의 음운이 된 자음군의 단순화로 교체가 아닌 하나의 음운이 탈락한 후 비음화가 이루어졌다.

정답 11 ③

교육은 우리 자신의 무지를 점차 발견해 가는 과정이다.

- 월 듀란트 -

제 3 편

문법론

문법단위의 최소 단위는 형태소이다. 형태소는 최소 의미 단위로, 언어단위 중에서 가장 작은 단위라고 할 수 있다. 이 단원에 등장하는 형태소, 단어, 구, 절, 문장 등의 언어단위들, 즉 문법단위들은 모두 의미를 가진 단위이다. 이 장에서는 형태소가 무엇이고, 형태소 종류에는 어떠한 것들이 있는지 등을 살펴본다. 또한 단어는 어떻게 정의될 수 있는지, 단어는 어떠한 기준으로 여러 가지 품사로 나뉘고, 그러한 각 품사들은 어떠한 특성을 갖는지, 굴절과 문법 범주, 문장의 접속과 내포 등에 대해 살펴보기로 한다.

| 출제 경향 및 수험 대책 |

이 단원에서는 형태소와 이형태의 이해, 형태소 분석 방법, 단어의 개념과 품사의 분류 기준, 각 품사의 특성 또한 격은 무엇이며 활용어미의 종류와 기능, 구의 분석방법, 문법의 여러 표현과 문장성분, 문장의 짜임에 대해 학습이 요구된다.

세계의 언어들은 각각의 언어현상에 따른 나름의 규칙 체계를 갖고 있다. 이러한 체계를 문법체계라고 한다. 이러한 문법체계에는 그것을 구성하고 있는 단위가 있는데, 이를 문법단위라고 한다. 앞 단원에서 다루었던 음운론은 음소이든 음절이든 소리 단위를 다루는 분야였다면 문법론에서 다루는 언어단위들, 즉 문법단위들은 모두 의미를 지닌 것들이다. 형태소, 단어 구, 절, 문장 등 문법단위들은 어느 것이나 의미를 가지고 있다. 이것이 음운론과 의미론의 기본적인 차이이기도 하다. 이 단원에서는 이러한 문법단위들을 중심으로 하여 이들이 가지는 일반 특성과 대표적인 문법 현상들을 살펴보고자 한다.

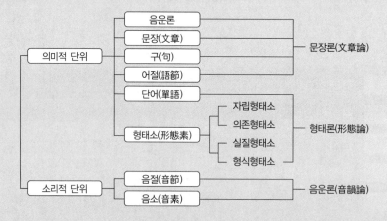

제 1 장 | 형태소

1 형태소의 이해

형태소는 형태론에서 가장 작은 단위, 즉 더 쪼개면 의미를 가질 수 없는 최소 의미 단위이다. 여기서 말하는 의미는 어휘적 의미와 문법적 의미를 다 포함한다.

어휘적 의미는 사전에서 정의되는 의미로, 예를 들어 '책을'에서 '책'이 '서적'을 뜻하는 것과 같다. 여기서 '책을'의 '을'은 어떤 사전적 의미는 가질 수 없고 그 말과 결합된 말이 목적어 기능을 수행하게 하는데, 이러한 기능을 문법적 의미라고 한다. 형태소는 홀로 쓰일 수 있느냐 없느냐에 따라 자립형태소와 의존형태소로 나눌 수 있고, 의미여부에 따라 어휘형태소(실질형태소)와 문법형태소(형식형태소)로 나뉜다.

(1) 형태소의 종류 종요

  ① **자립성의 유무에 따라**
  ㉠ 자립형태소 : 혼자 쓰일 수 있는 형태소(체언, 수식언, 감탄사)
  ㉡ 의존형태소 : 반드시 다른 말에 기대어 쓰이는 형태소(조사, 용언의 어간과 어미, 접사)

  > • 할 수 없지 → 하-(의존) / ㄹ(의존) / 수(자립) / 없(의존) /지(의존)
  > • 시원하다 → 시원(의존) / 해(의존) / 다(의존)
  > • 웬 떡이냐 → 웬(자립) / 떡(자립) / 이(의존) / 냐(의존)

  ② **의미에 따라**
  ㉠ 어휘형태소(실질형태소) : 구체적인 대상이나 상태를 나타내는 실질적 의미를 가지고 있는 형태소(자립형태소 모두와 용언의 어간을 포함)
  ㉡ 문법형태소(형식형태소) : 형식적인 의미만, 즉 문법적 의미만을 나타내는 형태소(용언의 어간을 제외한 의존형태소)

(2) 이형태(異形態)와 기본형 종요

  ① **이형태** : 의미가 동일한 형태소가 놓이는 환경에 따라 다른 모습으로 나타나는 경우가 많다. 이것을 이형태라 부른다. 예를 들어 '흙'에 모음이 따르면 [흙]으로 발음되지만, 자음이 따르면 [흑], [흥] 등으로 발음된다. 또한 '흙을'처럼 앞 음절에 받침이 있으면 '을'이 오고, '나무를'처럼 받침이 없으면 '를'이 오는 것도 마찬가지이다. 이렇듯 한 형태소가 주위 환경에 따라 음상을 달리하는 것을 교체 또는 변이라고 하는데, 이러한 교체에 의해서 달라진 한 형태소의 여러 모양을 각각 그 형태소의 이형태 또는 변이형이라고 하는 것이다. 이형태에는 음운론적 이형태와 형태론적 이형태가 있다. 이러한 이형태들은 같은 환경에서는 나올 수 없으므로 서로 배타적, 상보적 분포라고 한다.

㉠ 음운론적 이형태 : 하나의 형태소가 다른 음운환경에서 다른 형태를 갖고 있는 이형태를 뜻한다.

> • 주격조사 '이/가'
> • 목적격조사 '을/를'
> • 특이한 음운론적 이형태로, 소위 방향 부사격조사 '로/으로'와 '시/으시'
>   → 앞말의 받침 유무에 따라 다르게 나타난다('으'를 매개모음으로 보는 입장도 있음).

㉡ 형태론적 이형태 : 하나의 형태소가 다른 환경에서 다른 모습을 띠는 것이다(음운론적으로 설명될 수 없는 것들).

> • 과거시제를 나타내는 '였/었' →'-었-'이 기본 형태이지만, 특별히 '하-' 어간 뒤에서는 '-였-'으로 바뀌게 된다.
> • 명령형 어미 '어라/너라' →'-어라'가 기본 형태이지만, 특별히 '오-'에서만 '-너라'로 바뀌게 된다.

② **기본형** : 한 형태소에 여러 개의 이형태가 있을 때 그중 하나의 형태를 대표로 삼는 수가 있는데, 이 대표 형태를 기본형이라고 한다. 어느 것을 기본형으로 삼느냐는 교체의 합리성, 즉 어느 형태에서 어느 형태로 교체되었다고 하는 것이 더 자연스럽고 합리적인가에 따라서 결정된다. 예를 들어서 '값-갑-감'에서 어느 것이 자연스럽고 합리적인가를 살펴보자. 만약 '갑'을 기본형으로 잡으면 어떤 자음 앞에서 '감'이 되고 모음 앞에선 '값'이 된다고 해야 한다. 그런데 이때 '값'의 경우는 왜 모음 앞에서 'ㅅ'를 첨가해야 하는지를 설명해야 한다. 그러나 '값'을 기본형으로 삼으면 겹받침이 있는 '몫'과 마찬가지로 모음 앞에서는 동일하게 겹받침이 실현된다고 설명할 수 있다. 또한 자음이나 단어 경계 앞에서는 '갑'이 되며, 이것이 비음 앞에서는 '감'이 된다고 하면 국어의 음운규칙에 의하여 순리적으로 설명된다. 따라서 '값'을 기본형으로 정하는 것이 더 합리적이라고 할 수 있다. 그러나 어느 것을 기본형으로 선택하는 것이 더 자연스럽고 합리적인가를 결정하기가 어려운 경우가 있다. 예를 들어 '가'와 '이', '을'과 '를'의 경우처럼 말이다. 물론 더 많이 사용하는 쪽을 기본형으로 삼을 수도 있으나 그 사용 빈도가 비슷하면 그것도 어렵다. 따라서 이런 경우에는 어느 한 형태를 임의로 기본형으로 삼으면 된다.

제 **2** 장 | 단어형성법

1 형태소와 단어

형태소는 단어의 하위 단위이다. 단어는 형태소가 모여서 이루어지는 단위이기 때문이다. 그러나 한 개의 형태소가 하나의 단어를 이루기도 한다. '개, 소, 말, 사람' 등이 그런 예이다. '희다, 밝다, 먹는다, 가겠다' 등 두 개 이상의 형태소가 모여서 단어를 형성하기도 한다. 따라서 단어는 한 개 이상의 형태소로 구성되는 더 큰 단위라 할 수 있다.

2 단어의 특성 (종요)

(1) **자립성** : 단어는 최소의 자립형식이다. 형태소는 최소라는 제약을 갖고 있으나 단어는 최소라는 제약을 갖고 있지 않다.

(2) **휴지성** : 단어는 내부에 휴지(休止)를 둘 수 없다.

(3) **분리성** : 다른 단어가 사이에 끼어들어갈 수 없는 성질을 말하며, 휴지를 둘 수 없으면 대개 분리성도 없다.

3 조사와 의존명사의 단어 인정 (종요)

앞서 설명한 단어의 특성을 고려해서 단어를 정의한다면, 단어는 최소의 자립형식이되 그 내부에 휴지나 분리성을 갖지 않은 문법단위라고 할 수 있다. 하지만 이러한 정의로도 설명될 수 없는 것이 있다. 조사와 의존명사가 그것이다. 조사는 단어의 성립조건을 충족하지 못하기 때문에 단어로 보기 힘들다. '학교를'에서 '학교'는 자립성이 있으나 '를'은 자립성이 있다고 볼 수 없기 때문이다. 하지만 '학교만을'과 같이 체언과 조사 사이에 다른 말이 끼어들어 갈 수 있으므로 분리성으로 설명할 수 있고, 분리성이 있다면 휴지성이 있는 것이므로 현행 국어문법에서는 조사를 단어로 인정하고 있다. '먹을 것이 없다'에서 '것'처럼 의존명사인 경우도 문장에서 다른 것과 결합하지 않고 홀로 쓰일 수 있는 말이 아니라 반드시 구 형태로 다른 것의 수식을 받아 쓰이므로 자립형식이라 볼 수 없다. 하지만 다른 단어와 동일한 통사적 지위를 차지하고 있어 준자립형식으로 보아 단어로 취급한다.

4 어기와 접사 중요

앞에서 말한 바와 같이 단어는 하나의 형태소로 이루어진 것도 있고, 둘 이상의 형태소가 모여 이루어진 것도 있다. 여기서 형태소가 단어를 이룰 때 어떠한 역할을 하느냐에 따라 어기와 접사로 나눌 수 있다. 어기는 단어의 중심부를 이루는 형태소이며, 접사는 단어의 주변부를 이루는 형태소이다. 국어에서는 통상 접사에 대응하는 말로 어근을, 어미에 대응하는 말로 어간을 이르는데, 여기서 어간과 어근을 아울러 어기라고 부르는 것이다. 예를 들어 '먹다'의 어간은 '먹–', 어근 또한 '먹–'이기 때문에, 이 경우 어간과 어근이 일치한다. 반면 '먹다'의 활용형인 '먹이다'의 어간은 '먹이–', 어근은 '먹–'으로, 이 경우 어간과 어근이 불일치한다. 어간이란 말은 용언에서만 사용한다.

접사는 단어의 주변부를 이루는 형태소로서 어기의 앞이나 뒤, 또는 가운데에 결합하여야만 단어에 나타날 수 있는 의존형태소이다. 접사는 그 분포 위치에 따라 접두사와 접미사로 나눌 수 있다. 어기 앞에 놓인 경우는 접두사, 어기 뒤에 놓이는 경우는 접미사로 구분한다. 또한 가운데 놓일 때는 접요사로 부르나 국어에는 접요사가 없다. 한편 접사는 단어 파생 여부에 따라 굴절접사와 파생접사로 나눌 수 있다. 굴절접사는 새로운 단어를 만드는 기능은 없고 다만 한 단어의 굴절만을 담당하는 접사이다. 이 굴절접사는 어미변화를 담당하기 때문에 항상 어기의 뒤에 나타나게 되므로 접미사의 한 부류가 되는데, 이를 흔히 어미라고 한다. 이때 어기 중 어미를 직접 취하지 못하는 어근과 구분하여 어간이라 부른다.

5 단어의 조어법

단어가 형성되는 구조방식을 파악하는 방법에는 두 가지 측면이 있다. 하나는 단어의 내적 구조로서 한 단어의 어간에 굴절접미사가 결합하여 단어를 이루는 측면인데, 이것을 굴절법이라고 한다. 또 하나는 단어의 확장적 구조로서 어근을 중심으로 하여 다른 어떤 형태소와 결합하여 더 큰 구조의 단어를 구성하는 방식인데 이를 조어법이라 한다. 일반적으로 단어 형성을 말할 때는 조어법을 지칭한다.

단어는 조어 방식에 따라 몇 가지 유형으로 분류된다.

```
        ┌── 단일어 : 단일형태소로 이루어진 말이다. 예 집, 사람, 하늘 등
단어 ──┤
        └── 복합어 ──┬── 파생어 : 어근에 접사가 붙어서 이루어진 말이다. 예 맨손, 들볶다 등
                      │
                      └── 합성어 : 둘 이상의 실질형태소가 붙어서 이루어진 말이다.
                              (1어근 + 1어근 = 1단어) 예 해돋이, 새해, 작은형, 손쉽다 등
```

(1) 단일어

단어 전체가 형태소 하나로 이루어졌거나, 어근이 형태소 하나로 이루어진 단어이다.
예 눈, 사람, 저고리 / 항상, 빨리, 어느 / 길다, 짧다

(2) 복합어 중요

두 개 이상의 형태소로 이루어진 단어로, 어기에 붙은 요소가 어근이냐 접사이냐에 따라 전자를 합성어, 후자를 파생어라 부른다.

① **합성어** : 봄비, 밤낮 / 부모, 교복 / 낯설다, 뛰어나다

　㉠ 통사적 합성어 : 우리말의 일반적인 단어 배열법과 일치하는 유형의 합성어[두 어근이 결합할 때 그 결합 방식이 구(句)를 이룰 때의 방식과 일치하는 합성어]

통사적 합성법의 유형	예시
관형사 + 명사	새해, 온종일, 첫사랑 등
부사 + 용언	가로막다, 잘되다 등
명사 + 명사	길바닥, 손발, 고무신 등
용언의 관형사형 + 명사	큰집, 날짐승, 작은아버지 등
용언 어간 + '-아/어' + 용언	돌아가다, 들어가다 등
명사(조사 생략) + 용언	귀먹다(귀가 먹다), 힘들다(힘이 들다), 앞서다(앞에 서다) 등

　㉡ 비통사적 합성어 : 우리말의 일반적인 단어 배열법에 어긋난 유형의 합성어[구(句)에서는 찾아볼 수 없는 특이한 결합 방식으로 두 어근이 결합된 합성어]

비통사적 합성법의 유형	예시
용언 + 용언	검붉다, 굶주리다, 날뛰다, 굳세다, 높푸르다 등
용언의 어근 + 명사	늦더위(늦은 더위) 등
의성부사, 의태부사	펄럭펄럭, 철썩철썩, 구불구불, 울긋불긋 등
부사 + 명사	부슬비, 산들바람, 촐랑새 등

　㉢ 합성어의 의미상 갈래

갈래	의미	예시
병렬합성어	두 단어나 어근이 본래의 의미를 갖고 대등한 자격으로 합성된 말	마소, 우짖다, 높푸르다 등
유속합성어	두 단어나 어근이 서로 주종 관계를 이루어 합성된 말	소나무, 부삽, 돌다리 등
융합합성어	새로운 의미를 나타내는 합성어	• 밤낮(밤+낮) = 늘 • 춘추(춘+추) = 나이 • 세월(세+월) = 시간 • 광음(광+음) = 시간 • 돌아가다(돌아+가다) = 죽다 등

② **파생어** : 어근에 대한 접사의 위치가 앞이냐 뒤냐에 따라 접두파생어, 접미파생어로 나눌 수 있다.

　㉠ 접두파생어 : 맨몸, 풋나물, 휘젓다, 새빨갛다, 샛노랗다

　㉡ 접미파생어 : 울보, 덮개, 조용하다, 신비롭다, 정답다

제 3 장 | 품사

1 품사 분류의 기준

품사란 단어를 그 문법적 성질에 따라 분류한 단어들의 갈래라고 정의할 수 있다. 단어의 문법적 성질은 크게 두 가지로 나눌 수 있는데, 하나는 형태적인 성질이고 또 하나는 직능적인 성질이다. 단어에서 형태적 성질이란 어미에 의하여 굴절하는 단어의 형태변화 유무를 뜻한다. 어미에 의하여 형태가 변하는 단어들은 굴절하는 단어로서 '가변어'라 하고, 어미변화가 없는 단어들은 굴절하지 않는 단어로서 '불변어'라고 한다. 직능상의 특질이란 한 단어가 문장 안에서 갖는 다른 단어와의 관계를 가리킨다. 또 단어는 의미를 통해 품사를 분류하기도 한다. 여기에서의 '의미'란 '사물의 이름을 가리킨다'든가 '사물의 동작을 나타낸다'든가 등의 의미를 뜻하는데, 이러한 의미상의 공통점을 가지는 단어들은 문법적인 성질도 대개 같게 나타나기 때문에 이러한 의미상의 특징을 품사 분류의 기준으로 삼는 것이다.

2 품사 분류의 실제

학교문법에서 설정하고 있는 9품사 체계에 준하여 예를 보이면 다음과 같다.

단어		자립어(실사)						의존어(허사)
분류 기준	기능	체언			용언		수식언		독립언	관계언
	형태	불변어			가변어		불변어		불변어	불변어
	의미	명사	대명사	수사	동사	형용사	관형사	부사	감탄사	조사

※ 서술격조사 '이다'는 용언처럼 활용할 수 있다는 점에서 가변어로 취급한다.

3 품사의 이해 중요

(1) 명사

명사는 관형어의 수식을 받는 품사로서 뒤에 조사를 취하여 문장의 여러 성분으로 기능하는 문법적 성질을 가진 품사이다. 또한 명사는 의미적 측면에서 주로 사물의 이름을 나타내는 품사라고도 정의할 수 있다. 그러나 모든 명사가 사물의 이름을 나타내는 것은 아니다. '분, 것, 데, 바, …' 등이 그와 같은 예이다. 이처럼 실질적 의미를 갖지 못하더라도 명사의 자격을 주는 것은 관형어의 수식을 받기 때문이다. 이와 같은 명사를 형식명사 또는 불완전명사라고도 하며, 일반적으로는 항상 관형어에 기대어 쓰인다고 해서 의존명사라 부른다.

분류기준	유형	개념
특정성 여부	보통명사	사물을 두루 지시하는 명사 예 사람, 나무, 꽃, 학교, 시계, …
	고유명사	특정한 사람이나 사물을 지시하는 명사 예 이순신, 한라산, 남대문, 영산강, …
자립성 유무	자립명사	문장에서 관형어의 수식이 없어도 쓰일 수 있는 명사 예 산, 강, 바다, …
	의존명사	다른 말(관형어) 아래에 기대어 쓰이는 명사 예 분, 이, 것, 데, 바, 지, 수, 리, 나위, …
구상성 유무	구상명사	구체적인 대상을 지시하는 명사 예 안경, 책상, 연필, 가위, 나무, …
	추상명사	추상적인 것을 지시하는 명사 예 행복, 이상, 슬픔, 사랑, 우정, …
감정 유무	유정명사	감정을 지닌 명사(인간, 동물) 예 사람, 어머니, 형님, 망아지, 호랑이, …
	무정명사	감정을 지니지 않은 명사(사물, 무생물) 예 나무, 바위, 하늘, 사랑, 우승, …

(2) 대명사와 수사

① **대명사** : 대명사는 흔히 의미적 측면에서 명사를 대신하여 지칭하는 단어라고 정의한다.

ⓐ 대명사의 특징

ⓐ 명사를 대신하는 성질인 대용성을 갖는다.

ⓑ 명사와 달리 지시하는 대상에 따라 실체가 달라지는 변항(變項)의 성질을 가지고 있는데, 이것을 '상황지시성'이라고도 한다.

ⓒ 명사와 달리 관형사의 수식을 받는 데 제약이 있다.

ⓛ 대명사의 종류

ⓐ 인칭대명사 : 사람의 이름 대신 사람을 가리키는 말이다.

예 나, 너, 그, 우리 등

ⓑ 지시대명사 : 사물이나 장소를 대신 가리키는 말이다.

예 이것, 그것, 저것(사물지시대명사) / 이곳, 그곳, 저곳(장소지시대명사)

② **수사** : 수효나 차례를 나타내는 말이라고 정의된다.

ⓐ 수사의 특징

ⓐ 수사는 관형어의 수식을 받는 데 있어서 명사보다는 덜 자유로우나 대명사보다는 제약이 덜하다.

ⓑ 대명사와 마찬가지로 사물을 직접 지칭하는 것이 아니라는 점에서 변항적 성질을 갖는다.

ⓒ 명사 앞에 쓰이는 수사 형태는 수관형사의 쓰임으로 본다.

ⓛ 수사의 종류

ⓐ 양수사 : '하나, 둘', '일, 이', '한둘, 서넛', '일이, 삼사' 등 수량을 나타낸다.

ⓑ 서수사 : '첫째, 둘째', '제일, 제이', '한두째, 서너째' 등 순서를 나타낸다.

ⓒ 수사와 관형사의 구별 : 문장에 나타날 때 조사가 결합되어 있거나 결합될 수 있으면 수사이고, 아니면 관형사이다. 예를 들어, '하나, 둘, 셋'은 수사이고 '한, 두, 세, 네'는 관형사이다.

(3) 동사와 형용사 (중요)

① **동사** : 동사는 의미적으로 사람의 동작이나 사물의 움직임을 나타내는 품사이다.
② **형용사** : 사람과 사물의 성질이나 상태를 나타내는 품사이다.
③ 동사와 형용사는 어간과 어미로 나눌 수 있으며, 활용하고 문장에서 주로 서술어 기능을 한다는 점에서 이 둘을 묶어 용언이라고도 한다.
④ 동사와 형용사는 직능상 큰 차이는 없다. 타동사는 목적어를 반드시 요구하지만 자동사는 형용사처럼 목적어를 요구하지 않기 때문이다. 또한 어미의 활용을 통해 문장 내에서 관형어, 부사어 기능을 할 수 있다는 점도 같다.
⑤ **동사와 형용사의 형태상 차이**
　　㉠ 동작을 의미하는 어미와 결합하면 동사, 결합할 수 없으면 형용사이다.
　　　예 '-는다/-ㄴ다'(진행), '-러/-려고'(목적, 의도)
　　㉡ 명령형-청유형 어미와 결합하면 동사, 그렇지 않으면 형용사이다.
　　　예 '-어라/-아라'가 형용사와 결합하면 감탄형 어미이다.
　　㉢ 동작상(動作相, 동작의 양상)과 결합하면 동사, 그렇지 않으면 형용사이다.
　　　예 '-고 싶다, -고 있다, -(으)러 온다'

(4) 관형사와 부사

① **관형사** : 체언 앞에 놓여서 그 체언을 수식하는 기능을 수행한다.
　　㉠ 관형사의 종류
　　　ⓐ 성상관형사(性狀冠形詞) : 사물의 성질이나 상태가 어떠하다고 꾸며 주는 말이다.
　　　　예 새, 헌, 헛, 참, 뭇, 옛, 첫, 윗, 웃, …
　　　ⓑ 지시관형사(指示冠形詞) : 어떤 대상을 가리켜 지시하는 말이다.
　　　　예 이, 그, 저, 그런, 다른, 무슨, 어떤, …
　　　ⓒ 수관형사(數冠形詞) : 사물의 양이나 수를 나타내는 말이다.
　　　　예 한, 두, 세, 열, 첫째, 몇, 모든, 여러, …
　　㉡ 관형사(冠形詞)의 특징(特徵)
　　　ⓐ 반드시 체언 앞에 놓여 그 체언만을 꾸민다.
　　　ⓑ 어떠한 조사도 붙을 수 없다.
　　　ⓒ 활용하지 않으므로 어간·어미로 나뉘지도 않고, 시제도 없다.
　　　ⓓ 문장성분은 관형어로만 쓰인다.

② **부사** : 주로 동사와 형용사 및 부사를 꾸미는 기능을 수행한다.

　　㉠ 실현 : 부사는 격조사와 결합할 수 없으나 보조사와는 결합할 수 있다. 형태가 변화하지 않는다.

　　㉡ 종류 : 일반적으로 문장에서의 역할에 따라 성분부사와 문장부사로 크게 나누어진다.

　　　ⓐ 문장의 어느 한 성분만 수식(성분부사)

문장에서의 역할	유형		용례
성분부사	성상부사		밝히, 따뜻이, 잘, 선히, 슬피, 즐거이, 바로, 겨우, 아주, 모두, 다, 제각각, 멀리, 홀로, 참, 많이, 너무, 특히, 애타게
	지시부사	공간	이리, 그리, 저리, 이리저리, 요리조리, 여기, 거기, 저기, 어디, 여기저기
		시간	일찍이, 접때, 입때, 장차, 언제, 아까, 곧, 이미, 바야흐로, 앞서, 문득, 난데없이, 매일
	부정부사		못, 안(아니)
	의성부사		쾅쾅, 철썩철썩, 개굴개굴
	의태부사		느릿느릿, 울긋불긋, 사뿐사뿐

　　　ⓑ 뒤에 오는 문장 전체를 수식(문장부사)

문장에서의 역할	유형		용례
문장부사	양태부사		과연, 분명히, 미상불, 어찌, 도리어, 게다가, 확실히, 의외로
	접속부사	문장접속부사	그러나, 그러니까, 하지만, 한데, 더욱이, 게다가
		단어접속부사	곧, 즉, 또, 또한, 또는, 혹

(5) 감탄사와 조사 [종요]

① **감탄사**

　㉠ 정의 : 문장 중에서 어느 한 성분과 관계를 맺지 않고 독립적으로 문장 전체와 관계를 맺으면서 놀람이나 한탄, 기쁨 등의 감정을 나타내거나, 부름이나 응답 등을 나타내는 단어들이다.

　㉡ 특징

　　ⓐ 형태가 변하지 않고, 조사와 결합하지 않는다.

　　ⓑ 문장에서 다른 말들과 관련이 적고, 독립적으로 사용된다.

② **조사**

　㉠ 정의 : 주로 체언에 결합하여 그 체언이 다른 성분과의 관계를 나타내게 하거나, 그 체언의 의미를 한정해 주는 기능을 한다. 이러한 조사는 기능에 따라 격조사, 접속조사, 보조사로 나눌 수 있다.

ⓒ 종류

격조사	체언 또는 체언 역할을 하는 말에 붙어, 다른 말에 대하여 갖는 일정한 자격을 나타내는 조사	주격(이, 가, 에서), 목적격(을, 를), 보격(이, 가), 부사격, 서술격(이다), 관형격(의), 호격(아/야)	
접속조사	둘 이상의 단어나 구를 같은 자격으로 이어주는 조사	과, 와 / 랑, 하고 • 문장접속조사 : 효현이와 채현이는 우등생이다. • 단어접속조사 : 재희와 재현이는 닮았다.	
보조사	격조사 기능 대신, 특별한 뜻을 더해주는 조사로서 절대 생략할 수 없음	성분보조사	는, 은, 뿐, 만, 도, 까지, 조차, 마저, 부터, 커녕, 치고, …
		감탄보조사	그래, 그려, 마는
		통용보조사	요

제 4 장 | 굴절과 문법범주

1 굴절 (종요)

(1) 굴절의 정의

단어의 어간에 여러 종류의 어미가 결합하여 변화하는 것을 굴절이라고 한다. 굴절은 다시 곡용과 활용으로 구별하기도 하는데, 이 경우 체언에 여러 가지 굴절어미가 결합하는 현상을 곡용이라 하고 용언의 어간에 여러 가지 어미가 결합하는 현상을 활용이라 한다. 하지만 현대국어에서는 조사를 단어로 인정하고 있어 조사를 곡용어미로 보지 않고 독립된 단어로 보고 있기 때문에 활용만을 굴절의 대상으로 취급한다.

(2) 어간과 어미

① **어간** : 용언이 활용할 때 변하지 않는 부분을 어간이라고 한다.
② **어미** : 용언이 활용할 때 변하는 부분을 어미라고 한다.
　㉠ 선어말어미 : 어말어미 앞에 나타나는 어미로 높임 선어말어미, 시제 선어말어미, 공손 선어말어미 등이 있다.
　㉡ 어말어미 : 활용어미에 있어서 맨 뒤에 오는 어미로 그 결합 형태가 한 문장을 끝내느냐 그렇지 않느냐에 따라 다시 구별되며 종결어미, 비종결어미(연결어미, 전성어미) 등이 있다.
③ **어미의 기능** : 어말어미는 한 단어의 끝에 위치하여 용언의 형태를 변화시키는데 그치지 않고 한 문장의 구조 내지는 속성을 변화시키는 통사적 기능 또한 담당한다.
　㉠ 종결어미가 담당하는 통사적 기능의 하나는 문장 종결 형태를 결정하는 것인데, 이를 서법이라고 한다. 이것은 평서법, 의문법, 명령법, 청유법, 감탄법 등으로 분류한다. 종결어미의 또 하나의 통사적 기능은 상대경어법을 나타내는 것이다.
　㉡ 비종결어미는 문장을 끝맺는 것이 아니고 그 형태변화를 통하여 두 개 이상의 문장을 연결하거나 한 문장에 다른 문장을 내포시키는 기능을 한다. 따라서 비종결어미 역시 단어의 형태 변화로 실현되지만 이 형태 변화는 궁극적으로 문장구조를 변화시키는 통사적 기능을 담당하는 것이다.
　　ⓐ 연결어미 : 어간에 붙어 다음 말에 연결하는 구실을 하는 어미로 대등적 연결어미, 종속적 연결어미, 보조적 연결어미 등이 있다.
　　ⓑ 전성어미 : 어간에 붙어 다른 품사의 기능을 수행하게 하는 어미로 명사형 전성어미, 관형사형 전성어미, 부사형 전성어미 등이 있다.

선어말어미	주체높임 선어말어미		−(으)시−		가신다	• 의미 : 어말어미에 앞서는 어미 • 기능 : ① 높임표현 　　　　② 시간표현 • 순서 : 높임＋시제＋공손＋회상 예 가/시/었사옵/더/니
	시제 선어말어미	과거시제	−았−, −었−		갔다	
		회상시제	−더−		가더라	
		현재시제	−는−, −ㄴ−		간다	
		미래시제 (추측)	−겠−		가겠다	
	공손 선어말어미		−옵− (−시옵−은 주체의 아주높임)		가시옵고	
어말어미	종결어미	평서형	−다, −네, −오, ㅂ(습)니다, …		어떤 일을 있는 그대로 설명하는 끝맺음	영수가 공부를 한다.
		의문형	−니, −나, −ㅂ(습)니까, …		질문을 하거나 의문을 나타내는 끝맺음	영수가 공부를 하니?
		명령형	−어라/−아라, −려무나, …		상대방에게 어떤 일을 하도록 요구하는 끝맺음	영수야, 공부를 해라.
		청유형	−자, −세, …		상대방에게 어떤 일을 함께 하기를 요청하는 끝맺음	영수야, 공부를 하자.
		감탄형	−구나, −군, −로구나		말하는 사람의 느낌이나 놀람을 나타내는 끝맺음	영수가 공부를 하는구나!
	비종결어미	연결형어미	단어, 문장	대등적	나열, 대조, 선택	−고, −으며, −나, −지만, −든지
				종속적	이유, 의도, 조건, 양보, 배경	−어서, −니까, −거든
			단어	보조적	상태,부정,진행	−아/어, −게, −지, −고
		전성어미	명사형		−(으)ㅁ, −기	가기, 감
			관형사형		−(으)ㄴ, −는, −(으)ㄹ	간, 가는, 갈
			부사형		−게, −도록, −듯이	아름답게 피었다.

(3) 용언의 활용

용언의 특징으로 문장 속에서 담당하고 있는 기능에 따라 형태가 달라지는 것을 활용이라고 한다.

① 규칙 활용

용언이 활용할 때에 대부분의 용언은 어간이나 어미의 기본 형태가 유지되거나 달라진다 해도 그 현상을 일정한 규칙으로 설명할 수 있다. 이를 규칙 활용이라고 하고, 이러한 용언을 규칙 용언이라 한다.

② 불규칙 활용

일부의 용언은 어간과 어미의 기본 형태가 유지되지 않을뿐더러 그 현상을 일정한 규칙으로 설명할 수 없다. 이를 불규칙 활용이라 하고, 이러한 용언을 불규칙 용언이라 한다.

ⓐ 어간이 바뀌는 경우

갈래	내용(조건)	용례	규칙 활용 예시
'ㅅ' 불규칙	'ㅅ'이 모음 어미 앞에서 탈락	• 잇+어 → 이어 • 짓+어 → 지어 • 낫다[勝, 癒] → 나아	벗어, 씻어
'ㄷ' 불규칙	'ㄷ'이 모음 어미 앞에서 'ㄹ'로 변함	• 듣+어 → 들어 • 걷[步]+어 → 걸어 • 묻[問]+어 → 물어 • 깨닫다 → 깨달아 • 싣다[載] → 실어	묻어(埋), 얻어
'ㅂ' 불규칙	'ㅂ'이 모음 어미 앞에서 '오/우'로 변함	• 눕+어 → 누워 • 줍+어 → 주워 • 돕+아 → 도와 • 덥+어 → 더워	잡아, 뽑아
'ㄹ' 불규칙	'ㄹ'가 모음 어미 앞에서 'ㄹㄹ' 형태로 변함	• 흐르+어 → 흘러 • 이르+어 → 일러[謂, 무] • 빠르+아 → 빨라 • 나르다, 고르다	따라, 치러
'우' 불규칙	'우'가 모음 어미 앞에서 탈락	퍼(푸+어)	주어, 누어

ⓑ 어미가 바뀌는 경우

갈래	내용(조건)	용례	규칙 활용 예시
'여' 불규칙	'하-'뒤에 오는 어미 '-아/어'가 '-여'로 변함	• 공부하+아 → 공부하여 • '하다'와 '-하다'가 붙는 모든 용언	파+아 → 파
'러' 불규칙	어간이 '르'로 끝나는 일부 용언에서, 어미 '-어'가 '-러'로 변함	• 누르[黃]+어 → 누르러 • 푸르[靑]+어 → 푸르러 • 이르[至]+어 → 이르러	치르+어 → 치러
'오' 불규칙	'달다'의 명령형 어미가 '-오'로 변함(동사에서만 적용)	달+아라 → 다오	주다 → 주오

ⓐ '오너라'는 2017년 표준국어대사전에서 '오거라'를 허용하면서 규칙 활용으로 처리하면서 표제어 '너라 불규칙 활용, 너라 불규칙 용언' 등이 삭제되었다.
ⓑ '달다'의 명령 어미가 '-오'로 바뀌는 현상[주다(남이 나에게 준다는 의미)]의 해라체와 하라체는 '다오, 달라'가 대신하여 쓰이고 있다. 이들을 '주다'의 보충법 표현이라고 한다.
ⓒ 어간과 어미가 바뀌는 경우

갈래	내용(조건)	용례	규칙 활용 예시
'ㅎ' 불규칙	'ㅎ'으로 끝나는 어간에 '-아/어'가 오면 어간의 일부인 'ㅎ'이 없어지고 어미도 변함	• 하얗+아서 → 하얘서 • 파랗+아 → 파래	좋+아서 → 좋아서

2 문법범주 중요

문장을 구성하기 위해 단어들이 결합할 때, 이 단어들이 의미작용을 할 수 있도록 통사적 속성을 부여하는 것으로, 격과 조사, 시제나 상, 피동이나 사동, 높임법과 부정 표현 등 문법적으로 구분되는 언어현상을 그 특성에 따라 묶은 것을 문법범주라고 한다.

(1) 격과 조사

명사가 문장 중의 다른 단어와 가지는 관계를 나타내는 문법범주를 격이라 한다. 국어의 조사가 격범주를 담당한다고 할 때, 그중에서 격조사는 바로 이 격범주를 나타내는 것으로 해석된다. 앞서 살펴본 바와 같이 격조사에는 주격조사, 목적격조사, 보격조사, 서술격조사, 부사격조사, 관형격조사, 호격조사 등이 있다.

(2) 시제와 상

절대적 시제	선어말어미로 실현	사건시 〉 발화시	과거 예 어제 영화를 봤다. → '-았/었-'의 실현 의미 완료 : 그는 집에 갔다 지속영향 : 물건값이 많이 올랐다 일어날 일 : 비가 와서 내일 야유회는 다 갔네.
		사건시 = 발화시	현재 예 지금 영화를 본다.
		사건시 〈 발화시	미래 예 내일 영화를 보겠다(볼 것이다). → '-겠-'의 서법적 의미 가능 : 나도 할 수 있겠다. 추측 : 지금쯤 도착했겠다. 의지 : 나는 꼭 그곳에 가겠다.
상대적 시제	관형사형 어미나 연결형 어미로 실현		나는 어제 교실을 청소하는 순이를 보았다. 상대적 시제 : 현재
동작의 진행 여부		완료상	동작이 끝나 버렸음('-어 있다, -어 두다, -어 버리다, -어 놓다' 등과 연결어미 '-자마자, -고서' 등으로 실현) 예 지금 전화를 걸어 버렸어.
		진행상	현재 또는 어느 시점까지 동작이나 상태가 이어지고 있음('-고 있다, -어 가다, -는 중이다' 등으로 실현) 예 지금 전화를 걸고 있어.

(3) 피동과 사동

누가 행동을 하고 누가 행동을 당하는가		능동 – 피동	주어가 제 힘으로 어떤 일을 함 – 주어가 다른 주체에 의해서 어떤 일을 당하게 함 예 어머니가 아이를 안았다. – 아이가 어머니에게 안겼다.
	유형	파생적 피동	• 타동사어근 + 피동접미사(-이-, -히-, -리-, -기-) • 서술성 지닌 명사 + 되다 예 • 머리카락이 보<u>이</u>다. • 도시가 형성<u>되</u>다.
		통사적 피동	용언의 어간 + -어지다, -게 되다 예 시야가 넓<u>어지</u>다, 이곳으로 오<u>게 되</u>었다.
누가 하도록 시키고 누가 하는가		주동 – 사동	주어가 직접 동작이나 행동을 함 – 주어가 남에게 동작이나 행동을 하도록 시킴 예 동생이 밥을 먹었다. – 내가 동생에게 밥을 먹였다.
	유형	파생적 사동 (단형사동)	• 용언의 어근 + 사동접미사(-이-, -히-, -리-, -기-, -우-, -구-, -추-) • 서술성 지닌 명사 + 시키다 예 • 손에 가방을 들<u>리</u>다. • 음주차량을 정지<u>시켰</u>다.
		통사적 사동 (장형사동)	용언의 어간 + -게 하다 예 손에 가방을 들<u>게 하</u>다.
		사동문의 의미 (중의성)	파생적 사동은 직접사동과 간접사동 둘로 해석이 가능하지만, '-게 하다'를 통해 실현되는 사동은 간접사동만으로 해석이 된다는 차이점이 있다. 예 • 어머니께서 딸에게 옷을 입히셨다. (직접, 간접사동 모두 가능) • 어머니께서 딸에게 옷을 입게 하였다. (간접사동만 가능)

• 사동문과 피동문 구별 : 목적어의 유무를 통해 구별
예 영희는 철수에게 안겼다. (피동) / 영희는 철수에게 인형을 안겼다. (사동)
• 서술어 자릿수 변화 유무
능동문이 피동문이 될 때는 서술어 자릿수 변화가 없지만, 주동문이 사동문이 될 때에는 서술어 자릿수가 하나씩 늘어난다.

(4) 높임표현 중요

주체높임법	행위의 주체를 높임. 선어말어미 '-시-' 사용 ① 동사에 의한 주체높임 : 계시다, 잡수시다, 주무시다, 편찮으시다, 돌아가시다 　예 아버지께서는 집에 계신다. ② 간접높임 : 높임 대상인 주체의 신체 부분, 소유물, 생각 등을 높여 주체를 높임 　예 할머니께서는 귀가 밝으시다. ③ 제약 : 문장의 주체가 말하는 이보다 높아도 말을 듣는 이보다 낮으면 '-시-'를 안 씀(압존법) 　예 할아버지, 아버지가 지금 왔습니다. ※ 단, 직장 내에서는 압존법이 무시됨을 원칙으로 한다. 　예 평사원이 과장을 부장에게 말할 때 – "부장님, 과장님 어디 가셨습니까?"
객체높임법	• 말하는 이가 목적어·부사어의 지시 대상인 서술의 객체를 높임 • '모시다, 드리다, 여쭙다, 뵙다, 아뢰다' 등의 특수어휘나 부사격조사 '-께'에 의해 실현됨 　예 나는 선생님께 책을 드렸다.

상대높임법	말 듣는 이를 높임 → 합쇼체(아주높임), 하오체(예사높임), 하게체(예사낮춤), 해라체(아주낮춤), 해요체(두루높임), 해체 (두루낮춤)					
		평서문	의문문	명령문	청유문	감탄문
	아주높임	갔습니다	갔습니까?	가십시오	가시지요	
	예사높임	가오	가시오?	가시오	갑시다	가구려
	예사낮춤	가네	가는가?	가게	가게	가구먼
	아주낮춤	가다	가니?	라	자	구나
	두루높임	가요	가요?	가요	가요	가요
	두루낮춤	가	가	가	가	가

예
- 괜찮습니다, 선생님. 산책 나온 셈 치십시오. → 하십시오체
- 어제는 비가 많이 왔지요? → 해요체
- 당신을 다시 만나다니 이게 꿈인지 생신지 모르겠구려. → 하오체
- 내가 말을 함부로 했던 것 같네. → 하게체
- 결과를 곧 알리거라. → 해라체
- 그러면 그렇지. 계획대로 밀고 나가. → 해체
- 어제는 눈이 내렸지요? → 해요체

(5) 부정표현

주어의 의지나 능력에 따라	'안' 부정문	① 동작 주체의 의지가 반영될 때 예 효현이는 배가 고팠지만 입맛이 없어서 식사를 안 했다. ② 부정하는 대상이 객관적인 사실일 때 예 논바닥이 갈라지고 있는데도, 비는 여전히 오지 않았다.
	'못' 부정문	① 동작 주체의 능력이 부족할 때 예 채현이는 100m 기록을 14초 이내로 당기고 싶지만, 아직은 달성하지 못했다. ② 외부의 상황이 원인이 될 때 예 12시까지 고향집에 꼭 가야 하는데, 폭설이 내려 도저히 못 갈 것 같다.
	'말다' 부정문	금지 – 동사 서술어만 가능. 명령문과 청유문에 가능 예 비가 오니 밖에 나가지 마라. ※ '말다' 부정문은 긴 부정문만 가능하다.
문장의 길이에 따라	짧은 부정문	'안, 못' + 서술어 예 내 친구는 우유를 못 마신다.
	긴 부정문	서술어 + '–지 않다', '–지 못하다' 예 내 친구는 우유를 마시지 못한다.
중의성 해소 방법	억양, 보조사 사용 (은/는, 만, 도)	• 내 친구는 우유를 마시지 못한다. → 내 친구는 우유를 마시지는 못한다. • 친구들이 다 오지 않았다. → 친구들이 다 오지는 않았다.

제 5 장 | 구성

1 구성과 구성요소 ^{중요}

작은 문법단위들이 결합하여 이루어진 더 큰 문법단위를 구성이라 하고, 이 구성을 이루고 있는 작은 단위를 구성성분이라 한다. 구성에는 단어, 구, 절, 문장 등이 있다.

(1) 구

두 개 이상의 단어들이 결합하여 이루는 구성으로서 단어보다는 크지만 주어-서술어의 관계를 가지는 절보다는 작은 문법단위이다. 흔히 명사구, 동사구, 부사구처럼 품사이름을 붙여 부르는데, 이는 그 구가 하는 일이 궁극적으로 이들 품사와 같음에 근거한 것이다.

① **명사구**
  ㉠ 관형어 + 체언
    예 새 차가 좋다('새 차가'는 주어구).
  ㉡ 체언 + 접속사(와/과) / 접속부사(그리고 등) + 체언
    예 철수와 영희가 만났다.

② **동사구**
  ㉠ 부사어 + 동사
    예 철수는 축구를 매우 잘한다.
  ㉡ 본동사 + 보조용언
    예 울지 않는다, 먹어 본다, 가게 한다, 먹고 보자

③ **형용사구**
  ㉠ 부사어 + 형용사
    예 매우 춥다.
  ㉡ 본형용사 + 보조용언
    예 예쁘고 싶다.

④ **관형사구**
  ㉠ 부사어 + 관형사
    예 아주 새 차
  ㉡ 관형사 + 접속부사('그리고' 등) + 관형사
    예 이 그리고 저 차

⑤ **부사구**

ㄱ 부사어 + 부사

예 매우 빨리 달린다.

ㄴ 부사어 + 접속부사('그리고' 등) + 부사

예 너무 그리고 자주 왔다.

(2) 절 종요

두 개 이상의 단어가 결합하여 이루어진 구성이라는 점에서는 구와 같은 특징을 가지고 있으나, 주어-서술어의 관계를 가진다는 것이 다른 점이다. 절이 이처럼 주어-서술어 관계를 가진다는 것은 문장과 같다. 단지 절은 독립 문장을 이루지 못하고 문장의 한 성분으로 쓰인다는 점에서 문장과 구별된다.

① **명사절** : 문장 + '-(으)ㅁ/기(명사형 어미)'

예

- 철수가 합격하기를 기원한다.
- 철수가 합격했음이 분명하다.
- 나는 날씨가 좋기에 여행을 떠났다.

② **서술절** : 이중주어문의 끝 문장

예 토끼는 앞발이 짧다.

③ **관형절** : 문장 + '-(으)ㄴ/-는/-(으)ㄹ/-던(관형사형 어미)'

예 학교에 간 철수, 아름다운 영희

④ **부사절** : 문장 + '-이(부사파생접미사)'/'-게/-도록/-(아)서(부사형 어미)'

예 소리도 없이 다가온다.

그곳은 꽃이 아름답게 피었다.

⑤ **인용절** : 인용문장 + '하고/라고/고(인용조사)'

예 철수가 "빨리 가자"고 말했다.

(3) 문장

문법단위 중에서 가장 큰 구성인 문장은 그 자체로서 하나의 완결된 구성임과 동시에 가장 큰 문법 단위이다. 문장도 절과 마찬가지로 주어-서술어 관계를 갖추고 있으며, 종결어미로 끝나는 것이 원칙이다. 그러나 경우에 따라 '벌써', '불이야'처럼 주어나 서술어가 표면에 나타나지 않은 문장도 있을 수 있다. 이를 불완전문 혹은 무주어문이라고 하기도 하는데, 이것도 엄연히 문장이라고 본다.

① **문장성분**

종류	성분	내용	예문
주성분	주어	움직임이나 상태 또는 성질의 주체를 나타낸다.	예 <u>나는</u> 까치 소리를 좋아했다.
	서술어	주어를 풀이해 주는 역할을 한다. 용언의 어간에 연결어미나 전성어미(연결형, 명사형, 부사형, 관형사형 등)가 붙은 것도 서술어로 구분할 수 있다.	예 나는 까치 소리를 <u>좋아했다</u>. 예 비가 <u>오고</u> 바람도 <u>불었다</u>. *'오고' : 연결형 예 날씨가 <u>추워져서</u> 언 길이 <u>미끄럽기</u>가 그지 없다. *'추워져서' : 부사형 *'언' : 관형사형 *'미끄럽기' : 명사형
	목적어	서술어의 동작 대상이 되는 부분이다.	예 나는 <u>까치 소리</u>를 좋아했다.
	보어	'되다', '아니다' 앞에서 '무엇이'의 내용을 나타낸다.	예 나는 <u>공무원이</u> 되었다. 예 나는 네 <u>아빠가</u> 아니다.
부속성분	관형어	체언을 꾸며 준다.	예 노래 <u>부를</u> 때가 가장 행복했다. 예 <u>새</u> 모자를 샀다.
	부사어	• 주로 용언을 꾸며 준다. • 다른 관형어나 부사어, 문장 전체도 꾸민다. • 문장이나 단어를 이어 주는 말들도 포함된다.	예 그 시절로 돌아가고 싶을 때가 <u>가끔</u> 있다. 예 집을 <u>새롭게</u> 고쳤다.
독립성분	독립어	다른 문장성분과 직접적인 관련이 없다.	예 <u>아아</u>, 지금은 노래를 할 수가 없다.

㉠ 상세분석

예 아, 나 그 사탕 벌써 하나 먹었어.

어절	아	나	그	사탕	벌써	하나	먹었어
품사	감탄사	대명사	관형사	명사	부사	수사	동사
문장성분	독립어	주어	관형어	목적어	부사어	목적어	서술어

㉡ 주성분은 필수적 성분이라 할 수 있지만, 필수적 성분이 모두 주성분이 되는 것은 아니다. 경우에 따라서는 부사어가 필수적 성분이 되기도 한다.

　　예 나는 서울 지리에 어둡다.

　　　→ '서울 지리에'는 부사어이지만 필수적 성분이다. 이러한 부사어를 '필수 부사어'라 한다.

② **서술어의 자릿수**

서술어의 자릿수란 그 성격에 따라 서술어가 요구하는 필수 문장성분(주어, 목적어, 보어, 필수 부사어)의 수를 말한다.

종류	구조	예문
한 자리 서술어	주어＋서술어	<u>개나리가</u> 피었다.
두 자리 서술어	주어＋목적어(보어, 부사어)＋서술어	• <u>그는</u> <u>사과를</u> 먹는다. • <u>그는</u> <u>아빠가</u> 되었다. • <u>그는</u> <u>엄마와</u> 닮았다.
세 자리 서술어	주어＋목적어＋부사어＋서술어	<u>그는</u> <u>내게</u> <u>선물을</u> 주었다.

ⓐ '철수는 몸집이 좋다.'는 한 자리 서술어이다. 이 문장에서 '몸집이 좋다.'는 '주어＋서술어'로 이루어진 서술절로써 문장 전체의 서술어 기능을 한다. 서술절 전체가 서술어가 되었을 때는 전체 주어인 '철수는'만이 필수성분이 된다.

ⓑ 세 자리 서술어로는 '주다, 받다, 드리다, 바치다, 옮기다, 이동하다, 삼다, 넣다, 여기다, 간주하다' 등이 있다.

2 ⃞ 직접구성요소 중요

(1) 구성을 이루는 작은 단위를 구성성분이라고 하는데, 그 구성성분들은 일정한 층위를 가지고 결합한다. 이렇게 층위별로 결합한 구조를 계층구조라고 한다.

(2) 계층구조상의 각 구성성분 중에서 가장 직접적으로 결합하는 두 구성성분을 직접구성성분 혹은 직소라고 한다. 예를 들어 '미운 오리 새끼'의 직접구성성분은 '미운' ＋ '오리 새끼'이고 '오리 새끼'의 직접구성성분은 '오리'와 '새끼'이다.

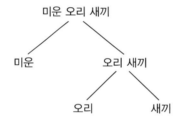

(3) 직접구성요소 분석

① 구성의 구조를 바로 인식하는 가장 기초적인 절차이며, 그 구성의 의미를 바로 파악하는 필수적인 작업이다.

② 합성어, 구, 문장 등의 분석에도 이용된다.

　예 '목걸이' → 금 ＋ 목걸이

③ 문장의 중의성을 해결하는 데에도 유용하다.

　예 게으른 거북이와 토끼(게으른 ＋ 토끼와 거북이, 게으른 토끼 ＋ 거북이)

3 구성요소와 형식류

(1) 형식류

구성요소를 묶어 류라고 한다면 문법적 성질이 같은 것끼리의 묶음을 통상 단어라고 할 수 있는데, 그것으로 국한하지 않고 구나 절까지 포괄할 때 형식류라는 포괄적인 이름으로 부른다. 예를 들어 주어, 서술어, 목적어, 관형어, 부사어 등 이른바 문장성분도 형식류의 일종이고, 명사구, 명사절, 동사구, 서술절 등도 형식류에 속한다.

(2) 형식류를 명명함에 갖는 효과

어떤 구성을 직접구성요소로 분석할 때, 분석 자체에 끝나지 않고 직접구성요소에 이런 형식류의 이름을 붙이면 그 구성의 구조와 성격을 파악하는데 큰 도움이 된다.

4 조사와 어미의 구성

(1) 조사는 일반적으로 명사구 전체를 지배한다.

　예 푸른 가을 하늘을

(2) 어미는 어간에 붙는 것이지만 어간하고만 관계를 맺는 것이 아니라 문장 전체를 지배하는 것으로 본다.

　예 '음악이 들리는 찻집'에서 '-는'은 '들이-'와만 관계를 맺는 것이 아니라 '음악이 들리-' 전체를 지배한다고 봐야 한다.

제 **6** 장 │ 문장의 접속과 내포

생성문법적 관점에서 보면 인간이 만들어 내는 문장의 수는 무한할 뿐만 아니라, 또한 가장 긴 문장은 없다고 한다. 그 이유는 반복규칙을 통해 문장을 무한대로 만들 수 있기 때문이다. 이러한 성질을 언어의 창조성이라 한다. 생성문법에서는 우리가 이와 같이 문장을 길게 확대해 나갈 수 있는 것은 바로 이러한 문장을 만드는 규칙, 즉 반복규칙을 가지고 있기 때문이라고 보고 있다. 이러한 반복규칙에 의하여 하나의 단문 속에 다시 다른 문장을 끼워 넣거나 연결하여 문장을 확대할 수 있는데, 이와 같은 방법으로 형성된 문장을 복합문이라고 한다. 복합문은 '주어 + 서술어' 관계가 두 번 이상 나타난다. 수식어가 붙어 확장된 문장의 '주어 + 서술어' 관계가 한 번만 되면 복합문이 아니라 단문이다. 복합문을 만드는 방법에는 두 가지가 있는데, 접속과 내포이다. 접속은 연결어미에 의해, 내포는 전성어미에 의해 실현된다.

1 접속 중요

접속은 흔히 둘 혹은 그 이상의 독립 문장이 연결되는 통사 현상이라고 정의되며, 접속에 의하여 생성된 문장 전체를 접속문이라고 한다. 두 개의 문장이 연결되어 접속문을 구성할 때, 앞의 문장을 선행절, 뒤에 오는 문장을 후행절이라고도 한다. 선행절과 후행절은 접속어미에 의해 연결되는데 그 관계에 따라 대등접속과 종속접속으로 구분하여 다뤄왔다. 선행절과 후행절이 어느 정도 의미적 독립성을 유지하면서 통사적으로 대등하게 연결되는 경우를 대등접속이라 하고, 선행절과 후행절이 의미적으로 의존적이며 선행절이 종속적으로 연결되는 경우를 종속접속이라고 한다.

(1) 대등접속

① 대등적 연결어미인 '-고', '-으며', '-(으)나', '-지만', '-든지' 등에 의하여 이어진 문장을 말한다.
② 대등적으로 이어진 문장은 대체로 선행절과 후행절의 순서를 바꾸어도 문장 전체의 의미가 달라지지 않는다.

예

- 어제는 하늘도 맑았<u>고</u>, 바람도 잠잠했었다. (나열)
- 그는 갔<u>으나</u> 그의 예술은 살아 있다. (대조)
- 강으로 가<u>든지</u> 바다로 가<u>든지</u> 어서 결정합시다. (선택)

(2) 종속접속

① 종속적 연결어미인 '-(으)니', '-아서/어서', '-는데', '-(으)ㄹ지라도', '-(으)ㄹ망정' 등에 의하여 이어진 문장을 말한다.
② 선행절과 후행절의 순서를 바꾸면 의미가 달라지거나 문장이 성립되지 않는다. 이런 특징에 의하면 대등적 연결어미도 문맥에 따라서는 종속적인 관계를 이루는 일이 있다.

예

- 약속한 시간이 다 되<u>어서</u> 나는 더 있을 수 없었다. (이유)
- 손님이 오시<u>거든</u> 반갑게 맞이하여라. (조건)
- 우리는 한라산에 오<u>르려고</u> 아침 일찍 일어났다. (의도)
- 가방을 들<u>고</u> 걸어간다. (동시 상황)
- 내가 학원에 가<u>는데</u>, 저쪽에서 누군가 달려왔다. (배경)
- 설령 비가 <u>올지라도</u>, 우리는 어김없이 출발한다. (양보)

2 내포 중요

내포는 한 문장이 다른 문장의 성분으로 포함되는 절차 혹은 그 현상을 말한다. 이때 내포되는 문장을 내포문 혹은 하위문이라 하고, 이러한 내포문을 포함하는 문장을 모문 혹은 상위문이라고 한다. 내포문의 유형은 전통적으로 명사절, 관형절, 부사절 등의 성분절로 불렸다. 이들 내포문이 모문 안에서 어떠한 성분으로의 역할을 하느냐에 따라 흔히 이들을 명사화 내포문, 관형화 내포문, 동사구 보문 등으로 구분하고, 또한 이러한 통사적 절차를 명사화, 관형화, 동사구 보문화라고 지칭해 왔다.

그러나 여기에서는 학교문법에 따라 내포문을 명사절, 부사절, 관형절, 인용절, 서술절로 나누어 설명하고자 한다.

(1) 명사절

명사절은 명사형 어미인 '-(으)ㅁ', '-기'에 의하여 형성되며 문장 내에서 주로 주어, 목적어, 부사어 기능을 한다.

예

- <u>철수가 공무원 시험에 합격했음</u>이 밝혀졌다. (주어)
- 순이의 아버지는 <u>순이가 집에 돌아오기</u>를 기다렸다. (목적어)
- 우리는 <u>날씨가 맑기</u>에 산책을 했다. (부사어)

(2) 관형절

관형절은 "이 책은 내가 (읽은/읽는/읽던) 책이다."에서와 같이 관형사형 어미인 '-(으)ㄴ, -는, -(으)ㄹ, -던'이 붙어 형성되며 문장 내에서 관형어 역할을 한다. 관형절에는 특정성분이 생략된 채 형성된 관계관형절과, 모든 필수성분을 완전하게 갖추고 있는 동격관형절 또는 보문관형절이 있다. 이에 따라 관계관형절을 만드는 절차를 관계화, 보문관형절을 만드는 절차를 보문화로 구분한다.

① **관계관형절** : 관형절 내의 성분이 생략되어 있다.

예

- <u>내가 좋아하는</u> 순이는 마음이 착하다. (목적어 생략)
- <u>철수가 그린</u> 그림이 좋다. (목적어 생략)
- <u>학교에 가는</u> 철수를 보았니? (주어 생략)

② **동격관형절(보문관형절)** : 관형절 내에 생략된 성분이 없다.

예

- <u>내가 순이를 좋아하는</u> 사실을 몰랐니?
- <u>그가 나에게 정보를 준</u> 사실이 밝혀졌다.

(3) 부사절

부사절은 '없이, 달리, 같이, 몰래'와 같은 파생부사와 '-게, -도록, -듯이, -아서'와 같은 부사형 어미를 통해 형성되며 문장 내에서 부사어 기능을 한다.

① '다르다, 같다, 없다, 모르다' 등의 용언의 어간에 부사화 접미사 '-이'가 결합한 형태인 '없이, 달리, 같이, 몰래'가 서술어의 기능을 유지함으로써 형성된다.

예

- 그들은 <u>우리가 입는 것과 똑같이</u> 입고 있다.
- 그는 <u>아는 것도 없이</u> 잘난 척한다.
- 세상은 <u>내 생각과는 달리</u> 돌아가는군요.
- 나도 <u>몰래</u> 그 집 앞에 가게 되었다.

② 부사형 어미인 '-게, -도록, -(아)서'에 의하여 이루어진다. 기존에는 이러한 어미로 이어진 문장을 종속접속으로 보았으나 학교문법에서는 부사절로 다루고 있다.

예

- 그곳은 <u>꽃이 아름답게</u> 피었다.
- 우리는 <u>그녀가 지나가도록</u> 길을 비켜 주었다.
- 그는 <u>(그가) 아파서</u> 결석을 하였다.

(4) 서술절

서술어 하나에 이중주어가 있는 문장에 나타나며, 문장 내에서 서술어 역할을 한다.

예

- 할아버지께서는 <u>인정이 많으시다</u>.
- 나는 <u>코스모스가 좋다</u>.
- 철수는 <u>키가 크다</u>.

(5) 인용절

인용절은 화자의 생각, 판단 또는 남의 말을 인용한 문장이나 의성어, 의태어를 인용의 부사격조사로
표현한 문장을 말한다. 여기에는 직접인용과 간접인용이 있으며 문장 내에서 부사어 기능을 한다.

① **직접인용(明引法)** : '-라고, -하고'에 의한 절, 인용 부호(겹따옴표) 사용

예
- 철수가 "선생님, 어디 가세요?"라고 물었다.
- 북소리가 "둥둥" 하고 울렸다.

② **간접인용(暗引法)** : '-고'에 의한 절, 인용부호 사용하지 않음

다른 사람의 말이나 글, 생각이나 느낌을 자기의 말로 바꾸어서 표현하는 말하기의 방법이다.

예
- 형은 철수가 학교에 간다고 말하였다.
- 우리는 오른쪽 길이 바다로 통하는 길이라고 판단했다. → '길이라고'에서 '라고'에 이끌려 직접인
  용으로 보면 틀린다. 이때의 '라'는 '다'가 바뀐 형태며, 인용의 부사격조사 '고'가 쓰인 것이다.

제 3 편 | 실전예상문제

제1장 형태소

01 국어문법론의 의미적 단위로는 형태소, 단어, 구, 절 등이 있다. 음소는 음운론의 단위이다.

01 국어문법론의 연구 대상이 <u>아닌</u> 것은?

① 형태소

② 단어

③ 음소

④ 절

02 문법단위로서 가장 작은 것은 형태소이다. 형태소는 더 이상 의미로 쪼갤 수 없는 최소 의미 단위이다.

02 문법단위로서 가장 작은 것은?

① 형태소

② 음소

③ 단어

④ 음성

03 단어는 최소 의미 자립 단위로 품사와 일치하며 띄어쓰기의 원칙적인 단위이다. 문장을 구성하고 있는 토막토막의 단위는 단어가 아니라 어절이다. 어절은 하나의 단어 또는 조사를 포함한 단어로 이루어지며 문장성분과 일치한다.

03 말의 단위에 대한 설명으로 옳지 <u>않은</u> 것은?

① 음운 : 의미를 구분하여 주는 최소의 소리 단위이다.

② 음절 : 한 뭉치로 이어진 소리의 덩어리로 발음의 최소 단위이다.

③ 형태소 : 뜻(의미)을 가진 가장 작은 말의 단위이다.

④ 단어 : 문장을 구성하고 있는 토막토막의 단위이다.

정답 (01 ③ 02 ① 03 ④)

04 다음 형태소에 대한 설명 중 바르지 **못한** 것은?

① 자립형태소는 홀로 쓰일 수 있는 형태소이다.

② 의존형태소는 다른 형태소와 결합을 통해서만 쓰일 수 있는 형태소이다.

③ 의존명사는 실질형태소이자 의존형태소이다.

④ '읽–'은 어휘형태소이면서 의존형태소이다.

05 이형태에 대한 설명으로 옳은 것은?

① 한 형태소에 속하는 이형태들은 문법적 기능이 다르다.

② '이/가, 은/는'은 모두 주격조사의 이형태들이다.

③ 이형태들은 환경에 따라 서로 대체가 가능하다.

④ 한 형태소에 이형태가 여럿 있을 때 대표로 삼은 것을 '기본형'이라 한다.

04 의존명사는 준자립어로 관형어에 수식을 받아야만 쓰일 수 있는 말로, 형태소 분류상 실질형태소이자 자립형태소에 속한다.
④ '읽–'은 용언의 어간으로 어휘형태소(실질형태소)이면서 의존형태소이다.

05 '흙'이라는 단어가 뒤에 어떤 음이 오는지에 따라서 [흑]으로도 발음되고 [흑], [흥] 등으로도 발음되는 것처럼, 주위 환경에 따라 교체되면서 달라지는 한 형태소의 여러 모양을 각각 그 형태소의 이형태라 하고, 그중 하나를 기본형으로 삼는다.
① 한 형태소에 속하는 이형태들은 문법적 기능이 같다.
② 주격조사의 이형태들은 '이/가, 에서/서' 등이 있다. '은, 는'은 보조사이다.
③ 이형태들은 환경에 따라 서로 대체가 불가한 상보적, 배타적 관계에 있다.

정답 04 ③ 05 ④

제2장 단어형성법

01 한국어는 조사와 어미가 발달된 첨가어(또는 교착어)이다.

01 다음 국어의 문법적 특징이 <u>아닌</u> 것은?

① 고립어의 특징을 가지고 있다.
② 주어, 목적어, 서술어의 순이다.
③ 문장성분의 생략이 용이하다.
④ 어순이 자유롭다.

02 ① '조사'는 의존형태소이다.
③ 선어말어미는 형식형태소이다.
④ '부사'는 실질형태소이다.

02 다음 중 ㉠~㉣에 속하는 것을 바르게 나타낸 것은?

뜻을 가진 가장 작은 말의 단위인 형태소(形態素)는 혼자 설 수 있는 ㉠<u>자립형태소</u>와 혼자 서기 어려워 다른 말에 의존하여 쓰이는 ㉡<u>의존형태소</u>로 나뉘거나, 구체적인 대상이나 동작을 표시하는 ㉢<u>실질형태소</u>와 실질형태소에 붙어 주로 말과 말 사이의 문법적인 관계를 표시하는 ㉣<u>형식형태소</u>로 나뉘기도 한다.

① ㉠ - 부사, 관형사, 조사
② ㉡ - 서술격조사, 용언의 어간
③ ㉢ - 용언의 어간, 선어말어미
④ ㉣ - 부사, 조사, 용언의 어미

03 용언의 기본형은 '어간+다'로 한다. '남기다'는 '남다'에서 파생된 말이다. 어간은 접사를 포함하므로 '남기셨습니다'의 기본형은 '남기다'가 옳다.

03 "우리 조상들은 훌륭한 유산을 많이 남기셨습니다."에서 '남기셨습니다'의 기본형은?

① 남다
② 남기다
③ 남기시다
④ 남기시었다

정답 01 ① 02 ② 03 ②

04 다음 중 파생명사에 해당하는 것은 모두 몇 개인가?

> ㉠ 믿음   ㉡ 돈벌이
> ㉢ 나뭇잎   ㉣ 새마을
> ㉤ 지우개   ㉥ 부슬비

① 1개   ② 2개
③ 3개   ④ 4개

05 다음 중 합성어로만 묶인 것은?

① 손목, 눈물, 할미꽃, 어깨동무, 굳세다, 날뛰다
② 잠보, 점쟁이, 일꾼, 덮개, 넓이, 조용히
③ 지붕, 군것질, 선생님, 먹히다, 거멓다, 고프다
④ 맨손, 군소리, 풋사랑, 시누이, 빗나가다, 새파랗다

06 다음 중 비통사적 합성어로만 묶인 것은?

① 힘들다, 작은집, 돌아오다
② 검붉다, 굳세다, 밤낮
③ 부슬비, 늦더위, 굶주리다
④ 빛나다, 보살피다, 오르내리다

---

04 '믿음'은 '믿다'의 어간 '믿–'에 명사 파생접미사 '–음'이 붙어 명사로 파생된 말이고, '돈벌이'는 '돈'과 '벌다'가 합성된 후 명사파생접미사 '이'가 붙어 명사로 파생된 말이며[(돈＋벌)＋이], '지우개'는 '지우다'의 어간 '지우–'에 명사파생접미사 '–개'가 붙어 명사로 파생된 말이다.

05 '어근＋어근'으로 이루어진 말을 찾는 문제다.
① 손＋목, 눈＋물, 할미＋꽃, 어깨＋동무, 굳(고)＋세다, 날(고)＋뛰다
② 접미파생어 : 잠＋보, 점＋쟁이, 일＋꾼, 덮＋개, 넓＋이, 조용＋히
③ 집＋웅 : (한글맞춤법–파생어, 표준국어대사전–단일어)/[(군＋것)＋질 : 접두파생 후 접미파생/선생＋님 : 접미파생/먹＋히＋다 : 접미파생어/거멓다 : 검＋엏＋다(접미파생어)/고프다 : 단일어
④ 접두파생어 : 맨＋손, 군＋소리, 풋＋사랑, 시＋누이, 빗＋(나＋가다), 새＋파랗다

06 ① 통사적 합성어(힘＋들다, 작은＋집, 돌아＋오다)
② 밤낮 : 통사적 합성어
④ 빛나다 : 통사적 합성어

정답 04 ③   05 ①   06 ③

07 '날뛰다'는 '날고 뛰다'에서 어미 '고'가 생략된 비통사적 합성어이다.

07 통사적 합성어의 유형과 그 예의 연결이 옳지 <u>않은</u> 것은?

① 명사와 명사가 결합된 경우 - 할미꽃
② 관형어와 체언이 결합된 경우 - 큰형
③ 주어와 서술어가 결합된 경우 - 빛나다
④ 용언의 연결형과 용언이 결합된 경우 - 날뛰다

08 ① '우리나라, 우리글, 우리말'은 '구'가 아닌 '단어'로 취급한다.
② 접사 + 어근 : 파생어
  어근 + 어근 : 합성어
  → 파생어와 합성어를 합쳐서 복합어라 한다.
③ 앞뒤 : 대등합성어
  손수건 : 유속합성어
  춘추 : 융합합성어

08 국어의 단어형성법에 대한 설명으로 가장 적절한 것은?

① '우리나라, 우리글, 우리말'은 '우리 동네, 우리 학교, 우리 집'처럼 구(句)로 보아야 한다.
② 접사와 어근, 어근과 어근이 결합하여 만들어진 단어를 합성어(合成語)라 한다.
③ '앞뒤, 손수건, 춘추(春秋)'와 같이 어근이 대등하게 이루어진 것을 대등합성어라 한다.
④ '덮밥, 부슬비, 높푸르다'와 같은 합성어를 비통사적 합성어라 한다.

정답 07 ④ 08 ④

제3장　품사

01 규범문법에서 국어의 품사는 모두 몇 개인가?

① 5개
② 7개
③ 9개
④ 11개

02 동사와 형용사의 구별로 옳지 <u>않은</u> 것은?

① 동작을 의미하는 어미와 결합하면 동사이고 결합할 수 없으면 형용사이다.
② 명령형이나 청유형 어미와 결합하면 형용사이고 그렇지 않으면 동사이다.
③ 동작상과 결합하면 동사이고 그렇지 않으면 형용사이다.
④ '있다'는 동사, 형용사로 통용된다.

03 다음 중 보조용언이 쓰이지 <u>않은</u> 문장은?

① 민수는 교실 밖으로 나가 버렸다.
② 이제 청소를 다 했다.
③ 중요한 내용을 기억해 둔다.
④ 꽃이 별로 예쁘지 않다.

---

01 학교문법에서는 체언에 명사·대명사·수사, 용언에 동사·형용사, 수식언에 관형사·부사, 독립언에 감탄사, 관계언에 조사 등 모두 9개의 품사를 인정하고 있다.

02 명령형이나 청유형 어미와 결합하면 동사이고 그렇지 않으면 형용사이다.
① 동작을 의미하는 어미와 결합하면 동사이고 결합할 수 없으면 형용사이다. 예 먹으려고 한다, 먹으러 간다. (○) (동사) / 예쁘려 간다, 예쁘려고 한다 (×) (형용사)
③ 동작상과 결합하면 동사이고 그렇지 않으면 형용사이다. '-고 싶다', '-고 있다', '-러 오다' 등이 붙을 수 있는 말은 동사, 그렇지 않으면 형용사이다. 예 먹고 싶다, 먹고 있다, 먹으러 오다 (○) (동사) / 예쁘고 싶다, 예쁘고 있다, 예쁘러 오다 (×) (형용사)

03 부사 '다'와 동사 '하다'를 '다 하다'로 띄어 쓰는 것이고, 이때 '하다'는 본용언으로 쓰인 것이기에, 보조용언은 없다. 보조용언은 다른 용언의 뒤에서 그 말을 도와주는 용언으로 본용언과 결합할 때 연결어미 '아, 어, 게, 지, 고' 중의 어느 하나와 결합한다.

정답　01 ③　02 ②　03 ②

04 국어에는 접속사는 없으며 접속부사는 있다. 접속부사에는 단어접속부사와 문장접속부사가 있다. 문장과 문장을 이어 주는 '그러나, 그런데' 등과 같은 것이 문장접속부사이다.

04 국어의 품사에 대한 설명으로 가장 적절하지 않은 것은?

① 관형사와 부사는 뒤에 오는 다른 말을 꾸며 주기 때문에 수식언이라 한다.

② 접속사는 문장과 문장을 이어 주는 것으로, '그러나, 그런데' 등과 같은 것이 있다.

③ 감탄사는 화자의 부름, 느낌, 놀람이나 대답을 나타내며 형태가 변하지 않는 특성이 있다.

④ 조사는 체언 뒤에 결합해서 다른 말과의 문법적 관계를 나타내거나 특별한 뜻을 더해 주는 말로, 격조사, 접속조사, 보조사가 있다.

05 활용을 볼 때 이때의 '묻다'는 '질문하다'의 뜻이다. '싣다'의 활용도 이와 같아 '싣다, 실어, 실으니, 싣고'가 된다.

05 다음과 같이 활용하는 '묻다'에 대한 설명 중 옳은 것은?

> 묻다 – 물어 – 물으니 – 묻고

① 한자 '埋'와 뜻이 통하지.

② '싣다'가 이와 같은 활용을 하지.

③ 드러내지 않고 깊이 감춘다는 뜻이지.

④ 주로 '묻어, 묻어서'의 꼴로도 많이 쓰이지.

06 ① 조어는 두 개 이상의 형태소가 결합하여 새로운 낱말을 만드는 것을 말한다.
③ 단어는 홀로 쓰일 수 있는 최소 의미 자립 단위이다.
④ 굴절이란 어간이 여러 어미를 취하는 것을 말한다.

06 단어를 그 문법적 성질이 같은 것끼리 묶은 것을 무엇이라 하는가?

① 조어

② 품사

③ 단어

④ 굴절

정답 04 ② 05 ② 06 ②

07 다음 밑줄 친 것 중 품사가 <u>다른</u> 하나는?

① 곡은 같고 가사만 <u>다른</u> 노래이다.

② <u>다른</u> 꽃들은 향기가 없다.

③ <u>높은</u> 산 멀리 보인다.

④ <u>아름다운</u> 꽃이 마당 가득 피었다.

07 ②는 관형사이고, ①, ③, ④는 용언의 관형사형으로 품사는 형용사이다.

정답 (07 ②)

제4장   굴절과 문법범주

01 모두 어말어미라는 점에서는 공통적이나 명사형 어미 '-(으)ㅁ'은 동사와 형용사를 주어, 목적어 등으로 기능을 하도록 해 준다는 점에서 서술어 기능을 그대로 유지하는 다른 어미와 그 성격이 다르다.

02 전성어미는 연결형 어미와 함께 비종결어미에 해당된다.

03 '-아/어서, -으면, -(으)려고, -(으)니까, -(으)ㄹ수록, -(으)ㄹ뿐더러' 등은 보조적 연결어미가 아니라 종속적 연결어미이다.

---

01 다음 중 그 성격이 나머지와 <u>다른</u> 어미는?

① 평서형 어미 '-다'
② 감탄형 어미 '-구나'
③ 명사형 어미 '-(으)ㅁ'
④ 명령형 어미 '-어라/아라'

02 다음 중 설명이 옳지 <u>않은</u> 것은?

① 어간은 활용할 때 변하지 않는 부분이다.
② 종결어미에는 문장을 끝맺는 어미로 전성어미가 있다.
③ 선어말어미는 단어의 끝에 오지 않는 어미이다.
④ 비종결어미는 문장을 끝맺지 않는 어미이다.

03 다음 중 어미의 예가 <u>잘못된</u> 것은?

① 관형사형 전성어미 : -(으)ㄴ, -는, -(으)ㄹ, -던
② 보조적 연결어미 : -아/어서, -으면, -(으)려고, -(으)니까, -(으)ㄹ수록
③ 대등적 연결어미 : -고, -(으)며, -(으)면서, -거나, -든지
④ 명사형 전성어미 : -기, -(으)ㅁ

정답 01 ③   02 ②   03 ②

04 다음 중 'ㅂ' 불규칙 변화의 양상이 <u>다른</u> 하나는?

① 곱다

② 맵다

③ 가깝다

④ 눈물겹다

05 다음 중 굴절접사가 결합된 단어는?

① 일꾼

② 새-빨갛다

③ 사랑-스럽다

④ 울-어라

06 다음 밑줄 친 부분 중 품사가 <u>다른</u> 하나는?

① 박물관에는 <u>그림</u>이 많았다.

② 요즘은 <u>잠</u>이 오지 않는다.

③ 빨리 <u>가기</u>가 그리 쉽지 않다.

④ 다운이가 <u>얼음</u>을 녹이었다.

07 ①·②·③은 직접행위 미침의 의
   미를 갖고, ④는 간접행위 미침의 의
   미만 갖는다.

07 다음 문장에서 밑줄 친 사동사의 의미가 간접적인 것은?

① 내일 새벽에 나를 좀 <u>깨워라</u>.

② 나는 팔을 다친 형에게 구두를 <u>신겨</u> 주었다.

③ 할머니께서 눈이 어두우셔서 아기에게 옷을 잘못 <u>입히셨다</u>.

④ 찾아온 조카들에게 어머니가 새로 밥을 지어서 <u>먹여</u> 보내
  셨다.

08 '받는다' 때문에 의미상으로는 피동
   이지만 피동법이 사용된 것이 아니
   다. '받는다, 당하다, 되다'가 독립적
   인 서술어 기능을 하면 피동적 의미
   는 지니지만 피동문은 아니다. 국어
   에서 피동문은 '용언의 어근＋피동
   접사(-이-, -하-, -리-, -가-, -되
   다), 용언의 어간＋-게 되다, 용언의
   어간＋-아/어지다'로만 이루어진다.

08 다음 중 피동법에 속하지 않는 문장은?

① 동생이 형한테 업혔다.

② 요즘은 밥이 잘 먹힌다.

③ 시계가 벽에 걸려 있다.

④ 그 선생님은 많은 존경을 받는다.

09 '못' 부정문은 원칙적으로 동사만 부
   정문으로 만들 수 있다. 다만 형용사
   를 부정하는 경우에는 긴 부정문 형
   태로만 쓰이고 의미상 아쉬움을 드
   러낸다. '못' 부정문은 평서문, 감탄
   문, 의문문에만 쓰이고, 명령문, 청
   유문에는 쓸 수 없다.

09 '못' 부정문의 제약에 대한 설명으로 옳지 않은 것은?

① 의도·목적을 뜻하는 어미와 함께 쓰지 못한다.

② 평서문, 감탄문, 의문문, 명령문, 청유문에 모두 쓸 수 있다.

③ 형용사에 쓰면 '기대에 미치지 못함을 아쉬워할 때'이며 긴
  부정문을 쓴다.

④ '체언＋하다'로 된 동사가 서술어로 쓰일 때는 '체언＋못
  ＋하다'의 형태로 쓰인다.

정답 07 ④　08 ④　09 ②

10 다음 중 상대높임법의 등급이 <u>다른</u> 하나는?

① 여보게, 어디 가는가?

② 김 군, 벌써 봄이 왔다네.

③ 오후에 나와 같이 산책하세.

④ 어느덧 벚꽃이 다 지는구려.

11 다음 중 높임법 사용이 옳은 것은?

① 교수님, 연구실에서 교수님을 직접 보고 말씀을 드리겠습니다.

② 큰아버지, 오늘 약주를 많이 드셨는데, 제가 집까지 모셔다 드리겠습니다.

③ 김 과장님, 부장님께서 빨리 오시라는데 오후에 시간 계십니까?

④ 철수야, 이것은 중요한 문제니까 부모님께 여쭈어 보고 결정할게.

12 다음 중 주체높임법, 상대높임법, 객체높임법이 모두 사용된 문장은?

① 제 동생은 이웃집 아주머니께 깍듯하게 인사를 해요.

② 아버지께서 할아버지께 진지 드시라고 말씀하셨어요.

③ 우리 어머니께서는 식사를 하실 때마다 늘 정갈하게 드시고는 해.

④ 선생님께서 우리 어머니를 만나시고는 내 칭찬을 얼마나 많이 하셨는지 몰라.

13 ③은 주체높임법에 해당하며 나머지는 객체높임법이 사용되었다.

13 다음의 높임말 중 경어법의 용법이 다른 것은?

① 효현이는 자기가 외할머니께 여쭈어 보겠다고 했다.

② 형이 부모님께 문안을 드렸다.

③ 할아버지께서는 낮잠을 주무신다.

④ 그는 이모님을 집까지 모시고 와서 식사를 대접했다.

14 제시된 문장에서는 객체높임법만 사용되었다.
높임법에는 주체높임법, 상대높임법, 객체높임법이 있다. 주체높임법은 문장의 주체가 되는 사람, 즉 주어를 높이는 방법으로, 말하는 사람이 주체에 대해 존경하거나 공경하는 뜻을 나타낸다. 예를 들면, '선생님께서 오신다.' 등이 있다. 상대높임법은 말하는 이가 듣는 이를 높이거나 낮추어 말하는 방법으로, 문장 끝의 서술어 어간 뒤에 여러 종결 어미에 의해 실현된다. 예를 들면, '이 책을 읽으십시오.' 등이 있다. 객체높임법은 문장의 목적어나 부사어가 나타내는 대상에 대한 높임의 태도를 말하는 것으로 어휘(드리다, 여쭈다, 뵙다, 모시다)를 통해 표현된다. 예를 들면, '나는 아버지를 모시고 집으로 왔다.' 등이 있다.

14 "숙희야, 내가 선생님께 꽃다발을 드렸다."의 문장을 다음 규칙에 따라 옳게 표시한 것은?

> 우리말에는 주체높임, 객체높임, 상대높임 등이 있다. 주체높임과 객체높임의 경우 높임은 +로, 높임이 아닌 것은 −로 표시하고 상대높임의 경우 반말체를 −로, 해요체를 +로 표시한다.

① [주체−], [객체+], [상대−]

② [주체+], [객체−], [상대+]

③ [주체−], [객체+], [상대+]

④ [주체+], [객체−], [상대−]

정답 13 ③ 14 ①

15 높임표현에 대한 설명으로 가장 적절한 것은?

① "제 말씀 좀 들어 보세요."에서의 '말씀'은 '말'을 높여 이르는 단어이므로 '말'로 바꾸는 것이 바람직하다.

② "혜정아, 할아버지께서는 생전에 당신의 장서를 진짜 소중히 여기셨어."에서의 '당신'은 3인칭 '자기'를 아주 높여 이르는 말이다.

③ 남에게 말할 때는 자기와 관계된 부분을 낮추어 '저희 학과', '저희 학교', '저희 회사', '저희 나라' 등과 같이 표현해야 한다.

④ 요즈음 흔히 들을 수 있는 "그건 만 원이세요.", "품절이십니다."에서의 '-세요', '-십니다'는 객체를 높이는 새로운 표현 방식이다.

15 ① 말씀은 높임과 낮춤에 두루 쓰는 말이다.
③ '나라, 겨레, 민족'은 낮춤의 대상이 아니다.
④ 사물을 높이는 것은 지나친 높임이다.

16 다음 중 객체높임법을 사용한 문장은?

① 그건 선생님께 여쭤 봐.
② 어디 가는 길이세요?
③ 빨리 집에 가 봐.
④ 자네가 그 일을 하게.

16 객체높임법은 '드리다, 여쭙다' 등의 높임말을 사용해 행위의 대상을 높이는 것이다.

17 다음 중 주체높임법을 사용한 문장이 <u>아닌</u> 것은?

① 아버지께서는 안방에 계신다.
② 선생님께서 감기가 드셨다.
③ 할머니께서 진지를 잡수신다.
④ 어머니께 여쭤 보고 나서 대답하겠습니다.

17 ④는 객체높임법에 해당하는 문장이다.
①·②·③은 주체높임법을 사용한 문장으로 주체높임법은 주어를 직접 높이는 직접높임과 주어와 관련된 것을 높이는 간접높임이 있다.

정답 15 ② 16 ① 17 ④

18 가정 내에서는 압존법을 적용해서 말한다.
   ① '들다'는 '먹다'의 높임말이므로 나에게는 쓸 수 없다. → 선생님, 어서 드십시오. 저도 먹겠습니다.
   ③ '-께서'와 '-시'는 서로 공기(共起)관계를 갖는다. → 할아버지께서는 요즘 지팡이를 가지고 다니시나요?
   ④ 주체간접높임 → 선생님, 오늘 오후에 시간이 있으십니까?

18 다음 중 높임법이 바르게 사용된 문장은?

① 선생님, 어서 드십시오. 저도 들겠습니다.

② 할아버지, 아버지가 퇴근했어요.

③ 할아버지는 요즘 지팡이를 가지고 다니시나요?

④ 선생님, 오늘 오후에 시간이 계십니까?

19 ①, ②, ④의 '받잡다', '드리다', '모시다' 등은 문장의 주어의 행위가 미치는 대상인 객체(여격어나 목적어)를 높여서 이르는 말이다. 반면 ③의 '주무시다'는 문장의 주어를 직접 높여서 이르는 말이다.

19 다음 중 경어법의 용법이 다른 하나는?

① 어머님의 말씀을 받자와 열심히 공부하다.

② 부모님께 문안을 드리다.

③ 할아버지께서는 항상 낮잠을 주무신다.

④ 그는 이모님을 집까지 모시고 와서 식사를 대접했다.

20 ②는 절대시제에 대한 설명으로, 상대 시제는 기준시가 발화시가 아닌 경우로 보통 용언의 관형사형, 연결형에 나타난다.

20 다음 중 시간표현에 대한 설명으로 옳지 않은 것은?

① 반복되는 동작이나 변하지 않는 속성, 습관은 현재시제로 표시한다.

② 상대시제는 기준시가 발화시가 되는 경우로 보통 용언의 종결형에 나타난다.

③ 동작상은 문장 안에서 동작의 양상을 표시하는 것이다.

④ 사건시는 사건이나 상황이 일어난 시간이다.

정답 18 ② 19 ③ 20 ②

제5장 구성

01 짝지어진 두 문장의 밑줄 친 부분이 모두 보조용언인 것은?

① 이 책도 한번 읽어 보거라.

　　밖의 날씨가 매우 더운가 보다.

② 야구공으로 유리를 깨 먹었다.

　　여름철에는 음식물을 꼭 끓여 먹자.

③ 이것 좀 너희 아버지께 가져다 드리렴.

　　나는 주말마다 어머니 일을 거들어 드린다.

④ 이것 말고 저것을 주시오.

　　게으름을 피우던 그가 시험에 떨어지고 말았다.

02 어떤 구성을 일단 둘로 쪼갰을 때의 그 각각을 무엇이라고 하는가?

① 어절

② 직접구성요소

③ 문법성분

④ 절

03 다음 중 밑줄 친 부분의 문장성분이 다른 것은?

① 4월이면 매년 시에서 나무를 심었다.

② 어느덧 벚꽃이 활짝 피었다.

③ 목련은 소리도 없이 진다.

④ 사람들은 그곳에서 봄을 즐겼다.

---

01 보조용언은 항상 본용언 뒤에 오며 완전 서술성이 없다.

① 보조동사/보조형용사

② 보조동사/본동사

③ 본동사/보조동사

④ 본동사/보조동사

02 어떤 구성을 일단 둘로 쪼갰을 때의 그 각각을 '직접구성요소' 또는 직접구성성분이라고도 한다.

① 어절은 말의 마디로 하나의 또는 조사를 포함한 단어가 어절을 이루며 문장성분과 일치한다.

④ 절은 두 개 이상의 어절로 이루어지며 '주어 + 서술어'의 관계를 갖는다.

03 ①만 무정명사에 붙는 주격조사가 붙은 주어이고 나머지는 부사어이다.
②·③·④는 각각 부사, 부사절, 대명사에 부사격조사가 붙어 부사어로 쓰였다.

정답 01 ① 02 ② 03 ①

제6장 문장의 접속과 내포

01 ①은 관형절과 그 수식을 받는 체언이 내용상 일치하는 동격관형절이고, ②·③·④는 특정성분(목적어)이 생략된 관계관형절이다.

01 다음 예문 중에서 관형절의 성격이 <u>다른</u> 하나는?

① 비가 오는 소리가 들린다.
② 철수는 새로 맞춘 양복을 입었다.
③ 나는 길에서 주운 지갑을 역 앞 우체통에 넣었다.
④ 철규가 지하철에서 만났던 사람은 의사이다.

02 ② 종속적으로 이어진 문장
③ 관형절을 안고 있는 문장
④ 문장접속조사로 이어진 문장

02 다음 중 홑문장은 무엇인가?

① 우리 학교 앞에 개나리꽃이 활짝 피어 있다.
② 가을이 오니 날씨가 서늘해졌다.
③ 백화점에서 예쁜 옷을 샀다.
④ 영희는 학원에서 미술과 피아노를 배우고 있다.

03 대등적으로 이어진 문장은 대등적 연결어미 '-고, -(으)며, -(으)나' 등으로 연결되어야 한다. ③을 제외한 다른 문장은 종속적 연결어미로 연결되었기 때문에 종속적으로 이어진 문장이다.

03 다음 중 대등접속구성은 어느 것인가?

① 봄이 와도 꽃은 피지 않는다.
② 책을 찾으러 도서관에 갔다.
③ 산은 높고 물은 맑다.
④ 날이 더워 잠이 오지 않는다.

04 관형사 '새'는 명사 '책'을 꾸며줄 뿐이므로 관형절이 아니다.
①·③은 관형어의 수식을 받는 말이 그 관형어의 주어 기능을 할 수 있으므로 관계관형절이고, ④는 목적어가 생략된 관계관형절이다.

04 다음 밑줄 친 부분이 관형절이 <u>아닌</u> 것은?

① <u>넓은</u> 들에는 황소들이 뛰어 놀고 있었다.
② 책장에서 <u>새</u> 책이 발견되었다.
③ 차들이 <u>좁은</u> 골목을 지나느라 애를 먹고 있었다.
④ <u>내가 읽은</u> 책은 성경책이었다.

정답 01 ① 02 ① 03 ③ 04 ②

제 4 편

의미론

| 단원 개요 |

의미론은 말의 의미를 연구하는 분야이다. 언어는 '음성 + 의미'로 되어 있다. 이것은 음성에 어떤 의미가 결합되어야 언어가 된다는 뜻이며, 의미가 언어에서 차지하는 비중이 크다는 것을 의미한다. 이 장에서는 의미 유형, 어휘의 다양한 의미관계를 살펴본다. 그리고 의미 분석 방법인 성분분석이 무엇인지, 함의와 전제 등 문장의 의미에 대해서도 알아본다.

| 출제 경향 및 수험 대책 |

이 단원에서는 의미 유형과 단어 간의 다양한 관계, 성분분석과 어휘장(단어장), 기호 삼각형, 다의어와 동음어, 반의어와 유의어, 함의와 전제 등 문장의 의미 해석에 대해 철저한 학습이 요구된다.

제 1 장 | 의미의 의미

1 의미와 의미이론

언어는 음성과 의미의 대응체계이다. 따라서 둘 중에 하나가 없으면 언어로서 성립이 안 된다. 또 음성이 의미를 가질 수 있는 것은 그 음성이 일정한 순서로 배열되어 있기 때문이다. 누군가가 '아버지'를 '지버아'라고 한다든지 '둥근 사각형을 그렸다'라고 말하면 선뜻 그 말을 이해하지 못한다. 이렇게 언어는 일정한 순서로 배열된 음성과 의미의 대응체계이다. 우리가 앞에서 학습한 음운론은 음성 및 음운을 연구하는 분야이며, 문법론은 음성이 일정한 규칙에 따라 단어를 이루고 그 단어로 문장을 만들어 가는 원리를 연구하는 분야이다. 그리고 이제 이 장에서 다루는 의미론은 단어나 문장의 의미를 연구하는 분야이다. 곧 의미론은 언어의 의미를 연구한다. 의미론이 언어의 의미를 연구하는 분야라고 할 때, 문제는 '의미'는 무엇이며, '의미의 의미'는 무엇인가를 생각해야 하는데, 이를 규명하기란 쉽지가 않다는 것이다. 대신 의미의 본질을 규명하기 위한 노력에 따라 의미에 대한 다양한 정의들이 있으며, 그에 따라 각각의 특색이 있는 의미이론으로 발전하여 가고 있다.

2 의미의 의미 종요

의미의 본질을 규명하려고 하는 여러 이론 가운데서 가장 전통적인 논의는 지시설과 개념설이다. 전자는 물리학적 관점에서 단어나 문장과 같은 한 언어의 표현의 의미는 그 표현이 지시하는 대상이라고 보는 견해이고, 후자는 심리학적 관점에서 어떤 단어나 문장의 의미는 그 표현을 알고 있는 사람의 마음이나 정신 속에 그 표현과 연합되어 있는 관념이나 개념이라고 보는 견해이다.

(1) 의미의 개념

청각영상과 개념이 결합되어 실제 대상을 가리키는 것을 '의미'라 한다.

$$\boxed{\text{의미}} = \boxed{\text{청각영상}} + \boxed{\text{개념}} \longrightarrow \boxed{\text{실제 대상}}$$

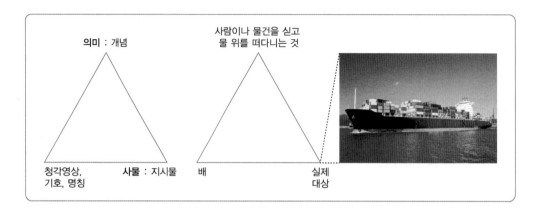

① **청각영상** : 누구에게나 공통적으로 기억되어 있는 머릿속의 소리

② **개념(심리학적 영상)** : 어떤 대상의 공통적 특질만이 추려져서 기억된 것

실제 대상인 '사과'는 모양, 크기, 빛깔, 맛에 있어서 조금씩 다르다. 그런데 우리가 서로 다른 '사과'를 보거나 먹게 되면, 우리의 머릿속에는 서로 다른 실제의 모든 '사과'가 다 기억되는 것이 아니라, 모든 '사과'의 공통적 특질만이 추려져서 기억되는데, 이를 개념(概念)이라 한다. 또 이러한 말소리를 청각영상이라 한다.

→ 우리 주위에 있는 각종 나무의 실체가 '지시물'이며, [나무]라는 음성은 '기호'이다. 그리고 [나무]라는 소리를 듣고 우리 머릿속에 떠오르는 영상이 그 '개념(의미)'이다.

(2) 언어의 지시성(指示性)

① **실제 대상이 있는 경우**

언어표현이 청각영상과 개념의 결합으로 구체적인 사물이나 대상을 가리킨다.

예 꽃(언어표현) → '청각영상 + 개념'을 지시하게 된다.

② **실제 대상이 없는 경우**

언어표현이 청각영상과 개념의 결합으로 추상적인 의미를 나타낸다.

예 산-이(조사), 높-다(어미)

→ '산'처럼 대상이 있는 것이 있는 반면, '이(조사)', '다(어미)'처럼 구체적인 실제 대상이 없는 단어도 있다.

예 청각영상 + 개념 : 귀신, 용, 천국, 지옥, 연옥, 조사, 어미, 사랑, 행복, 번뇌 등

(3) 의미에 대한 여러 가지 견해

① 지시설

청각영상이 구체적인 말소리로 나타나면서 실제 사물을 가리키며 이 실제 사물 즉, 지시 대상이 언어의 의미라고 보는 입장이다.

② 개념설

실제 언어에 있어서는 가리키는 지시대상이 과연 존재하는 것인지 판단하기 어려운 경우도 많으므로 언어의 의미는 지시대상이라기보다는 그 말이 나타내는 개념이라고 보는 입장이다.

③ 랑그(lange)와 파롤(parole)

소쉬르는 언어라는 인간의 정신활동 자체를 랑가주(language)라 명명하고 그것을 다시 둘로 나누어 랑그와 파롤로 구분하였다.

- ㉠ 랑그 : 사회적 소산물로서 언어 집단에 속하는 언중(言衆)들의 머릿속에 저장되어 있는 지식언어를 말하며, 이는 의기(意記)인 '시니피에(개념)'와 음기(陰記)인 '시니피앙(청각영상)'으로 나뉜다. → 사회적, 추상적, 에르곤(Ergon)
- ㉡ 파롤 : 언중(言衆) 개개인의 발성으로 나타난 개개인의 언어, 즉 행용언어를 말한다. → 구체적, 개별적, 창조적, 에네르게이아(Energeia)
- ㉢ 랑그와 파롤의 관계 비유

랑그	악보	장기의 규칙	희곡
파롤	실제 연주	실제 게임	실제 연극

④ 삼각형

오그덴과 리차즈에 의해 주창된 삼각형에 따르면, 언어표현은 기호의 일종이며, 의미란 기호인 언어표현이 그 대상인 지시물을 지시하는 작용이다. 다시 말하면 '나무'라는 단어의 의미는 기호 '나무'와 그 지시물인 실체 사이에서 연상되는 심리적 영상, 곧 개념이라는 것이다.

3 의미의 유형 중요

의미의 유형은 학자들에 따라서 여러 가지 다른 분류가 있을 수 있다. 그러나 일반적으로 의미는 '(i) 개념적 의미, (ii) 내포적 의미, (iii) 사회적 의미, (iv) 정서적 의미, (v) 반사적 의미, (vi) 연어적 의미, (vii) 주제적 의미'의 일곱 가지 유형으로 나누어 이해하고 있다. 이를 다시 고정불변의 의미와 비고정적 의미로 나누기도 한다. 개념적 의미는 어떤 언어표현이 가지고 있는 보편적이고 핵심적인 내용이기 때문에 언제나 가지고 있는 고정불변의 의미이다. 그런데 의미 가운데는 특별한 상황이나 문맥에 따라 나타날 수도 있는 비고정적인 의미가 있다는 것이다. 이러한 의미를 연상적 의미라고 한다. 연상적 의미에는 사회적 의미, 감정적 의미, 반사적 의미, 그리고 연어적 의미가 있다. 따라서 의미의 유형을 크게 셋으로 나누면 개념적 의미, 연상적 의미, 주제적 의미로 나눌 수 있으며, 이것을 구별하지 않을 때 의미의 유형은 모두 일곱 가지가 있다고 말할 수 있다.

개념적 의미		한 단어가 가지고 있는 가장 기본적이고 객관적인 의미(사전적 의미) 예 바위 → 부피가 매우 큰 돌
연상적 의미	내포적 의미	개념적 의미에 덧붙어 연상이나 관습에 의해 형성되는 의미(함축적 의미) 예 바위 → 지조, 굳건함
	사회적 의미	화자 또는 글쓴이의 사회적 환경을 반영하는 의미 예 작업 • 기업인 집단 : 어떤 계획의 추진 • 노동자 집단 : 주로 육체적 노동
	정서적 의미	화자 또는 글쓴이의 감정과 태도를 그려내는 주관적, 감정적 의미 예 여보세요, 잘한다
	반사적 의미	그 말의 원래 뜻과는 아무런 관계없이 나타나는 특정한 의미 예 사람 이름 '임신중', '현상범', '손만두'
	연어적 의미	다른 단어와의 연합에 의해 연상되는 의미 예 짙은(빨강 / 그늘 / 안개 / 커피)
주제적 의미		화자나 필자가 언어표현을 통해 드러내는 의도적인 의미로 대체적으로 어순의 변화나 억양을 통해서 드러내는 의미 예 철수가 밥을 먹었다. → 밥이 철수에게 먹혔다. (초점이 철수에서 밥으로 바뀌어 의미가 전달된다)

제 2 장 | 어휘의 의미관계

한 언어체계 속에 공존하는 수많은 단어들은 상호 간의 의미관계에 의하여 구조화되어 있다. 따라서 단어의 의미를 파악하기 위해서는 그 단어와 의미적으로 관련 있는 다른 단어와 비교하여 그들 간의 의미관계를 살펴볼 필요가 있다. 한 언어체계 속에서 같은 장에 속하는 단어들은 동의성을 조금은 가지고 있을 것이며, 소속되는 장이 다른 단어들은 상호 비동의성 내지 반의성을 띠고 있을 수 있다. 한 어휘장과 그 하위의 부분장에 각각 소속되어 있는 단어들 사이에는 계층적 상하에 의한 포섭의 한계가 있을 수 있다. 이렇게 단어 간의 의미관계를 따지는 일은 단어 의미의 속성을 파악하는 데 유익하기 때문에 중요한 것이다. 여기에서는 동의관계, 반의관계, 하의관계, 부분과 전체관계, 다의어와 동음어관계 등을 살피고자 한다.

1 동의어와 반의어 [중요]

(1) 동의어

일반적으로 둘 이상의 단어가 같거나 비슷한 의미를 가지고 있을 때 그들은 동의관계에 있다고 하고, 그런 관계에 있는 단어의 짝을 동의어라고 한다. 그러나 동의적이라는 말을 정의하는 것은 그 경계가 모호하여 그리 쉽지가 않다. 그래서 언어학자에 따라서는 의미가 완전히 동일한 경우만을 동의관계로 보고, 의미가 비슷한 경우는 유의관계로 보기도 한다. 그러나 엄밀한 의미에서 의미가 동일한 둘 이상의 단어는 존재하지 않는다고 가정하는 것이 일반적이다. 이런 입장에서 보면 동의관계는 없고 유의관계만이 존재한다고 할 수 있는데, 결국 이때의 동의관계는 포괄적으로 유의관계를 의미한다고 말할 수 있다.

① **동의어의 예** : 키/신장, 옥수수/강냉이, 가뭄/가물, 범/호랑이, 오누이/남매, 손발/수족, 빛깔/색깔 등
② **동의어가 생기는 계기**
　　㉠ 말의 맛을 달리하기 위해서 : 아내/마누라/자기
　　㉡ 지위 격상을 시키기 위해서 : 간호원/간호사/간호선생님
　　㉢ 외래어의 유입으로 공존 : 손발/수족, 할아버지/조부
　　㉣ 심리적 원인으로 금기어 대체말의 필요에 의하여 : 고추/성기, 호랑이/산신령, 짝짓기(동물들의 교미)

(2) 반의어

두 단어가 서로 반대이거나 맞서는 의미를 가지고 있을 때, 그들은 반의관계에 있다고 한다. 그리고 반의관계에 있는 단어의 짝을 반의어라고 한다. 반의어 관계는 단어 사이에 의미상 여러 공통성을 가지고 있고 오직 하나의 요소가 달라서 성립된다. 예컨대, '처녀'와 '총각'은 [+성인], [−결혼]이라는 공통된 속성을 가지고 있으나, [+남성], [+여성]이라는 성의 요소가 달라서 반의관계가 성립된다. 이러한 반의관계는 좀 더 세밀히 보면 상보반의어, 등급반의어, 방향반의어로 구분해 볼 수 있다.

> ① 상보반의어 : 개념이 서로 배타적인 반의어
> 예 남성-여성 → 한쪽을 부정하면 다른 쪽을 긍정하는 결과로 이어짐
> ② 등급반의어 : 정도를 나타내는 반의어
> 예 길다-짧다
> ③ 방향반의어 : 방향을 나타내는 반의어
> 예 위-아래

상보반의어는 한쪽을 부정하면 그것의 반의어인 다른 쪽과 동의관계가 되므로 이들은 모순적 관계에 있다고 말하고, 등급반의어와 방향반의어는 한쪽을 부정하는 것이 바로 다른 쪽을 의미하지 않으며, 두 단어 사이에는 중간 상태가 있을 수 있다는 점에서 반대관계 또는 대립관계라 한다.

2 하의관계와 부분-전체관계

(1) 하의관계

한 단어의 의미가 다른 단어의 의미를 포함하는 관계를 가리킨다. 한 단어의 의미 영역이 다른 단어의 의미 영역의 한 부분일 때 작은 영역의 의미관계를 하의관계라 하고, 그러한 의미를 가진 단어를 하의어 또는 하위어라 한다. 그리고 이때 그 하의어를 안고 있는 상위의 단어를 상의어 또는 상위어라 한다. 예를 들어 '과일'이라는 단어의 어휘장은 '사과', '배', '감', '포도' 등의 부분장으로 구성되어 있는데, 이때 이들과 '과일'은 하의관계에 있다.

하위어는 그 위에 여러 층위에 걸쳐 상위어를 가질 수 있다. 하위관계에서는 더 높은 층위의 상위어일수록 의미영역이 더 포괄적이고 일반적이며, 층위가 낮아질수록 그 의미영역이 한정적이며 특수화된다. 함의는 본래 문장과 문장 사이의 의미관계를 나타내는 말인데, 이를 단어에 적용하면 하위어는 상위어를 함의한다고 말할 수 있다. 즉, 함의란 상위어가 가지고 있는 의미특성을 하위어가 자동적으로 가지게 됨을 가리킨다. 예를 들어 '사과'는 '과일'을 함의한다. 그러나 그 역은 성립하지 않는다.

(2) 부분-전체관계

'물고기'는 '아가미', '비늘', '지느러미', '부레' 등으로 구성되어 있다. 이때 '물고기'를 전체라 하고 '아가미', '비늘', '지느러미', '부레'를 부분이라고 한다. 즉, 부분-전체관계는 한 단어가 다른 단어의 한 부분이 되는 관계를 가리킨다. 그리고 부분-전체관계에서 부분을 가리키는 단어를 부분어라 하고, 전체를 가리키는 단어를 전체어라 한다.

3 다의어와 동음이의어 중요

(1) 다의어

두 가지 이상의 의미를 가진 단어를 뜻한다. 같은 어원에서 나왔으나 뜻이 분화하면서 여러 가지 의미를 갖게 된다. 다의어의 의미는 중심적 의미와 주변적 의미로 나눌 수 있다.

① **중심적 의미** : 한 단어의 여러 의미 중에서 가장 기본적이고 핵심적인 의미
② **주변적 의미** : 중심적 의미를 제외한 다른 의미
　예 다리는 기본적으로 '신체 중 일부'를 가리키는 말이지만, 책상 다리와 같이 '물건의 하체'를 가리키기도 함

> 예 길
> – 길이 시원하게 뚫렸다(도로).
> – 집에 돌아오는 길에 가게에 들렀다(도중).
> – 이것이 우리 민족이 걸어온 길이다(과정).
> – 그는 미국 방문길에 올랐다(여정).

※ 어원이 같기 때문에 사전에서 하나의 표제어로 처리함

(2) 동음이의어

소리는 같으나 의미가 다른 단어이다.
　예 손(신체, 자손, 손님), 배(배나무의 열매, 선박, 신체의 일부)

※ 사전에서 별개의 표제어로 처리함

> 예 쓰다
> – 소설을 쓰다(글을 짓다).
> – 모자를 쓰다(머리에 얹다).
> – 커피 맛이 쓰다(씁쓸하다).
> – 직원을 쓰다(돈을 주고 고용하다).
> – 묘를 쓰다(무덤을 만들다).

※ 다의어와 동음이의어의 비교

		동음이의어	다의어
차이점	의미관계	서로 관계없는 의미	서로 관계있는 의미
	처리방식	각기 다른 낱말로 처리함	하나의 낱말로 처리함
공통점		• 하나의 소리에 여러 의미가 결합됨 • 문맥, 상황을 고려하여 의미를 파악해야 함	

제 3 장 | 의미장과 성분분석

1 의미장 종요

한 단어가 가지고 있는 의미의 영역을 의미장이라고 한다. 단어장이나 개념장이라고도 한다.

(1) 장이론

단어의 의미를 장으로 이해하는 이론을 말한다. 즉, 하나씩 층위적으로 상위의 장으로 올라가면서 점점 큰 영역의 장으로 묶어가든가, 큰 장을 한 층위씩 점점 작은 하위의 장으로 쪼개 나감으로써 한 언어의 어휘 구조를 체계화하는 이론이다. 언어마다 의미장의 크기가 다른데, 그것을 비교해보면 그 언어의 어휘 구조의 특징이 파악되어 언어 간의 의미장의 비교, 특히 색채어 또는 친족어 비교는 많은 사람에게 흥미를 일으켜 왔으며 언어마다의 의미장의 차이는 그 사회의 특징, 또는 그 민족의 사고 체계의 특징도 반영한다고 하여 인류학자 등 많은 분야의 학자들에게도 큰 관심의 대상이 되어 왔다.

(2) 어휘장 유형

① 의미관계에 의한 어휘장

어휘들 사이에 의미적 관련성을 가진 조직 체계의 묶음을 의미한다.

> 예
> • 채소 어휘장 : 무, 배추, 시금치
> • 친족 어휘장, 색채 어휘장, '죽음'의 어휘장 등

② 통합관계에 의한 어휘장

어휘들이 어떤 어휘와 함께 사용되는지에 대한 것으로 연어적 성격을 뜻한다.

예 입다 : 치마, 바지, 티셔츠

③ 상하관계에 의한 어휘장

계층적 구조로 이해되며, 대개 하나의 의미장을 구성할 수 있다.

예 벼 : 싹의 이름–볏모, 맺힌 열매–쌀, 껍질–왕겨

④ 연상장

떠오르는 생각을 구체적인 말로 표현하려는 과정에서 등장하는 어휘들도 하나의 장을 이룬다. 일종의 민속학적 분류와 관련된다.

예 꽃 : 장미, 아름답다, 사랑, 꽃잎, 축하 등

⑤ **어휘 형성에서의 어휘장**

합성어와 파생어의 형성에서 어휘장이 이루어진다.

㉠ 늦더위, 늦잠, 늦추위, 늦서리, 늦장마, 늦바람

2 성분분석

한 단어의 의미를 그 의미를 이루고 있는 요소들로 쪼개는 일을 성분분석이라 한다. 즉 한 의미를 이루고 있는 요소들을 의미성분이라 하는데 그 의미성분들을 분석하는 일이라는 뜻이다. 여기서 의미성분을 의미자질이라 고 부르기도 한다.

㉠

• 할머니 : [여자, [늙은이], [사람]
• 총각 : [−기혼], [+남자], [+사람]
• 까투리 : [−수컷], [꿩], [+새]

제 4 장 │ 의미의 변화

1 의미 변화의 원인 중요

언어는 살아있는 유기체에 비유된다. 언어 의미도 생성, 성장, 소멸의 변화 과정을 거친다. 의미 변화의 원인으로는 흔히 '언어적 원인, 역사적 원인, 사회적 원인, 심리적 원인, 외래어의 영향, 신어의 필요성' 등이 있다.

(1) 언어적 원인

① 전염
하나의 단어가 다른 단어와 자주 인접하여 나타남으로써 그 의미까지 변화된 경우를 말한다.

예
- 전혀, 별로(긍정, 부정 → 부정)
- 나름대로 : '나름대로'는 원래 체언(또는 관형사)뒤에 오는 것이 정상인데. '제 나름대로'라는 표현이 많이 사용되면서 나중에는 '나름대로'라는 표현만으로 '제 나름대로'를 뜻하게 됨
- 주책없다(주책이다), 엉터리없다(엉터리다)
- '우연치 않게'는 원래 '우연하게'가 옳으나, 오용이 거듭되면서 의미가 바뀜

② 민간 어원
민간에서 속설로 받아들여지는 어원을 말한다.

예 행주치마(힝ᄌ쵸마) → 행주대첩 관련 지명에서 유래되었다고 본다.

③ 생략
어근끼리 결합한 합성어에서 하나의 어근을 생략했을 때, 남은 어근이 본래의 합성어의 의미를 여전히 유지하고 있을 경우를 말한다.

예 머리카락 → 머리, 콧물 → 코, 저녁밥 → 저녁, 텔레비전 → 티브이, 아파트먼트 → 아파트, 옴니버스 → 버스

(2) 역사적 원인

① 지시물 자체의 변화
단어가 가리키는 대상은 변모하였음에도 불구하고 단어는 그대로 남아 있는 경우 필연적으로 의미 변화가 일어난다.

예
- 바가지 : 원래는 '박 속을 비워 만든 물 뜨는 용기'를 뜻했다. 현대에 와서는 플라스틱으로 된 용기가 이를 대용하지만, 여전히 '바가지'라는 단어가 사용되고 있다.
- 과거에는 존재했었으나 지금은 없는 실체를 지칭하는 단어가 지금에도 사용될 때 나타나는 것을 뜻한다. (화랑, 집현전)

② **지시물에 대한 지식의 변화**

과학 등의 발달로 지시물에 대한 지식이 변하였으나, 지시 자체는 변하지 않아 생기는 의미 변화를 말한다.

㉠ '해가 뜨고 지다(지구 고정, 태양 이동)'

→ 과학의 발달로 지구가 자전함을 알게 되었으나, 기존 표현이 변하지 않아 '해가 뜨고 지다'를 현재에도 '하루가 시작하고 끝남'이라는 뜻으로 사용하고 있다.

③ **지시물에 대한 정의의 변화**

사회와 시대의 흐름에 따라 관념도 변하고, 이에 따라 단어의 뜻도 변할 수 있다.

㉠ 감옥소 → 형무소 → 교도소(어형과 의미가 모두 변화)

(3) 사회적 원인

일반적인 단어가 특수 집단에서 사용되거나, 반대로 특수 집단에서 사용되던 단어가 일반 사회에서 사용됨으로써 의미에 변화가 일어나는 경우를 말한다.

① **특수화된 경우**

㉠ 얼굴(형상, 형체) → 안면(顔面)

㉡ 복음(일반 사회에서는 '기쁜 소식'이나, 기독교에서는 '그리스도의 가르침'이라는 뜻)

㉢ 성경(기독교에서는 '신구약'만을 가리킴)

② **일반화된 경우**

㉠ 안타(야구 용어가 일반화됨)

㉡ 공양(供養, 불교 용어가 "부모님을 공양한다."와 같은 식으로 일반화됨)

㉢ 수술(의학 용어가 일반화됨)

(4) 심리적 원인

비유적 용법, 완곡어 등에 자주 사용되는 동안 해당 단어의 의미에 대한 인식이 변화하면서 단어의 의미까지 변화하게 된다.

① 곰·형광등(둔한 사람), 컴퓨터(똑똑한 사람)

② 똥·오줌(대변, 소변)

③ 건물 등에서 사(四)의 기피

④ 돌아가시다(죽다)

⑤ 동무, 인민, 빨갱이, 노랭이

(5) 외래어의 영향

영어에서 인기 연예인이나 장군을 'star', 즉 '별'이라고 하는 것에서 영향을 받아 우리도 그러한 사람들을 '별'이라고 부르는 일이 있다면 이는 외래어가 우리의 '별'이라는 단어에 새로운 의미의 예일 것이다. 또 농구 시합에서 '쏜다'는 표현을 쓰는 것도 영어 'shoot'의 의미를 빌려온 현상으로 풀이된다. 이처럼 외국어로부터 의미를 빌려오는 현상을 의미차용이라 하는데, 이미 쓰이고 있는 자기 나라 단어에 그때까지 없던 의미를 외국어의 동계 단어의 용법에서 차용해 오는 의미차용이 의미 변화의 원인이 된 예는 많다.

(6) 신어의 필요성

새 대상이 생기면 새 명칭이 필요하게 된다. 복합어를 만들든 외국어를 만들든 외국어를 차용해 쓰든, 또는 기존의 단어에 새 의미를 부여하든 어떠한 방식으로든 새 단어를 만들어 써야 하는데 이로써 의미 변화가 생기는 것이다. 예를 들어 기차가 새로 생겨 '기차'라는 새 복합어를 만들면 '차'는 이전보다 의미가 확대되는 것이다.

2 의미 변화의 양상 중요

(1) 의미의 확장

어떤 사물이나 관념을 가리키는 단어의 의미 영역이 넓어져 단어의 의미가 변화하는 경우를 말한다.

예
- 지갑 : 종이로 만든 것(원뜻)이었으나, 지금은 가죽, 비닐, 옷감 등으로 만든다.
- 먹다 : 음식을 씹어 삼키는 행동(원뜻)이었으나, 지금은 '마시다, 피우다, 품다' 등의 뜻이다.
- 놀부 : 개인 → 욕심이 많은 사람
- 식구 : 食口, 입 → 가족, 사람
- 수 : 手 → 노동력, 수리, 물리적 힘 등
- 길, 약주, 십자가 등
  → 의미의 확장 : 한 단어의 외연적 의미가 증가하는 것을 말한다(다의어).

(2) 의미의 축소

어떤 대상이나 관념을 나타내는 단어의 의미 영역(외연적 의미)이 좁아져 단어의 의미가 변하는 경우를 말한다.

예
- 계집 : 여성을 가리키는 일반적인 말(원뜻)이었으나, 현재는 낮춤말로만 쓰인다.
- 여위다(마르다) : 중세어에서는 동물, 무생물에 두루 쓰인 말(원뜻)이었으나, 현대어에서는 사람과 동물에만 쓰인다.
- 얼굴 : 모습, 형체 → 안면
- 미인 : 남자, 여자 → 여자
- 음료수 : 마시는 물 → 제품화되어 나온 마실 물

(3) 의미의 이동

가치관의 변화로 단어 자체의 의미가 다른 것으로 바뀐 경우를 말한다.

예

- 주책 : 일정한 생각, 주관(원뜻)을 의미했으나, 지금은 생각이나 줏대가 없이 되는대로 하는 행동을 의미한다.
- 어리다 : 어리석음(원뜻)을 의미했으나, 지금은 나이가 적음을 나타낸다.
- 두꺼비집 : 두꺼비의 집 → 전자 개폐기
- 감투 : 벼슬아치가 머리에 쓰는 모자 → 벼슬
- 외도(外道) : 불교 이외의 종교 → 바람을 피움, 올바른 길을 가지 않음
- 씩씩하다 : 엄하다 → 용감하다
- 에누리 : 값을 더 얹어서 부르는 일 → 값을 깎는 일

제 **5** 장 | 문장의 의미

1 문장의 중의성

중의문이란 동일한 문장이 두 가지 이상의 뜻으로 해석되는 것을 의미한다.

(1) 중의문의 발생 원인

① 한 단어가 영향을 미치는 범위에 의한 중의성 발생

> 현이는 순영이와 철수를 때렸다.
>
> [해석]
> → 때린 사람 : 현이 / 맞은 사람 : 순영이, 철수 (i)
> → 때린 사람 : 현이, 순영이 / 맞은 사람 : 철수 (ii)

② 한 단어의 의미가 둘 이상일 때 중의성 발생

> 희철이는 말을 사용하기가 어렵다고 했다.
>
> [해석]
> 말[言語]과 말[斗]이 동음이의어라 중의성 발생

(2) 중의문의 유형

① **어휘적 중의문** : 한 형태가 두 가지 이상의 뜻을 가져서 만들어짐

> 예
> • **손**을 써야 될 일이다. → 어휘의 다의성을 통한 중의성 : 손(신체 부위) 또는 수단
> • 물 위에 **배**가 떠 있다. → 동음이의어를 통한 중의성 : 배(舟, 梨, 腹)

② **구조적 중의문** : 단어들이 결합되는 순서가 달라서 만들어짐

> 예 아름다운 소녀의 목소리 → 소녀가 아름답다, 목소리가 아름답다

③ **작용역 중의문** : 한 단어가 미치는 범위가 달라서 만들어짐

> 예 나는 택시를 안 탔다.
> → 나는 택시를 잡기만 했다. (i)
> → 나는 택시가 아니라 버스를 탔다. (ii)
> → 택시를 탄 것은 내가 아니라 철민이었다. (iii)

2 함의와 전제

(1) 함의

함의는 하의관계와 유사한 점이 있다. 한 단어의 의미가 다른 단어의 의미를 포함하고 있는 것이 하의관계인데, 함의는 한 문장의 의미가 다른 문장의 의미를 포함하고 있는 관계이다. 곧 하의관계는 단어 사이의 포함관계이고 함의는 문장 사이의 포함관계이다. 전체 주문장이 부정되었을 때 내재된 정보가 참이거나 거짓일 수 있고, 내재된 문장이 거짓일 때는 주문장이 거짓이 된다는 점에서 전제와 다르다.

> 예
> A. 돌이가 유리창을 깨뜨렸다.
> B. 유리창이 깨졌다.
> → 문장 A가 사실이라면 문장 B는 반드시 사실이다. 따라서 문장 A는 문장 B를 함의한다.

(2) 전제

발화된 문장의 정보 안에 들어 있는 또 다른 정보가 발화 문장의 참·거짓과 상관없이 항상 참으로 존재하는 것을 말한다.

> 예
> A. 나는 작년에 본 영화를 기억하고 있다.
> B. 나는 작년에 영화를 보았다.
> C. 나는 작년에 본 영화를 기억하지 못한다.
> → 즉, 문장 A가 참이든 거짓이든 관계없이 문장 B는 항상 참인데, 이때 문장 B가 전제가 된다.

제 6 장 | 화용론

1 직시, 함축, 화행

(1) 직시

우리가 사용하는 언어표현 중에 화자가 말을 하면서 직접 어떤 대상을 가리키는 일이 있는데 이것을 '직시(直示)'라고 한다. 다시 말하면, 직시는 화자의 시간과 공간적 입장이 기준이 되어서 사물을 직접 가리키는 문법적 기능을 말한다. 그리고 이때 쓰이는 단어나 어구를 지시소 또는 지시어라고 한다. 지시어에는 인칭 지시어, 시간 지시어, 장소 지시어 등이 있지만 무엇보다도 국어에서는 지시어 '이, 그, 저'에 의지하여 그 효과를 극대화하고 있다.

(2) 함축

우리는 실제 대화 상황에서 화자가 청자에게 전하고자 하는 바를 문장의 내용을 통해 직선적으로 표현하기도 하지만, 직접 표현하지 않고 우회적으로 돌려 다른 표현으로 전하기도 한다. 이때, 발화 내용이 문장 의미 그대로를 의미하는 것을 '말해진 것'이라 하고, 어떤 문장의 발화를 통하여 화자가 의도하는 바를 돌려서 전하는 것을 '암시된 것'이라 하는데, 이때 문장의 발화에 의하여 암시된 내용을 함축이라 한다. 즉, 함축이란 말하고자 하는 바를 문장으로 실제 발화한 것은 아니지만 그 발화 속에 암시되어 있는 명제를 가리킨다. 함축은 관습적 함축과 대화적 함축으로 나눌 수 있다.

① 관습적 함축

발화 문장에 사용된 단어의 관습적 자질에 의해서 전달되는 함축을 일컫는 말이다.

> 예 영이가 말만 했던들 순이가 그렇게 서운해하지는 않았을 거야.
>
> → 이 문장에서 우리는 '영이가 말을 하지 않았음'을 알 수 있다. 그것은 '던들'이 항상 그것과 결합된 문장의 내용과 반대되는 내용을 암시하기 때문이다. 이때 '던들'이 가지고 있는 이와 같은 의미를 관습적 자질이라고 한다.

② 대화적 함축

특정한 대화 상황에서 만들어지는 함축을 말하는데, 이것은 대화의 일반적인 원칙과 관련이 깊다. 대화는 대화 참여자, 곧 화자와 청자의 협력 행위이기 때문에 대화가 원만하게 이루어지기 위해서는 대화 참여자가 지켜야 할 원칙이 있다. 이것을 협력의 원리라고 한다.

[협력의 원리]

양의 격률	대화목적에 적절한 양의 정보를 제공할 것
질의 격률	진실한 정보를 제공할 것
관련성의 격률	주제에 적합한 말을 할 것
태도의 격률	모호한 표현을 피하고 간결·명료·조리 있게 말을 할 것

(3) 화행

사람들이 발화를 함으로써 특정한 어떤 행위가 이행되는 것을 말한다. 즉, 화행이란 말로 하는 행위를 의미한다. 화행에는 선언, 질문, 단언, 진술, 명령, 응답, 약속, 제한, 요청 등이 있다. 발화 가운데는 문장의 형태가 가지고 있는 의미와 그것의 기능이 일치하는 경우가 있는가 하면 그렇지 않은 경우도 있다. 전자를 직접화행이라 하고, 후자를 간접화행이라 한다.

예

A. 지금 몇 시입니까?

B. 너 지금 몇 시인 줄 아니?

→ 시간을 알고 싶어 하는 화자가 문장 A를 발화했다고 하면 문장의 형태와 그 기능이 일치함으로 직접화행에 해당된다. 문장 B는 약속 시간에 늦은 친구에게 할 수 있는 발화인데, 이때 문장의 형태는 의문문이지만 질문이 아닌 질책의 기능을 하므로 간접화행이라고 할 수 있다.

제1장 | 의미의 의미

01 기호의 '기본 삼각형'으로 의미를 설명한 학자는?

① 소쉬르(Saussure)

② 블룸필드(Bloomfield)

③ 울만(Ullmann)

④ 오그덴 & 리차즈(Ogden-Richards)

01 '기호 삼각형' 혹은 '의미 삼각형'을 주장한 학자는 오그덴 & 리차즈로 그들은 사람들이 의미(개념)을 파악하는 방법은 대상에서 개념을 거쳐 기호로 연결된다는 주장을 폈다.
① 소쉬르는 언어를 랑그와 파롤로 구분하고 랑그는 다시 시니피에와 시니피앙으로 분리하여 시니피에를 시니피앙에 대한 개념으로 파악하였다.

02 다음 중 의미론에 대한 설명으로 옳지 <u>못한</u> 것은?

① 의미론은 언어의 '의미'를 연구하는 언어학의 한 분야이다.

② 전통적인 의미론은 문장의 의미연구에 거의 한정되어 있었다.

③ 언어학에서 의미론은 가장 덜 연구된 분야이다.

④ 언어는 일정한 순서로 배열된 음성에 의미가 결합되어 의사소통 수단으로 사용되는 사회적 약속이다.

02 전통적인 의미론은 단어의 의미연구에 거의 한정되어 있었다.

03 다음 중 나머지 셋과 구분되는 것은?

① 파롤

② 시니피앙

③ 시니피에

④ 랑그

03 소쉬르는 언어를 랑그와 파롤로 구분하고, 랑그는 다시 시니피에와 시니피앙으로 분리하였다. 가령 나무가 있다면 '나무'라는 음성은 시니피앙이고, 그 의미는 시니피에에 해당되는 것이다.

정답 (01 ④ 02 ② 03 ①)

04 ① 정서적 의미
   ② 사회적 의미
   ③ 개념적 의미

04 다음 중 주제적 의미에 대한 설명으로 옳은 것은?

① 언어표현에 화자의 감정이나 태도가 반영된 의미를 말한다.
② 언어표현에 그 언어가 사용되는 사회환경의 요소가 반영된 의미를 말한다.
③ 언어표현에 의해 전달되는 중심적인 의미를 말하며 주로 의미자질 또는 의미성분의 집합으로 나타낸다.
④ 문장의 특정요소에 억양을 부여하거나 어순을 교체함으로써 화자나 필자가 강조하고자 하는 바를 나타낸다.

05 중의성은 어휘로 인해 발생하는 어휘적 중의성, 결합 순서에 따른 구조적 중의성, 작용역에 따른 중의성으로 나뉜다.

05 다음 중 의미적 특성에 대한 설명으로 적절하지 <u>않은</u> 것은?

① 중의성은 한 단어가 두 가지 이상의 뜻을 가지는 것으로만 발생한다.
② 모호성은 명확히 구분되지 않는 외적 세계를 기호로 나타냄으로 발생한다.
③ 잉여성은 본래 음운론에서 비변별적인 자질을 일컫는 데서 유래한다.
④ 부정을 나타내는 부사의 작용 범위와 관련해서도 언어적 특성이 발생한다.

06 사물(대상물)은 외적 세계에 존재하는 것으로 그것의 대표적인 특성은 공유하지만 세세한 부분에서 차이를 갖는다.

06 다음 중 개념에 대한 설명이 옳지 <u>않은</u> 것은?

① 소쉬르의 시니피앙은 기호 삼각형의 기호에 해당한다.
② 심리영상은 오그덴 & 리차즈의 개념으로, 그것은 머릿속의 개념에 대한 명칭이다.
③ 사물은 외적 세계에 존재하는 것으로, 그것은 모두 동일한 유형과 특성을 갖는다.
④ 소쉬르는 시니피앙과 시니피에가 연결되는 2차원 모델을 제시하였다.

정답 (04 ④ 05 ① 06 ③)

제2장 어휘의 의미관계

01 다음 중 반의어의 대립관계가 <u>다른</u> 하나는?

① 있다/없다
② 길다/짧다
③ 쉽다/어렵다
④ 빠르다/느리다

02 '다의어'와 '동음어'를 구분하는 방법으로 가장 적절한 것은?

① 두 단어가 만들어진 시기를 따진다.
② 두 단어의 의미가 유사한지 따진다.
③ 각각 몇 개의 의미가 있는지 따진다.
④ 두 단어의 음이 비슷한지 따진다.

03 동음어가 생기게 되는 계기로 적절한 것은?

① 지역방언이나 사회방언 때문에 생겨난다.
② 국어에 유입된 많은 한자어 때문에 생겨난다.
③ 국어순화의 일환으로 정책적으로 새말을 만들면서 생겨난다.
④ 금기어나 부정적인 느낌을 환기시키는 말을 완곡하게 표현하면서 생겨난다.

04 다음 중 유의어 형성 방식에 대한 설명으로 옳지 <u>않은</u> 것은?

① 유의어는 일반어와 은어에 의해 만들어진다.
② 유의어는 표준어와 사투리의 대립에 의해 만들어진다.
③ 유의어는 고유어와 그와 비슷한 차용어를 수용하여 형성되지만 차용어는 생명이 길지 않다.
④ 성별에 따라 다른 말을 사용함으로 유의어가 만들어진다.

---

01 반의어는 상보반의어, 등급반의어, 방향반의어로 나뉘는데, '있다 / 없다'는 한쪽이 참이면 다른 쪽은 거짓인 '상보반의어'이고, 나머지는 정도성을 가진 형용사에서 나타나는 '등급반의어'에 해당된다.

02 다의어는 어원이 같거나 의미적 연관성이 있는 단어이고, 동음어는 의미가 다른 둘 이상의 단어가 우연히 같은 소리를 갖는 단어를 말한다. 따라서 '다의어'와 '동음어'를 구분하는 방법은 두 단어의 의미가 유사한지 따져 보는 것이다.

03 ①, ③, ④는 동의어가 생기게 되는 계기이다.

04 유의어는 고유어와 그에 대응되는 차용어를 수용함으로써 만들어지는데, 그 생명은 사용 여부에 달려 있다.

정답 01 ① 02 ② 03 ② 04 ③

05 발송-우송 : 유의관계
② 공급-수요 : 반의관계
③ 탈퇴-가입 : 반의관계
④ 악화-호전 : 반의관계

05 다음 중 한자어의 의미관계가 나머지 셋과 가장 다른 것은?

① 발송(發送)-우송(郵送)
② 공급(供給)-수요(需要)
③ 탈퇴(脫退)-가입(加入)
④ 악화(惡化)-호전(好轉)

06 ① 더 높은 층위의 상위어일수록 그 의미영역이 포괄적이며 일반적이다.
② 어휘 형태가 다르면서 완전히 동일한 의미를 지닌 낱말의 존재에는 한계가 있기 때문에 유의어라 하기도 한다.
③ 동의어란 단어의 음성적 형태는 다르지만 그 의미가 같은 것을 말한다.

06 다음 중 설명이 바르게 된 것은?

① 더 높은 층위의 상위어일수록 그 의미영역이 한정적이며 특수화된다.
② 어휘 형태가 다르면서 완전히 동일한 의미를 지닌 낱말은 얼마든지 많다.
③ 동의어란 단어의 음성적 형태는 물론이고 그 의미가 같은 것을 말한다.
④ 사전에는 다의어의 경우 하나의 표제어로, 동음어인 경우 별개의 표제어로 처리한다.

07 다른 말들은 동일한 의미를 가진 단어를 겹쳐 만들어진 합성어로 잉여성을 갖는 말이지만 가마와 솥은 재료-유형(부분-전체), 낙숫물은 수식-피수식관계로 만들어진 합성어이다.

07 다음 중 의미중복의 성격이 다른 것끼리 묶은 것은?

① 유월달, 생일날
② 가마솥, 낙숫물
③ 황토흙, 양옥집
④ 바람벽, 지게문

정답 (05 ① 06 ④ 07 ②)

제3장   의미장과 성분분석

01 성분분석에 대한 설명으로 옳지 <u>않은</u> 것은?

① 모든 어휘의 의미를 형식화할 수 있다.

② 단어의 의미는 작은 단위로 쪼갤 수 있다.

③ 단어와 단어 사이의 상관관계를 명쾌하게 해명해준다.

④ 의미성분을 자질표시에 쓰는 기호인 [ ]에 넣어서 표기한다.

01 성분분석은 한 어휘소의 의미를 이루고 있는 요소들로 쪼개는 일을 말한다. 이러한 성분분석은 한 단어의 의미를 체계적으로 분석하는 데 유리하지만 그렇다고 해서 모든 단어에 쉽게 적용되지는 않는다.

02 성분분석에 의한 자질 분석에서 그 성격이 <u>다른</u> 하나는?

① 있다/없다

② 길다/짧다

③ 쉽다/어렵다

④ 빠르다/느리다

02 상보반의어는 [±있음]으로 분석되는 반면, 나머지는 정도성을 가진 형용사로, 이러한 자질 분석으로 구분하기 어렵다.

03 한 단어가 가지고 있는 의미영역을 가리키는 용어와 관계가 <u>적은</u> 것은?

① 단어장

② 성분장

③ 개념장

④ 의미장

03 한 단어가 가지고 있는 의미영역을 단어장 또는 의미장이나 개념장이라 한다. 그리고 단어의 의미를 이처럼 장으로 이해하는 이론을 장이론이라 한다.

04 의미장에 대한 설명이 <u>틀린</u> 것은?

① 어휘장은 곧 상하관계와 상통한다.

② 언어마다 의미장의 크기와 구조가 같다.

③ 단어장 내에서 어휘들은 상호 유기적인 관계를 맺고 있다.

④ 의미를 이러한 장의 틀에서 분석하는 것을 장이론이라고 한다.

04 언어마다 의미장의 크기와 구조가 다르다.

정답 (01 ① 02 ① 03 ② 04 ②)

제4장 의미의 변화

01 의미의 특수화는 한 단어가 특수집단의 언어로 차용될 때에 의미의 축소되는 것이기 때문에 상위개념에서 하위개념으로 이동하는 것이다.

01 의미의 특수화와 관련된 설명이 <u>아닌</u> 것은?

① 의미의 범위가 축소되는 것이다.
② 하위개념에서 상위개념으로 이동하는 것이다.
③ 현대국어에서는 보통명사의 고유명사화에서 주로 일어난다.
④ '중생'이 '유정물 전체'에서 '짐승'의 의미로 사용되는 것이 그 예이다.

02 'concise'가 'concise dictionary'로 자주 쓰이면서 '사전'의 뜻을 가지게 된 것은 언어적 원인에 속하는 예이다. 언어적 원인 중 전염은 어떤 단어가 특정한 단어와 어울리면서 그 의미가 변하는 경우를 가리킨다.

02 다음 중 예문에 대한 의미 변화의 원인을 <u>잘못</u> 밝힌 것은?

① '바가지'가 박으로 만든 것뿐만 아니라 플라스틱으로 만든 것까지 포함하게 된 것 – 역사적 원인
② '공양'이 부처께 음식을 바치는 뜻에서 웃어른을 대접하는 일 전반을 가리키게 된 것 – 사회적 원인
③ '미련한 사람'을 '곰'이라 하는 것 – 심리적 원인
④ 'concise'가 '사전'의 의미로 사용되는 것 – 사회적 원인

03 '선생'은 원래 학교에서 학생들을 가르치는 사람을 일컬었지만, 지금은 상대를 부를 때 일반적인 대상에게까지 사용하고 있다. 그런 측면에서 사용 환경이 확대되어 의미가 확대된 것으로 볼 수 있다.

03 의미 변화를 겪은 다음 단어 중 의미가 확대된 것은?

① 서울
② 선생
③ 얼굴
④ 사랑하다

04 다른 쌍은 '죽음, 질병, 화장실' 등을 직접 표현하지 않고 다른 말로 돌려 말하는 완곡어법에 의해 선택된 것인 반면 ④는 은유에 의한 어휘 선택으로 볼 수 있다.

04 다음 중 단어쌍의 성질이 나머지와 <u>다른</u> 하나는?

① 천연두, 마마
② 변소, 화장실
③ 죽다, 돌아가시다
④ 미련한 사람, 곰

정답 (01 ② 02 ④ 03 ② 04 ④)

제5장   문장의 의미

01 다음 중 중의적인 문장이 <u>아닌</u> 것은?

① 영수가 나보다 비디오를 더 좋아한다고 하였다.

② 영수가 지금 공원에서 철수와 놀고 있겠다.

③ 영수는 나를 사랑하는 그녀의 친구와 어제 만났다.

④ 영수가 신발을 신고 있는 친구를 조용히 바라본다.

02 다음 중 문장의 의미가 모호하게 해석되지 <u>않는</u> 것은?

① 엄마는 아침에 귤과 사과 두 개를 주었다.

② 이 사진은 엄마가 찍은 그림이다.

③ 그녀는 나보다 야구를 더 좋아하는 것 같다.

④ 아가는 울면서 들어오는 엄마에게 달려간다.

03 다음 중 (가)와 (나) 문장의 의미관계를 올바르게 짝지은 것은?

> (가) 그의 집을 산 사람은 바로 그의 원수다.
>   그의 집은 팔렸다.
> (나) 영희는 아직 시집을 가지 않았다.
>   영희는 여자다.

① 전제 – 함의

② 함의 – 전제

③ 전제 – 전제

④ 함의 – 함의

01 ① 비교 대상 모호
③ 수식 대상의 모호
④ 상태, 진행 모호

02 ① '주었다' 대상 개수의 모호성
③ 비교 구문의 모호성
④ '~ 울면서' 주체의 모호성에 따른 중의적 표현

03 (가)와 (나) 모두 주문장을 부정해도 두 번째 문장이 그대로 참으로 남기 때문에 두 문장의 관계는 전제임을 알 수 있다.

정답 01 ② 02 ② 03 ③

제6장 화용론

01 다음 상황에서의 발화에 대한 설명으로 〈보기〉에서 옳은 것을 모두 고른 것은?

> (버스 안에서 큰 소리로 떠들고 있는 승객에게) 죄송하지만 다른 승객들도 생각해주시겠습니까?

— 보기 —
ⓐ 청자의 심리적 부담을 낮추려는 표현이다.
ⓑ 발화형식과 발화기능이 일치하는 표현이다.
ⓒ 화자가 자신의 의도를 직접적으로 드러낸 표현이다.
ⓓ 화자가 청자에게 조용히 해 달라고 요청하는 표현이다.

① ⓐ, ⓒ
② ⓐ, ⓓ
③ ⓑ, ⓒ, ⓓ
④ ⓐ, ⓑ, ⓓ

01 ⓐ, ⓓ은 간접발화에 관한 내용이고 ⓑ, ⓒ은 직접발화에 해당하는 내용이다.
직접발화는 종결어미와 그 내용상 기능이 일치하는 것이고, 간접발화는 어미와 그 내용상 기능이 일치하지 않는 것을 말한다. 제시된 발화에서는 시끄럽게 떠들고 있는 승객에게 조용히 해달라는 의사를 의문문의 형식을 빌려 간접적으로 표현하고 있어 종결어미와 그 기능이 일치하지 않으므로 간접발화에 해당한다. 선어말어미 '-겠-'은 담화상황에서 완곡한 표현을 할 때 사용된다.

02 '그, 저, 거시기, 뭐야, 음, 이제, 인자, 있잖아' 등과 같은 구어체 표현에서 사용되는 어휘들에 대한 설명으로 옳지 않은 것은?

① 화자가 이야기 내용을 준비할 시간적 여유를 얻으려 할 때 화자가 발화 상황에서 사용하는 말이다.
② 지역이나 상황 또는 대화 상대에 따라 다양하게 변이되어 사용되는 말이다.
③ 상대방의 말뜻을 정확하게 파악하려는 의도로 다양하게 사용되는 말이다.
④ 그 자체에 실질적인 의미가 없는 경우가 대부분이며 단일한 음성으로 이루어져 있다.

02 '그, 저, 거시기, 뭐야, 음, 이제, 인자, 있잖아' 등과 같은 구어체 표현에서 사용되는 어휘들은 상대방의 말뜻을 정확하게 파악하려는 의도로 사용되는 것이 아니라 화자의 발화 상황에서 화자가 이야기 내용을 준비할 시간적 여유를 얻으려 할 때 사용되는 말들로, 대부분 이들은 단일한 음성으로 되어 있어, 그 자체에 실질적인 의미가 없는 경우가 많다. 또한 이런 말들은 지역이나 상황 또는 대화 상대에 따라 다양하게 변이된다.

정답 01 ② 02 ③

03 다음 대화들 중에서 ⓛ의 대답이 갖는 협력의 원리에 위배되는 사항을 지적한 것으로 옳지 <u>않은</u> 것은?

> ● 보기 ●
>
> (1) ㉠ : 네 고향은 어디니?
>   ⓛ : 부산인데 항구도시로 참 아름다운 곳이지, 자갈치 시장 음식도 맛있고.
> (2) ㉠ : 얼마 전 학교 운동회가 있었다며?
>   ⓛ : 응, 백 미터 달리기에서 미사일보다 빠른 사람을 봤어.
> (3) ㉠ : 아빠 좀 도와줄 수 있니?
>   ⓛ : 학원도 가야 하고 자전거 바람도 넣어야 하고...
> (4) ㉠ : 오늘 점심에 뭐 먹을까?
>   ⓛ : 짜장, 짬뽕, 볶음밥 생각해 보고 마음 내키는 대로요.

① (1) : 관련성의 격률을 위배하였다.

② (2) : 질의 격률을 위배하였다.

③ (3) : 관련성의 격률을 위배하였다.

④ (4) : 태도의 격률을 위배하였다.

03 ① (1)의 ⓛ은 대화의 목적에 적절한 만큼만 제공하여야 한다는 '양의 격률'을 위배했다.
② (2)의 ⓛ은 타당한 근거를 들어 진실을 말하지 않고 있어 질의 격률을 위배하고 있다.
③ (3)의 ⓛ은 대화의 목적이나 주제와 관련된 것을 말하지 않고 있어 관련성의 격률을 어기고 있다.
④ (4)의 ⓛ은 모호성이나 중의성이 있는 표현을 피하고, 예절을 갖추어 간결하고 조리 있게 말하지 않고 있어 태도의 격률을 위배하고 있다.

정답 03 ①

교육이란 사람이 학교에서 배운 것을 잊어버린 후에 남은 것을 말한다.

– 알버트 아인슈타인 –

제 5 편

어휘론

| 단원 개요 |

음운 부문과 문법 부문이 언어체계의 형식을 구성하는 것이라면, 어휘 부문은 바로 그 형식 체계의 내용을 구성하는 것이다. 이 단원에서는 어종에 따른 분류, 어휘 양상, 기본 어휘 방법에 대해 알아본다.

| 출제 경향 및 수험 대책 |

이 단원에서는 어종 분류를 위한 어휘의 기원, 어휘의 변이 양상, 기본 어휘 선정 방법에 대해 철저한 학습이 요구된다.

제 1 장 | 어종에 따른 분류

한 언어의 어휘체계의 전모를 파악하기 위한 분류 작업의 수행은 수많은 개별 어휘소들을 그것의 기원, 즉 그 출신 성분 같은 것에 근거하여 분류하여 보고자 하는 것이다. 이를 어종에 의한 분류라고 한다.

1 고유어, 한자어, 외래어

사용자가 그것을 인식하든 인식하지 못하든 간에 한 언어의 총 어휘 집합을 구성하고 있는 성분으로서의 개별 어휘소들은 각각 그 출신이 어디인지를 알 수가 있다. 가령 국어의 경우 어떤 어휘소가 우리의 고유어냐, 아니면 한자어냐, 또는 외래어냐, 외래어 가운데에서도 영어냐 아니면 일본어냐 하는 문제는 현실적으로 매우 민감하게 작용되는 언어 의식의 일부를 형성하고 있다. 우리말 어휘에는 이처럼 외래적 요소가 많기 때문에 어종별 분류 작업의 의미도 또한 그만큼 크다고 말할 수 있다.

(1) 고유어

우리 민족만이 사용해 왔던 고유한 언어. 토박이말

> 예 온(百), 즈믄(千), 고샅, 후미지다, 시나브로, 고갱이, 소쿠리, 모꼬지,······

(2) 한자어

한자 문화권에서 들어온 한자로 표기하는 어휘

> 예
> - 명사 : 내막, 십상, 잠깐, 잠시, 도외시, 무진장, 벽창호, 별안간, 삽시간, 철부지, 주전자, 하마평 등
> - 부사 : 급기야, 도대체, 무려, 부득이, 설령, 심지어, 어차피, 하여간, 점점, 하필 등

(3) 외래어

타 언어의 말을 자국어 체계에 차용하여, 사회적 승인에 의하여 사용하는 언어

만주어·여진어	호미, 수수, 메주, 가위
몽고어	가라말(검정말), 구렁말(밤색말), 보라(매), 송골(매), 수라(임금이 먹는 밥)
영어	버스, 넥타이, 컴퓨터, 아이스크림, 챔피언
범어	절, 중, 부처
일본어	고구마(약간의 주체성 가미), 구두, 고무, 담배
독일어	세미나, 노이로제, 아르바이트, 알레르기, 이데올로기
프랑스어	망토, 크레용, 데생, 모델, 앙코르
포르투갈어	담배, 카스텔라

제 2 장 | 어휘의 양상

신어	• 문화의 변화에 따라 새로 생겨나는 말 　예 스마트폰, 소셜 네트워크 서비스, 웹진 등 • 신어의 유형 　– 전적으로 새로운 어형을 창조하는 경우 　　예 쌕쌕이, 똑딱선, 통통배 등 　– 계획 조어로 만들어진 고유어 　　예 한글, 어린이날, 단팥죽, 덮밥 등 　– 외래어를 차용해 들어오는 경우 　　예 유엔, 프락치, 콜레라(직접수용) / 민주주의, 공산주의, 철도(번역수용) 　– 기존 단어들을 복합화하여 사용하는 경우 　　예 통조림, 불고기, 꼬치안주, 가락국수 등 　– 기존의 형태는 그대로 두고 의미만을 바꾸어 사용하는 경우 　　예 아저씨, 아주머니, 영감, 방송 등
방언	• 그 말을 사용하는 구성원들 간에 유대감을 돈독하게 해주고, 표준어로 표현하기 힘든 정서와 느낌을 표현할 수 있음 • 지역에 따른 지역방언과 연령·성별·사회 집단 등에 따른 사회방언이 있음
금기어	불쾌하고 두려운 것을 연상하게 하여 입 밖에 내기를 주저하는 말
완곡어	금기어 대신 불쾌감을 덜 하도록 만든 말 예 천연두 → 마마, 손님
관용어	• 둘 이상의 단어들이 결합하여 특별한 의미로 사용되는 관습적으로 굳어진 말 • 속담, 숙어 등도 이에 해당됨 예 발 벗고 나서다(적극적으로 나서다), 미역국을 먹다(시험에 떨어지다) 등
은어	• 어떤 폐쇄적 집단에 속한 사람들이 다른 집단으로부터 자신을 방어하려는 목적으로 발생한 어휘(비밀어) • 일반 사회에 알려지게 되면 즉시 변경되어 새로운 은어가 나타나는 것이 원칙 • 발생 동기로는 크게 종교적 동기, 상업적 동기, 방어적 동기 등이 있음 　– 종교적 동기 : 초인간적, 신적인 대상을 인식하여 위험을 피하고 가호를 얻어 행운을 기원하기 위해 발생할 수 있음 　– 상업적 동기 : 고객을 대상으로 한 금전적 수익을 위해 발생할 수 있음 　– 방어적 동기 : 반사회적 행동을 하는 집단을 제재·처벌, 통제하기 위해 발생할 수 있음 예 쫄쫄이(술), 토끼다(달아나다), 왕초(우두머리), 심마니(산삼 캐는 사람), 데구레(웃옷) 등
유행어	어떤 시대에 널리 유행하는 말 예 득템, 대박, 깜놀, 레알, 사오정, 이태백 등
전문어	전문적인 분야에서 사용되는 말 예 레이아웃(편집 및 디자인 분야), 코마(의학 분야), 공판, 헌법 소원, 일사부재리의 원칙(법 분야)
속어	비속하고 천박한 느낌을 주는 말(비속어, 비어)로, 비밀 유지의 기능이 없다는 점에서 은어와 구별됨 예 삥(돈), 사발(거짓말), 쌩까다(모른 척하다), 쪼가리(이성 친구) 등
순화어	국어의 많은 단어들이 일본어 등 외래 요소로부터의 감염이라는 각성이 일어나면서 계획적으로 만들어진 말 예 지라시(→ 광고), 고수부지(→ 둔치), 골든 골(→ 끝내기 골) 등

구어와 문어	• 구어(口語)는 입에서 나오는 말을 뜻하며, 입말, 구두어라고도 함 • 문어(文語)는 문자를 매개로 한 언어이며, 구어의 반대말임 예 그런데(문어) / 근데(구어), 할 것입니다(문어) / 할 겁니다(구어) 등			
여성어와 남성어	'여성어'는 "여성들이 주로 쓰는 언어적 습관"으로, '남성어'는 "남성들이 주로 쓰는 언어적 습관"으로 정의하기로 함 • 여성어는 에둘러 말하는 표현을 선호하고 경어를 많이 사용하며 저급한 표현을 쓰지 않고 억양의 변화가 풍부함 • 반면 남성어는 1인칭 대명사가 많고 명령형이나 비속어 등 저급한 표현을 자주 쓰는 편임			
높임말과 낮춤말	높임말	직접 높임말	형태가 다른 것	주무시다[자다], 계시다[있다], 잡수시다[먹다], 돌아가시다[죽다, 가다], 드리다[주다], 뵙다[만나다], 여쭈다[말하다]
			접사가 붙은 것	선생님, 아버님, 아드님, 따님, 누님, 형님
		간접 높임말	형태가 다른 것	진지[밥], 말씀[말], 치아[이], 약주[술], 댁[집], 계씨(季氏 : 동생]
			접사가 붙은 것	귀교(貴校), 옥고(玉稿), 귀사(貴社)
	낮춤말	직접 낮춤		저[나]
		간접 낮춤		소생(小生), 말씀(言), 졸고(拙稿)

제 3 장 | 어휘 선정

1 기본 어휘

기본 어휘는 언어 사용의 국면이 다양한 여러 영역으로 분리될 수 있다는 것을 전제로 하여, 그 영역의 전개를 위해 가장 기본이 되는 어휘의 집합을 가리키는 개념이다. 따라서 이러한 경우의 기본 어휘란 특정한 목적, 특정한 분야를 위한 '○○ 기본 어휘'라는 식의 표현이 가능한 것이다. 예컨대, '생활 기본 어휘', '학습 기본 어휘'처럼 사용될 수 있거나, 나아가서는 '초등학교 교육을 위한 기본 어휘', '중학교 국어 교육을 위한 기본 어휘' 등처럼 분야별 기본 어휘라는 개념으로 사용될 수 있다. 이러한 개념의 기본 어휘를 선정하기 위해서는 분야별 고빈도어를 조사하는 일이 선행되어야 하며, 이렇게 분야별로 빈도가 높은 어휘를 그 분야의 어휘 가운데 '기본도가 높은' 어휘라고 말한다.

제1장   어종에 따른 분류

01 '가난'은 '간난(艱難)'이라는 한자어에서 온 말로, 동일 음운이 탈락돼서 '가난'이 되었다.
① 더기 : 고원의 평평한 땅
② 고갱이 : 사물의 핵심
③ 후미지다 : 산길이나 물길 따위가 매우 깊이 굽어 들어가 있다.

01 다음 중 순수한 우리말이 <u>아닌</u> 것은?

① 더기
② 고갱이
③ 후미지다
④ 가난

02 ② 원두막 : 園頭幕
③ 양말 : 洋襪
④ 김치 : '沈菜'에서 온 말이며, '침채 〉 딤치 〉 짐치 〉 김치' 순으로 변화해 옴

02 다음 중 순수 우리말(고유어)에 해당하는 것은?

① 고샅
② 원두막
③ 양말
④ 김치

정답 (01 ④ 02 ①)

제2장   어휘의 양상

01 국립국어원에서 권고한 순화어의 연결이 올바르지 <u>않은</u> 것은?

① 치킨게임 → 끝장승부

② 스미싱 → 문자 결제 사기

③ 마일리지 → 이용 실적 점수

④ 알파걸 → 행사빛냄이

02 다음 중 용어에 대한 설명이 올바른 것은?

① '발이 넓다.'처럼 관습적으로 굳어진 말을 '속담(俗談)'이라 한다.

② 주로 교육을 받지 못한 계층의 점잖지 못한 말을 '은어(隱語)'라 한다.

③ 연령 · 성별 · 사회 집단 등에 따라 분화하는 방언을 '지역방언(地域方言)'이라 한다.

④ 일반 대중에 널리 쓰이나 정통어법에 어긋나는 국어로 사용 범위가 넓은 말을 '속어(俗語)'라 한다.

03 다음 중 밑줄 친 관용 표현의 사용이 적절하지 <u>않은</u> 것은?

① <u>처삼촌 뫼에 벌초하듯</u> 그리 꼼꼼하게 하니 내 마음이 흡족하구나.

② 아이고, 너같이 느려서야 뭘 하겠니? <u>갓 쓰고 나가자 파장하겠다.</u>

③ <u>구운 게도 다리를 떼고 먹으라는데</u>, 무슨 일이든 마음 놓지 말고 확실하게 하렴.

④ <u>홀아비 굿 날 물려 가듯</u> 차일피일 그리 미루니 제 맘이 참 불편합니다.

---

01 알파걸 → 으뜸녀, 레이싱 걸 → 행사 빛냄이

02 ① 관용어
② 비어
③ 사회방언

03 '처삼촌 뫼에 벌초하듯'은 '무슨 일을 함에 있어서 정성을 들이지 않고 하는 척만 한다'는 의미이므로 문맥 상황에 어울리지 않는다.
② 몹시 행동이 굼뜨다는 뜻과 게으르면 무슨 일이나 성공하기 어렵다는 뜻을 모두 갖는 표현이다.
③ 무슨 일이나 앞뒤를 신중히 고려하여 안전하게 행동하라고 교훈적으로 이르는 표현이다.
④ 무슨 일을 예정하였다가 자꾸 뒤로 미루는 경우를 비유적으로 이르는 표현이다.

정답   01 ④   02 ④   03 ①

우리 인생의 가장 큰 영광은 결코 넘어지지 않는 데 있는 것이 아니라
넘어질 때마다 일어서는 데 있다.

– 넬슨 만델라 –

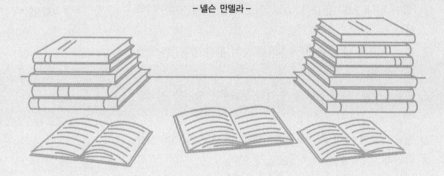

제 6 편

국어사

단원 개요

언어의 주체인 인간이 변하듯이 언어도 끊임없이 변한다. 그래서 오늘날 국어의 모습은 과거의 모습과 다르다. 이를 비교하여 추적해 가다보면 국어의 뿌리를 캐는 일로 확대하게 된다. 이 단원에서는 국어가 어떠한 과정을 거쳐서 형성되었고 어떻게 변모되었는지를 알아본다. 이를 위해 훈민정음의 제자원리와 특성을 살펴보고, 국어를 고대국어, 중세국어, 근대국어의 세 단계로 나누어 이들 각 단계별 언어적 특징들과 표기 방법, 국어의 역사적 변천에 대해 살펴본다.

출제 경향 및 수험 대책

이 단원에서는 특히 국어의 형성과 시대구분, 고대국어의 특징, 중세국어의 특징, 근대국어의 특징을 잘 알아둬야 하며, 특히 중세국어와 근대국어는 음운, 문법, 어휘체계와 의미 변화 등과 표기 방법에 대해 철저한 학습이 요구된다.

제 1 장 | 국어의 형성과 시대구분

1 국어의 형성에 대한 견해

(1) 국어가 단일언어로서 알타이조어에서 분화된 후 계속 한줄기로 내려왔다는 견해로, 포페(Poppe)의 알타이제어의 분화도는 이를 반영한 것이다.

(2) 국어는 기원 전후의 고대까지만 하여도 고구려어 중심의 북방계어와 삼한 언어로 이루어진 남방계어로 나뉘어 있었다. 이것이 7세기 통일신라의 형성과 10세기 초 고려의 건립으로 언어적 통일이 이룩되어 비로소 단일언어가 되었다는 견해인데, 이를 주장한 학자로는 이기문 교수가 대표적이다.

2 국어사의 시대구분 중요

국어사의 시대구분은 역사적 언어사실을 각 연대순에 의하여 구분하는 방법과 상대적 연대 편년순에 의한 방법 중에서 전자를 주로 사용한다. 여기에서는 사회적 변천과 국어의 변화에 따른 구분으로 고대국어, 전기중세국어, 후기중세국어, 근대국어, 현대국어 등으로 나누어 본다.

우선 고대국어는 알타이조어에서 하나의 독립된 언어를 형성한 선사시대로부터 삼국을 통일하여 한반도에 언어통일이 이루어졌던 신라시대의 언어까지를 말한다. 고대국어는 부여계를 대표하는 고구려어와 한족계어인 백제어와 신라어가 주류를 이룬다. 그중에서 신라어는 고대국어의 근간을 이룬 언어로서, 고대국어의 일반적 특징은 곧 신라어의 특징을 말하는 것이다.

중세국어는 국어의 중심이 신라의 경주에서 고려의 개성으로 옮겨져 새로운 중앙어가 형성된 시기의 언어로서 임진왜란을 전후한 시기까지의 국어를 말한다.

전기중세국어는 개성을 중심으로 중앙어가 형성되었을 때의 국어로서, 고려시대의 언어에 속하므로 고려어라고도 이른다. 전기중세국어는 표기에 있어서는 고유한 문자를 가지고 있지 않으므로, 한자를 빌려 표기했던 한자차용표기의 시기다.

후기중세국어는 한성(지금의 서울)을 중심으로 중앙어가 이루어졌던 때의 국어로서 임진왜란을 전후로 한, 16세기와 17세기의 교체기까지의 언어를 말한다. 훈민정음이라는 새로운 표음문자로 우리말을 표기할 수 있게 되었고, 특징적인 음운, 문법, 어휘를 갖게 되었다.

근대국어는 임진왜란이 끝난 후 17세기 초부터 갑오개혁을 전후로 19세기 말까지의 국어를 말한다. 임진왜란 이후 서양문물이 들어오는 등의 사회적 변화가 나타났고, 의식과 생활 등에 커다란 변화가 생겼으며, 국어에도 많은 변화가 생겼다. 반치음과 옛이응 등이 사용되지 않게 되었고, 구개음화와 모음변이, 그리고 강음화 현상 등이 현저해졌다.

현대국어는 갑오개혁 이후 19세기 말에서 오늘날까지의 국어를 말한다. 이 시기는 다시 3기로 나뉘는데 개화기 약 20년과 수난기 약 40년, 현재까지 약 50년간이다. 이 시기의 특기할 사실은 반세기 이상의 분단에서 오는 언어적 차이가 심화되었다는 점이다.

(1) 고대국어(삼국시대 ~ 통일신라가 패망하기까지의 약 1,000년)

① 신라의 통일로 신라어(경상도) 중심으로 국어가 형성

② 외래 요소의 오염이 없는 순수 고유어 중심의 체계

③ 중국과의 교류로 한자어가 서서히 들어왔으며, 불교의 영향으로 한자로 된 불교 용어 유입

④ 서기체(誓記體) 표기, 이두(吏讀), 구결(口訣), 향찰(鄕札) 등의 차자(借字) 표기가 성행

> **더 알아두기**
>
> 고대국어 : 금석문(金石文), 성(城) 이름, 인명, 지명, 향찰 표기 25수
> - 인명적기 : 음을 한자의 음을 따서 적은 경우
>   예 이가람 : 李可藍, 김슬기 : 金瑟氣
> - 지명적기 : 한자의 뜻을 따서 적은 경우
>   예 안골 : 內里, 버들골 : 柳里, 새터 : 新垈
> - 永同郡 本吉同郡 景德王改名 今因之
>   → 영동군(永同郡)은 본래 길동군(吉同郡)인데 경덕왕이 이름을 고쳤으며, 지금 이를 그대로 쓰고 있다.

(2) 중세국어

① 전기중세국어(고려의 건국 ~ 훈민정음의 창제 전)

  ㉠ 고려의 건국으로 경상도에서 개성으로 말의 중심이 이동함(경기어 중심 언어 형성)

  ㉡ 한자어의 계속적인 증가, 몽골 어휘의 증가로 고유어 위축

  ㉢ 대체로 신라어를 계승하여 발전시킴

    → 고려시대의 국어 : 『계림유사(鷄林類事)』, 『조선관역어(朝鮮館譯語)』, 『대명률직해(大明律直解)』, 『향약구급방(鄕藥救急方)』

② 후기중세국어(훈민정음의 창제 ~ 임진왜란)

  훈민정음의 창제로 우리의 문자를 가지게 됨으로써 많은 문헌 자료 등장

    → 조선 전기의 언어 : 『훈민정음』, 『용비어천가(龍飛御天歌)』, 『동국정운(東國正韻)』, 기타 불교 경전 및 유교 경서의 언해, 『두시언해』〈초간본〉

(3) 근대국어(임진왜란 후 17세기 ~ 갑오개혁 이전, 300년 동안)

생활양식과 의식 구조의 실용적 경향에 따라 국어의 음운, 어휘, 문법 면에서 많은 변화가 일어남

→ 조선 후기의 언어 : 『동국신속 삼강행실도(三綱行實圖)』, 『두시언해』〈중간본〉, 『노걸대언해(老乞大諺解)』, 『박통사언해(朴通事諺解)』, 『첩해신어(捷解新語)』, 『어제소학언해(御製小學諺解)』

(4) 현대국어(갑오개혁 ~ 현재)

① 일제의 통치기간에 국어가 많이 위축됨

② 남북 분단의 장기화로 인해 언어의 이질화가 진행됨

제 **2** 장 | 표기법

표기법은 구어를 문어로 적는 방법을 말한다. 문어로 적는다는 것은 문자로 표현한다는 것이다. 한글이 만들어지기 전부터 우리 민족은 한자를 빌려 우리말을 적는 차자표기법을 발달시켰다.

1 차자표기법 중요

앞장에서 살펴보았듯이 우리 민족은 삼국시대 초기에 당시의 선진국이었던 중국의 문화를 받아들이면서 한자도 같이 받아들여 쓰게 되었다. 그런데 한자는 우리말을 적기에는 부적당한 것이 큰 문제였다. 중국어와 우리말의 언어적 구조가 크게 다르기 때문에 한자로 적듯이 우리말을 적는 것은 불가능한 일이었다. 그래서 한자를 우리말의 구조에 맞도록 바꾸어 썼고, 이를 차자표기법이라고 한다. 차자표기에는 훈차와 음차 두 가지 방식이 있었다.

(1) 음차는 한자의 발음을 빌려 우리말을 적는 방식이다. 형용사 '거칠다'의 어간 '거칠-'을 '居柒(거칠)'로 적는 것이 그 예이다.

(2) 훈차는 한자의 훈(뜻)를 빌려 우리말을 적는 방식이다. 우리말의 '불'이라는 음절을 적기 위해 훈이 '불'인 '火'자를 이용하는 것이 그 예이다.

(3) 구결

구결은 한문을 끊어 읽을 때 중간중간에 넣는 우리말 토를 말한다. 옛 문헌의 한문은 구두점은 물론 띄어쓰기도 되어 있지 않아 끊어서 해석하는 것이 여간 어려운 것이 아니었다. 그래서 한문을 해석하기 쉽게 한문에 한자의 음과 훈을 빌려 토를 단 것이다. 한글이 만들어진 후에는 구결을 한글로 다는 것이 일반화되었지만 그 이전에는 그것이 불가능했기 때문에 한자를 빌려 구결을 달았다. 구결문에서 구결자는 한문보다 작은 글자로 적거나 행과 행 사이에 적었다. 특히 한문으로만 된 책에 새로이 구결을 달 때는 행간에 작은 글자로 붓으로 써 넣을 수밖에 없었다. 그래서 구결자의 획을 줄여 약자로 적는 일이 많았다. 예를 들어 古(고)는 ㅁ, 果(과)는 ㅅ, 尼(니)는 ㄴ로 적었다. 구결의 약자는 일본의 가타카나와 유사하다.

(4) 이두

구결문에서 한문 부분을 우리말에 가깝게 바꾸어 놓은 것이 이두이다. 우리말에 가깝게 바꾼다는 것은 어순을 우리말식으로 바꾸는 것과 단어를 우리말로 바꾸는 것을 뜻한다. 이두문은 우리말 토를 차자로 적어넣는 점에서 구결문과 비슷하나 한문의 어순까지 바꾸어 놓는다는 점에서 우리말에 더 가까운 표기법이라 할 수 있다. 이두는 삼국시대에 생겨나 조선시대 말까지 사용되었다. 하급관리들이 공문서를 작성할 때 이두가 널리 사용되었다. 갑오개혁 때까지는 한글로 된 문서가 법적인 효력을 가지지 못했으므로 이두는 계속 남아 있을 수 있었다.

(5) 향찰

향찰은 향가를 적는 표기법을 말한다. 구결은 한문을 읽고 해석할 때 사용했고, 이두도 한문을 바탕에 깔고 사용한 표기법이었던 데 비해 향찰은 순수히 우리말을 적기 위한 표기법이었다. 앞서 봤듯이 우리말 실질형태소는 한자의 뜻을 빌리고, 형식형태소는 한자의 음을 빌려 우리말 문장을 적는 표기법이었다. 그러나 향찰은 복잡하고 비능률적이며 우리말을 완벽하게 표기하는 데는 한계가 있었다. 그래서 우리말을 적는 표기법으로 자리잡지 못하고 일찍 소멸하고 말았다.

2 한글 표기법

한글 표기법의 대표적인 것은 1933년에 공표된 〈한글 맞춤법 통일안〉과 1933년에 공표된 〈한글 맞춤법〉이다. 현대의 한글 표기법의 토대를 마련한 사람은 주시경이다. 그는 본음의 이론이라는 독자적인 음운이론을 개발했고, 이 이론을 표기법에 적용하여 경우에 따라 발음이 변하더라도 본음대로 적어야 옳다고 주장했다. 그 결과 'ㅈ, ㅊ, ㅋ, ㅌ, ㅍ, ㅎ'과 같이 예전에 받침으로 적지 않던 자음글자를 받침으로 적게 되었고, 분철을 위주로 적게 되었다. 이러한 정신은 〈한글 맞춤법 통일안〉에 고스란히 반영되었다. 맞춤법의 총칙에서 '소리대로 적되 어법에 맞도록 한다'고 할 때 어법에 맞도록 한다는 것이 현대 한글 표기법의 그런 특징을 가리키는 것이다. 현대의 한글 표기법은 글을 쓰는 사람에게는 어려울지 모르나, 글을 읽는 사람에게는 많은 도움을 주는 표기법이다.

제 3 장 훈민정음에 대한 이해

1 훈민정음의 정의

훈민정음은 세종이 1443년 음력 12월에 창제하여, 1446년 음력 9월 상한(양력 10월 9일)에 반포한 문자이다. 세종이 자주, 애민, 실용, 창조 정신을 바탕으로 국어의 전면적인 표기를 시도한 결과물이다.

(1) 창제 연대 : 세종 25년(1443) 창제, 세종 28년(1446) 반포

(2) 창제자 : 세종(협찬자 : 정인지, 신숙주, 성삼문, 최항 등)

자주 정신	중국과의 차별화(나랏말ᄊᆞ미 ~ 아니ᄒᆞᇙᄊᆡ)
애민 정신	백성에 대한 사랑(이런 젼ᄎᆞ로 ~ ᄆᆡᇰᄀᆞ노니)
실용 정신	생활의 편의성(사ᄅᆞᆷ마다 ~ ᄯᅳᄅᆞ미니라)

(3) 창제 정신 : 어지(御旨)에서 밝힘

(4) 의의 : 진정한 의미의 국문학 성립, 우리의 문자체계 정립

(5) 훈민정음 해례본과 언해본

해례본	훈민정음 반포(1446) 시 간행된 한문본 해설서. '예의', '해례', '정인지 서'로 구성
언해본	세종 사후(세조 5년) 해례본의 '예의'만 언해된 것

더 알아두기

훈민정음은 우리말의 문자 이름이자, 이를 적어 펼쳐 낸 책의 명칭이다. 반포 당시에는 훈민정음 해례본(한문본)이 간행되었으나, 세조 5년(1459)에 해례본의 본문만을 우리말로 번역하여 이를 언해본(주해본 또는 국역본)이라 했다.

훈민정음 해례본의 가치

- 자체의 발음기관 상형설이 밝혀짐
- 제자 원리와 창제 당시의 자모의 자체가 명시됨
- 창제 당시 규정한 낱자 운용법의 전모가 밝혀짐
- 용례로 든 123개의 고어휘는 고어 연구의 귀중한 자료가 됨

2 훈민정음 제작의 목적 종요

(1) 제작목적 : '사람마다 쉽게 익혀 날마다 씀에 편안하게 하고자 할' 목적으로 만든 글

(2) 창제의도 : 언어정책, 교육정책을 우민정책에서 훈민정책으로 전환하기 위하여 마련

(3) 창제 당시 문헌

① 『龍飛御天歌(용비어천가)』: 한자에 별도의 정음토를 달지 않고 사용, 지식층이 주 독자, 『杜詩諺解(두시언해)』와 표기방식 동일

② 『月印千江之曲(월인천강지곡)』: 정음으로 된 한자음을 큰 활자로 적고, 그 옆에 작고 흐리게 한자 표기

③ 『釋譜詳節(석보상절)』, 『月印釋譜(월인석보)』: 한자를 먼저 쓰고, 그 옆에 작은 활자로 정음, 즉 한자음 표기

※ 『訓民正音』 〈合字解〉(훈민정음 합자해)』: 세종이 훈민정음을 만들면서 국한문 혼용까지 염두에 두고 있었다는 것을 알 수 있다.

제 4 장 | 훈민정음의 제자원리와 문자체계

1 초성(初聲)의 체계 중요

(1) 초성

사람의 발음기관을 상형하여 기본자 'ㄱ, ㄴ, ㅁ, ㅅ, ㅇ'을 만들고 소리의 세기에 따라 기본자에 획수를 더하여 가획자를 만들었다. 여기에 이체자 3자를 합하여 총 17자였다.

조음위치/제자원리	기본자	가획자	이체자	기본자의 원리
어금닛소리[牙音(아음)]	ㄱ	ㅋ	ㆁ	舌根閉 喉之形
혓소리[舌音(설음)]	ㄴ	ㄷ, ㅌ		舌附上 顎之形
입술소리[脣音(순음)]	ㅁ	ㅂ, ㅍ		口形
잇소리[齒音(치음)]	ㅅ	ㅈ, ㅊ		齒形
목구멍소리[喉音(후음)]	ㅇ	ㆆ, ㅎ		喉形
반혓소리[半舌音(반설음)]			ㄹ	
반잇소리[半齒音(반치음)]			ㅿ	

> **더 알아두기**
>
> **소리의 성질에 따른 초성 분리**
> • 전청(全淸, 예사소리) : ㄱ, ㄷ, ㅂ, ㅅ, ㅈ, ㆆ
> • 차청(次淸, 거센소리) : ㅋ, ㅌ, ㅍ, ㅊ, ㅎ
> • 전탁(全濁, 된소리) : ㄲ, ㄸ, ㅃ, ㅆ, ㅉ, ㆅ
> • 불청불탁(不淸不濁) : ㆁ, ㄴ, ㅁ, ㅇ, ㄹ, ㅿ

(2) 초성 23자 체계(한자를 위해)와 현실 22음운체계

① **초성 23자 체계** : '기본자, 가획자, 이체자'에 전탁음을 합친 초성체계
② **초성 22자 체계** : 초성 23자 체계에서 형식적 자음인 'ㅇ, ㆆ'을 제외하고, 여기에 연서법 규정에 의해 만들어진 'ㅸ'을 더한 실질적인 음가(독립된 음운)를 지닌 22개의 자음

(3) 종성부용초성(終聲復用初聲)

종성은 따로 만들지 않고 '종성은 다시 초성을 사용한다[終聲復用初聲].'라는 규정을 제시하고 있다.

2 중성(가운뎃소리)의 체계 중요

(1) 제자원리

'천(天), 지(地), 인(人)'이라는 '삼재(三才)'를 상형하여 기본자를 만들고 여기에 결합의 원리에 따라 초출 4자와 재출 4자, 총 11자를 만들었다.

음의 성질＼제자원리	기본자	초출자	재출자	기본자의 원리
양성	·	ㅗ, ㅏ	ㅛ, ㅑ	形之圓 象乎天也
음성	―	ㅜ, ㅓ	ㅠ, ㅕ	形之平 象乎地也
중성	ㅣ			形之立 象乎人也
모음 갈래	단모음	단모음	이중모음	

(2) 단모음체계

① 중세국어는 단모음 7개, 근대국어는 단모음 8개, 현대국어는 단모음 10개이다.

② ㅐ, ㅔ, ㅚ, ㅟ, ㅘ, ㅝ … → 28자에는 포함되지 않는다.

③ 18 ~ 19세기에 와서 '·'가 제외되고 'ㅐ, ㅔ'가 단모음화되었다.

④ 20세기에 와서 'ㅚ, ㅟ'가 단모음화되었다.

3 글자의 운용법

(1) 연서법(連書法, 아랫니어쓰기) – 밑으로 이어서 쓰기

① 순경음(脣輕音, 입시울가비야ᄫᆞᆫ소리) 만드는 법

→ 순음(ㅂ, ㅍ, ㅃ, ㅁ) 아래에 'ㅇ'을 이어 씀

② 'ㅸ' → 순수 국어와 한자음 표기에 사용, 17자 초성에 속하지 않으나 실질적 음가 지님

'ㅱ, ㅹ, ㆄ' → 동국정운식 한자음 표기에 사용

③ 세종, 세조 때만 사용되고 소멸되었다.

→ 한자음 표기 사용 예는 『동국정운』에 종성 표기로 'ㅱ'만 쓰였고, 'ㅹ, ㆄ'은 최세진의 『사성통해』라는 운서와 그 뒤의 운서에만 보인다.

(2) 병서법(竝書法, 골바쓰기) – 옆으로 나란히 쓰기

① **각자병서** : 같은 자음을 두 번 반복해서 쓰는 법 = 동자병서(同字竝書)

예 ㄲ, ㄸ, ㅃ, ㅆ, ㅉ, ㆅ, ㅇㅇ, …….

• 전탁음 중 현실적 음운 'ㆅ'과 형식적 음운 'ㅇㅇ'은 'ㅕ'의 앞에서만 사용

• 15세기 각자병서 중 우리말 표기에 가장 많이 쓰인 것은 'ㅆ'이다.

② **합용병서** : 서로 다른 자음을 나란히 붙여쓰는 법 = 이자병서(異字竝書)

    ㉠ 이중병서 : ㅺ, ㅼ, ㅽ, ㅆ / ㅳ, ㅄ, ㅴ, ……

    ㉡ 삼중병서 : ㅴ, ㅵ

    ㉢ 합용병서의 'ㅂ, ㅄ' 계열은 임진왜란 이후 'ㅅ' 계열로 통일된다.

        예 ᄠᅳᆺ → ᄯᅳᆺ, ᄢᅮᆯ → ᄭᅮᆯ, ᄢᅢ → ᄭᅢ

    ㉣ 합용병서 중 초성에는 'ㅂ, ㅅ, ㅄ' 계열만 사용되었다.

(3) 부서법(附書法, 브텨쓰기) – 자음에 모음을 붙여 쓰는 방법으로, 성음법과 관계가 깊다.

  ① **하서(下書)** : 초성 + ·, ㅡ, ㅗ, ㅜ, ㅛ, ㅠ

    예 ᄀᆞ름, 구름

  ② **우서(右書)** : 초성 + ㅣ, ㅏ, ㅓ, ㅑ, ㅕ

    예 바다, 샹

    (참고 : 종성을 쓰는 위치는 '해례'의 '합자해'에서 '초성, 중성의 아래'라고 밝히고 있다.)

(4) 성음법(聲音法, 음절 이루기)

  ① **고유어** : 초성 + 중성 → '성음'

    예 ㄱ + ㅏ = 가

  ② **한자어** : 초성 + 중성 + 종성(삼성법의 원칙 적용) → '성음'

    ㉠ 삼성법 표기 원칙은 동국정운식 한자음 표기법의 일환이다.

    ㉡ 종성이 없는 한자어는 'ㅇ'과 'ㅱ'을 형식적 종성으로 사용했다.

    ㉢ 『월인천강지곡』에는 형식적 종성이 안 쓰였다.

    예 世솅, 虛헝, 斗둫

4 표음적 표기와 표의적 표기

(1) 표음적 표기

  ① **중세국어의 일반적 표기 방식** : 발음 위주의 표기법

  ② **표음적 표기법의 원리(뜻)**

    ㉠ 초성 표기 : 이어적기(연철)

        예 비치, 고지, 기픈, 업스면

    ㉡ 종성 표기

        ⓐ 8종성법(ㄱ, ㄴ, ㄷ, ㅁ, ㅂ, ㅅ, ㅇ) : 『훈민정음』「해례」의 종성해(終聲解)

            예 깊고 → 깁고, 빛 → 빗, 곶도 → 곳도, 닢 → 닙

ⓑ 7종성법(ㄱ, ㄴ, ㄹ, ㅁ, ㅂ, ㅅ, ㅇ) : 'ㄷ, ㅅ'이 'ㅅ' 하나로 통일됨. 17세기 말~20세기 초
(영 · 정조 시대부터)

예 ᄒᆞ다 〉 못ᄒᆞ다, 돋도록 〉 돗도록, 벋 〉 벗

(2) 표의적 표기

① **중세국어의 예외적 표기 방식** : 형태 위주의 표기법(뜻 위주)
② **표의적 표기법의 원리**

㉠ 끊어적기(분철) : 체언 + 조사, 어간(어근) + 모음으로 시작되는 말

예 님을, ᄲᅡᆯ올, 일어서나, 높은

㉡ 종성 표기 : 종성부용초성(『훈민정음』「언해본」) – 「용비어천가」, 「월인천강지곡」 등에만 쓰임

예 곶(花), 닢(葉), ᄒᆞᆫ 낱, 깊거다, 빛나시니이다, ᄀᆞᆾ업스니

> **더 알아두기**
>
> 연철은 이어적기로 15세기에, 중철(혼철)은 거듭적기로 16세기에 나타났으며, 분철은 끊어적기(나눠
> 적기)로 20세기에 와서 주된 표기법으로 정착되었다.
>
> | 깊+은 | 연철 | 기픈 |
> |---|---|---|
> | | 중철 | 깁픈 |
> | | 분철 | 깊은 |

---

5 사성법

훈민정음은 자음글자와 모음글자 이외에 성조를 표시하는 사성점, 즉 방점을 만들어 활용하기도 했다. 성조는
임진왜란 때까지 사용되다가 그 이후 소멸되었다. 순조 때 유희는 『언문지(諺文誌)』에서 사성점의 불필요론
을 주장하였다. 조선 전기 국어(『용비어천가』, 『훈민정음』〈언해본〉, 『두시언해』〈초간본〉, 『소학언해』)에
사용되었으며, 『두시언해』〈중간본〉 이후 사용되지 않았다.

종류	방점	소리의 특징
평성(平聲)	없음	가장 낮은 소리
거성(去聲)	1점	가장 높은 소리
상성(上聲)	2점	처음이 낮고 나중이 높은 소리
입성(入聲)	없음, 1점, 2점	급하게 닫는 소리(끝닫는 소리)

제 5 장 | 고대국어

1 신라어의 자료

(1) 신라어를 보여주는 자료

이두와 향찰이 큰 비중을 차지하며, 이것들은 한자를 빌려 전적으로 신라어를 표기하기 위해 창안된 표기법이다.
① **이두** : 문법형태의 파악에 큰 구실을 해 준다.
② **향찰** : 향가 표기에 쓰였으며 단어뿐만 아니라 문장의 모습까지 보여준다는 점에서 큰 가치를 갖는다.

(2) 『삼국사기』와 『삼국유사』에 실린 인명, 지명, 관명 등의 고유명사 표기도 신라어 파악의 중요한 자료가 된다.

2 신라어 표기법 종요

(1) 음차 표기

한자의 음을 빌려 표기한 신라의 표기체계는 꽤 규칙적이었다. 대표적인 예를 보이면 다음과 같다.

아 – 阿	이 – 伊
리 – 利, 里, 理	나 – 乃, 奈, 那
라 – 羅	타 – 多

(2) 신라시대의 표기법

음차에 의한 것 이외에 '쇠, 불(블)'을 '金, 火'로 표기하는 것과 같은, 훈차에 의한 것도 많았다.

(3) 말음첨기라 하여 훈차에 의한 표기법에 음차에 의한 글자 하나를 더 첨가하여 그 단어의 말음을 중복하여 표기하는 방식도 있었다. 예 밤(夜音), 날(日尸)

3 신라어의 음운

(1) 한정된 자료로 정확히 밝혀내기가 어렵다.

(2) 음운체계

① **자음체계**

⊙ 평음과 유기음의 대립은 있었던 것으로 추정되나, 경음 계열은 아직 나타나지 않은 것으로 본다.

⊙ 중세국어의 'ㅸ'와 'ㅿ'와 같은 음가가 아니어도 'ㅂ' 및 'ㅅ'과 구별되는 음운으로 존재했을 가능성이 있는 것으로 추정된다.

⊙ 'ㄹ'도 /r/과 /l/로 구별되어 존재했을 가능성이 있는 것으로 추정되고 있다.

② **모음체계**

⊙ 자음체계보다 더 밝혀내기가 어렵다.

⊙ 7모음체계였을 것으로 추정된다. (ㆍ, ㅏ, ㅓ, ㅗ, ㅜ, ㅡ, ㅣ)

⊙ 이중모음은 오히려 중세국어보다 더 많았던 것으로 추정된다.

4 신라어의 문법형태

(1) 신라어의 문법적 특징

이두와 향찰에서 단편적으로밖에 드러나지 않는다.

(2) 조사와 어미 중요

① **조사**

⊙ 주격조사 : 이(伊, 是)

⊙ 속격조사 : 의, 이(矣, 衣), ㅅ(叱)

⊙ 대격조사 : ㄹ(乙), 흘(肹)

⊙ 구격조사 : 루(留)

⊙ 처격조사 : 中, 良中

⊙ 특수조사 : ㄴ(隱), 두(置)

② **어미**

⊙ 관형사형 어미 : -ㄴ(隱)과 -ㄹ(尸)

　　예 去隱(간 봄), 慕理尸心(그릴 ᄆᆞᅀᆞᆷ)

⊙ 접속어미 : -고(古, 遣), -며(旀), -다가(如可)

⊙ 종결어미 : 평서문 -다(如), 의문문 -고(古)

⊙ 선어말어미 : 주체경어 -시(賜), 객체경어 -ᄉᆞᆸ(白)

5 신라어와 중세국어

(1) 신라어는 중세국어와 매우 흡사한 모습을 가지고 있었다.

(2) 이를 통해 중세국어가 신라어를 기반으로 이루어졌음을 알 수 있다.

(3) 현대국어는 중세국어를 대개 그대로 이어온 것이므로 이 점에서 신라어는 오늘날 우리가 쓰고 있는 현대국어의 모체라고 할 수 있다.

6 고구려와 백제어

(1) **고구려어**

　① 백제어보다는 많은 자료를 남기고 있다.
　② 주로 지명이나 고유명사의 표기에서 그 흔적을 발견할 수 있다.
　③ 고구려어는 신라어나 중세국어에서 찾아지지 않는 특징을 꽤 가지고 있다.

(2) **백제어**

　① 구체적으로 백제어에 어떤 단어가 쓰였는지 단어 몇 예를 찾기도 쉽지 않다.
　② 지금까지 『삼국사기』 〈지리지〉 등에서 '불(火)-부리(夫里)', '곰-고마(熊)', '돌(石)-두락' 등 아주 한정된 단어의 모습만 찾을 수 있다.

제 6 장 │ 중세국어

중세국어는 10세기 초 고려 왕조가 건립되던 때로부터 16세기 말 임진왜란이 시작되던 때까지의 국어를 일컫는다. 여기서는 자료가 풍부한 중세후기국어를 중심으로 살펴보고자 한다.

1 음운

중세국어를 현대국어와 비교하였을 때 가장 두드러진 특징은 음운현상에서 나타난다. 여기서는 현대국어와 근대국어에는 없는 음운현상을 자음과 모음으로 나누어 몇 가지 살펴보고자 한다.

(1) 소실음운 중요

① 'ㅸ'음 : 순경음 'ㅂ'
  ㉠ 『훈민정음』의 제자해 "입술을 가벼이 다물어 후성이 많이 섞인 소리(脣乍合而喉聲多也)"라고 하여 'ㅂ'음에 비하여 입술이 덜 다물어지는 양순마찰음[β]이었을 것으로 추정된다.
  ㉡ 분포상의 제약
    ⓐ 명사에서
      ㉔ 글발 〉 글왈 〉 글월, 스フ볼 〉 스フ올 〉 스골 〉 시골
    ⓑ 'ㅂ' 불규칙 활용에서
      ㉔ 곱 + 아 〉 고봐 〉 고와, 줍 + 어 〉 주버 〉 주워
    ⓒ 파생 부사에서
      ㉔ 쉽 + 이 〉 쉬비 〉 수비 〉 수이 〉 쉬
    ⓓ 동국정운식 한자음 'ㅱ' 받침 아래의 사잇소리로
      ㉔ 斗둘ᄫ字쫑
  ㉢ 이미 반모음 [w]로 변해 세조대의 문헌에서는 벌써 그 자취를 찾아보기 어렵게 되었다.
② 'ㅿ'음
  ㉠ 'ㅿ'은 'ㅸ'음과 상당히 비슷한 성질을 가진 음으로서, 음가는 [z]으로 추정된다.
  ㉡ 『훈민정음』에서 불청불탁의 반치음이라고 규정하였듯이 이 음은 유성음인데, 이것도 분포가 유성음 사이라는 환경에서 실현되고 있다는 점이 'ㅸ'음과 비슷하다.
  ㉢ 'ㅿ'은 'ㅸ'음보다는 오래 쓰였지만 15세기 후반부터 시작하여 16세기 전반에 걸쳐 소실되었고, 16세기 후반이 되면 의고적인 표기라 할 수 있는 'ㅿ'만 남고 사라졌다.
  ㉣ 분포상의 제약
    ⓐ 명사에서
      ㉔ ᄆᆞᅀᆞᆷ 〉 ᄆᆞ음 〉 ᄆᆞ음 〉 마음, ᄀᆞᅀᆞᆯ 〉 ᄀᆞ올 〉 ᄀᆞ을 〉 가을

ⓑ 'ㅅ' 불규칙 활용에서

예 닛 + 어 > 니ᅀᅥ, 짓 + 어 > 지ᅀᅥ, 웃 + 어 > 우ᅀᅥ

ⓒ 울림소리 사이의 사잇소리

예 오ᄂᆞᇗ날, 님긊 말ᄊᆞᆷ, 英主ᅀ앒

ⓓ 한자음 표기에 쓰임

예 穰ᅀᅣᇰ, 海常ᅀᅵᆼ

ⓔ 'ㅿ'은 고유어에서는 두음으로 사용되지 않았다.

ⓕ 'ㅅ > ㅿ'의 변천은 울림소리 되기에 해당된다.

ⓖ 'ㅿ'은 울림소리 사이에서만 쓰인다.

ⓗ 'ㅿ'의 강화

예 몸ᅀᅩ > 몸소, 호ᅀᅡ > 호자

ⓜ 'ㅿ'은 아무 음의 자취를 남기지 않고 탈락하였다.

예 ᄉᆞᅀᅵ > ᄉᆞ이, 어버ᅀᅵ > 어버이

③ **ㆆ(여린히읗)** [후음(喉音) – 목소리, 성대 파열음, 성문 폐쇄음]

㉠ 초성 : 동국정운식 한자음 표기

예 音ᅙᅳᆷ, 安ᅙᅡᆫ, 挹ᅙᅳᆸ, 形ᅘᅧᆼ

㉡ 종성 : 여러 가지 용법으로 사용됨

ⓐ 사잇소리 : 고유어에서 'ㄹ'과 'ㅃ' 사이

예 하ᄂᆞᇙ ᄠᅳᆮ, 那낭ㆆ字ᄍᆞᆼ

ⓑ 된소리 기호 : 관형사형 어미 'ㄹ'에 붙여 써서 다음 말을 된소리로 발음하게 함

예 홇 배, 자ᇙ 제, 홇 사ᄅᆞᆷ

ⓒ 절음 부호 : 관형사형 어미 'ㄹ'에 붙여 써서 다음 말에 영향을 주지 않도록 끊어 읽게 함

예 홇 노미, 홇일

ⓓ 입성 표시(入聲表示) : 조건 –'ㄹ' 받침을 가진 모든 한자(동국정운식 한자음)

예 彆볋, 戌슗, 日ᅀᅵᇙ, 不붏

더 알아두기

- 'ㆆ'은 훈민정음 28자에는 포함되지만 국어의 실질적 음운 단위로 볼 수 없다.
- '어울워ᄫᅡᇙ디면'의 'ᇙ디면'은 관형사형 어미에 의존 명사가 결합된 것이나 어미로 굳어진 꼴로 본다.
- 관형사형 어미 'ㄹ' 뒤에는 언제나 'ㆆ'이 병기되었다.
- 15세기 세조 때 이후 소멸하였다.

④ **ㆍ(아래 아)** ('ㅏ'와 'ㅗ'의 중간음)

㉠ 첫 음절에서 : ㆍ > ㅏ

예 ᄒᆞ다 > 하다, ᄂᆞᄅᆞ > 나루, ᄀᆞᄅᆞ > 가루

㉡ 둘째 음절에서 : ㆍ > ㅡ

예 가ᄉᆞᆯ > 가을, 가ᄃᆞᆨ > 가득

ⓒ 기타의 경우

ⓐ ᆞ > ㅗ

㉎ ᄉᆞ매 > 소매

ⓑ ᆞ > ㅓ

㉎ ᄇᆞ리다 > 버리다

ⓒ ᆞ > ㅜ

㉎ 노ᄅᆞ > 노루

> **더 알아두기**
>
> • 둘째 음절의 'ᆞ'가 16세기 말~17세기 들어오면서 먼저 없어지고, 첫째 음절의 'ᆞ'가 18세기 중엽에 와서 없어졌다.
> • 'ᆞ'의 음가 소멸은 모음조화 현상 약화의 주된 요인이 되었다.

(2) 된소리

① 중세국어에서 된소리는 'ㅅㄱ, ㅅㄷ, ㅅㅂ' 등의 합용병서로 표기되었다.

② 관형사형 어미 '-ㄹ' 다음에서는 'ㄲ, ㄸ, ㅃ' 등의 각자병서로 표기된 일이 잠깐 있었으나, 이러한 한정된 환경에서의 특수한 표기는 곧 자취를 감추게 되었다.

③ 'ᅘ(쌍히읗)'

㉠ 이 된소리는 반모음 'j' 앞에만 나타나며 후세에 'ㅆ'이나 'ㅋ'으로 바뀐 것을 보면 'ㅎ'와는 구별되는 일종의 된소리였던 것이 틀림없는 것으로 추정된다.

㉡ 음가 : 후음(목소리), 'ㅎ'과 'ㅋ'의 중간음

㉢ 소멸 : 세조 이후

㉣ 용례

ⓐ 고유어에서는 'ㅋ'의 초성으로만 쓰임

㉎ 혀다(點火, 켜다)

ⓑ 동국정운식 한자음에도 쓰임

㉎ 洪ᅘ, 合ᅘ

㉤ 변천 과정

ⓐ ᅘ > ㅎ

㉎ 洪ᅘ > 홍

ⓑ ᅘ > ㅋ

㉎ 혀다 > 커다, 도ᄅᆞ혀다 > 돌이키다

ⓒ ᅘ > ㅆ

㉎ 혈믈 > 혈믈 > 썰물

④ 'ㆀ'(쌍이응)

　　㉠ 이 음도 반모음 'j' 앞에만 나타났던 것으로 보이는데, 'ㅇ'가 어떤 구체적인 음가를 가지기 어려
　　　웠던 만큼 이 각자병서가 어떤 된소리를 나타냈다고 생각하기는 어렵다.

　　㉡ 음가 : 성문음. 다음 모음을 긴 장모음으로 만듦

　　㉢ 소멸 : 세조 이후 ㆀ 〉 ㅇ

　　㉣ 용례

　　　ⓐ 피동형에서 피동접사 '이'의 'ㅣ' 모음을 생략한 경우

　　　　예 괴여(我愛人, 사랑하여), 괴 + 이 + 어 〉 괴이여 〉 괴여(人愛我, 사랑을 받아)

　　　ⓑ 사동형에서 사동접사 '이'의 'ㅣ' 모음을 생략한 경우

　　　　예 ᄒᆞ + 이 + 어 〉 ᄒᆞ이여 〉 ᄒᆞ여(~하게 하여, 하여금) (『훈민정음』)

　　　→ 'ㆀ'은 독립된 실제 음운이 아닌 형태론적인 기호로 본다. 피동형과 사동형에서 'ㅣ' 모음이
　　　　생략된 경우에만 나타난다.

(3) 유기음

① 훈민정음 초성체계로 미루어 보아 후기중세국어에서 평음 'ㅂ, ㄷ, ㅈ, ㄱ'과 유기음 'ㅍ, ㅌ, ㅊ,
　ㅋ'의 양 계열의 존재는 쉽게 확인된다.

② 중세국어에서는 유기음을 가지고 있는 단어가 현대국어만큼 많지는 않았다.

③ '코(鼻)'와 '칼(刀)'이 나온 것은 16세기 후반에 들어서의 일이다.

④ 어중에 있어서 'ㅎ'과 평음이 합하면 유기음이 되는 것은 현대국어와 마찬가지인데, 특히 'ㅎ다'가
　'타'로, 'ㅎ긔, ㅎ게, ㅎ고'가 '케, 코'로 축약되기도 하였다.

(4) 자음체계 중요

성질 조음위치	전청(全淸)	차청(次淸)	불청불탁(不淸不濁)	전탁(全濁)
어금닛소리[牙音(아음)]	ㄱ	ㅋ	ㆁ	ㄲ
혓소리[舌音(설음)]	ㄷ	ㅌ	ㄴ	ㄸ
입술소리[脣音(순음)]	ㅂ	ㅍ	ㅁ	ㅃ
잇소리[齒音(치음)]	ㅈ, ㅅ	ㅊ		ㅉ, ㅆ
목구멍소리[喉音(후음)]	ㆆ	ㅎ	ㅇ	ㆅ
반혓소리[半舌音(반설음)]			ㄹ	
반잇소리[半齒音(반치음)]			ㅿ	

① 전청, 차청, 불청불탁, 전탁은 각 현대의 예사소리(평음), 거센소리(격음), 울림소리(유성음), 된소리
　(경음)에 대체로 일치한다.

② 아·설·순·치·후의 5음은 각각의 소리의 조음에 주로 관여한 기관을 나타낸다.

③ 초성 17자체계에는 전탁 6자가 포함되지 않는다. 전탁 6자는 글자 운용법에 의해 만들어 쓰는 자로
　분류된다(並書, 나란히 쓰기). 위 도표의 23초성체계는 『동국정운』의 초성체계와 같다.

④ 초성자의 이름은 알 수 없다. 그러나 'ㅣ'는 '가온딧소리 ㄱㅌㄴㄹ'를 근거로 하여 '기, 니, 디, 리…' 식으로 읽기로 한다. 자모의 명칭과 그 배열순서가 현대국어와 비슷하게 매김된 것은 최세진의 『훈몽자회』에서 비롯되었다.

⑤ 표에서 굵은 글씨로 표시된 5자는 초성자 상형의 기본자이고 그 계열에서 소리가 가장 약한 것이다. 그 각각에서 소리의 세기에 따라 획을 더하여 글자를 만들었으나, 'ㆁ, ㄹ, ㅿ' 등은 이체자(異體字)이다.

(5) 모음체계

혀의 높이 ＼ 혀의 앞뒤 위치	전설	중설	후설
고	ㅣ	ㅡ	ㅜ
중		ㅓ	ㅗ
저		ㅏ	·

① 중세국어의 모음 중 가장 특징적인 것은 '·'였다. 이 음은 『훈민정음』(해례본)에서 '설축이성심(舌縮而聲深)'이라고 규정된 소리인데, 'ㅏ'와 'ㅗ'의 사이소리(間音)로서 대개 후설반저모음 [ʌ]의 음가를 가졌던 것으로 추정된다.

② 중세국어에는 단모음은 7개(ㅣ, ㅡ, ㅜ, ㅓ, ㅗ, ㅏ, ·)뿐이고, 'ㅐ, ㅔ, ㅚ, ㅟ'가 단모음화되지 않았기 때문에 이중모음은 많았다. (ㅑ, ㅕ, ㅛ, ㅠ, ㅘ, ㅝ, ㅣ, ㅐ, ㅔ, ㅚ, ㅟ, ㅢ)

③ 이중모음에 다시 'ㅣ'가 결합하여 이루어진 'ㅒ, ㅖ, ㅙ, ㅞ' 등도 쓰였다.

④ 훈민정음에는 이상의 것 이외에 'ㆄ, ㆅ, ㆇ, ㆈ, ㆉ' 등의 글자도 만들었으나 국어에 이러한 글자들이 쓰인 용례는 찾아보기 어렵다.

(6) 성조체계 종요

사성	방점	훈민정음 (해례본)	훈민정음 (언해본)	성격	보기
평성 (平聲)	없음	안이화 (安而和)	뭇늣가ᄫᆞᆫ 소리 (가장 낮은 소리)	낮고 짧은 소리(低調)	활(弓), 손(客) 빅(梨), 솔(松)
거성 (去聲)	1점	거이장 (擧而壯)	뭇노ᄑᆞᆫ 소리 (가장 높은 소리)	높고 짧은 소리(高調)	·갈(刀) ·손(手) ·말(斗) ·가지(枝) ·발(足)
상성 (上聲)	2점	화이거 (和而擧)	처ᅀᅥ미 ᄂᆞᆺ갑고 냉즁이 노ᄑᆞᆫ 소리 (처음이 낮고 나중이 높은 소리)	낮은 음에서 높은 음으로 올라가는 긴소리	:돌(石) :솔(刷) :말ᄊᆞ미 :발(簾)
입성 (入聲)	무점 1점 2점	촉이색 (促而色)	섈리 긋돈ᄂᆞᆫ 소리 (빨리 끝나는 소리)	종성이 'ㄱ, ㄷ, ㅂ, ㅅ'인 음절의 소리	긷(柱) ·입(口) :낟(穀)

① 중세국어는 현대국어와 달리 음의 높낮이를 통해 뜻을 변별하는 성조언어였다.

② 점은 음절의 발음상의 높낮이를 나타낸다. (점이 없으면 낮은 소리, 점이 하나면 높은 소리, 점이 둘이면 낮다가 높아지는 소리)

③ 음절의 발음상의 장단도 동시에 나타낸다.

④ 현대국어로 변천하면서 'ㄱ'의 높낮이는 소멸되었으나 'ㄴ'의 장단은 변화가 적다. 곧 중세국어의 상성이 현대국어의 장음이 된 것이 아니라 원래 상성은 장음이었다.

⑤ 성조는 16세기 말엽에 완전히 소멸되었다.

⑥ 입성은 높낮이와 아무 관련이 없다. 종성이 'ㄱ, ㄷ, ㅂ, ㅅ'으로 끝나는 음절은 모두 입성이며 동시에 평성, 거성, 상성 셋 중의 한 성조를 취한다.

(7) 모음조화

① 모음조화는 중세국어에서만 나타나는 현상이 아니지만 이 시기에 그 규칙이 특히 잘 지켜졌다.

② 양성모음은 양성모음끼리, 음성모음은 음성모음끼리 어울리는 현상이다. 중성모음은 두 계열 모두와 어울릴 수 있으나 주로 음성모음과 어울렸다.

③ **모음분류**

　㉠ 양모음 : ㆍ, ㅗ, ㅏ(ㅛ, ㅑ, ㅚ, ㅐ)

　㉡ 음모음 : ㅡ, ㅜ, ㅓ(ㅠ, ㅕ, ㅢ, ㅝ, ㅔ)

　㉢ 중성모음 : ㅣ

④ **모음조화의 환경**

　한 단어 안에서도 나타나고 명사와 조사, 또는 어간과 어미, 어기와 접미사 사이에서도 나타나 그 적용 범위가 넓다.

　㉠ 환경

　　ⓐ 체언이나 용언 어간 내부 ⑩ 나모(木), 다ᄅᆞ다(異), 구무(穴), 흐르다

　　ⓑ 체언과 조사 결합, 용언 활용 ⑩ 소ᄂᆞᆫ(손은), 자ᄇᆞᆫ(잡은), 브른(불은), 머근(먹은)

　㉡ 변화

　　ⓐ 15세기 모음조화 현상은 <u>현대보다는</u> <u>규칙적</u>이나 예외가 많다. ⑩ ᄒᆞ고져, 젼ᄎᆞ로

　　ⓑ 16~18세기 'ㆍ'의 소실로 'ㅡ'가 중성모음이 되어 예외가 더 많이 생겨 현대국어처럼 문란하게 되었다. 현대국어에는 어간과 어미, 어간과 선어말어미와 상징어 등에 그 흔적이 남아 있다.

(8) 어두자음군

① 현대국어에서 볼 수 없는 중세국어에서만 나타났던 음운현상 중 하나는 어두에 자음군이 올 수 있었다는 것이다.

② 서로 다른 자음을 나란히 써서 만든 합용병서가 그 대표적 예이다.

③ 어두자음군의 종류

㉠ 'ㅅ' 계열 : ㅺ, ㅼ, ㅽ

㉡ 'ㅂ' 계열

ⓐ 2자 합용 : ㅄ, ㅳ, ㅲ

ⓑ 3자 합용 : ㅴ, ㅵ

④ 다만 어두자음군의 'ㅂ'은 실제로 제 음가를 가지고 있었던 것으로 추정된다.

예 좁쌀, 입쌀, 햅쌀 / 볍씨, 욉씨 / 입때, 접때

→ 이 중 '쌀'은 'ᄡᆞᆯ > ᄡᆞᆯ > 쌀'의 과정을 거쳐 정착한 것으로 본다. 'ᄡᆞᆯ'은 닫힌 입술을 열면서 내는 소리로 추정되는데, 따라서 어두자음군 'ㅂ'은 실제로 제 음가를 가졌던 것으로 추정된다.

⑤ 중자음이었는지 단순한 된소리 표기였는지 분명하지 않으나, 'ㅂ' 계열은 17세기 이후 'ㅅ' 계열로 변하면서 점차 된소리로 바뀌어 갔다.

(9) 음절 말 자음

① 현대국어와는 달리 중세국어의 음운현상 중 주목되는 하나는 음절 말(즉, 받침)에서의 자음이 두 개 분포되는 경우가 있었다는 것이다.

② 'ㄺ, ㄻ, ㄼ'처럼 'ㄹ'로 시작되는 자음군은 두 자음이 다 발음되었던 것으로 추정된다.

③ 현대국어에서는 음절 말에 올 수 있는 자음이 'ㄱ, ㄴ, ㄷ, ㄹ, ㅁ, ㅂ, ㅇ'의 7개뿐인데 당시는 여기에 'ㅅ'이 하나 더 있어 8개였던 점도 특이하다. 현대국어의 'ㅇ'은 중세국어 시기의 'ㆁ'에서 형태만 바뀌고 음가는 그대로인 음운이다.

2 문법

(1) 복합어(합성어)

① 동사와 형용사의 어간끼리 직접 결합하여 이루어진 복합어가 현대국어보다 생산적이었다는 점은 주목할 만하다. '죽살-, 듣보-, 빌먹-(乞食), 됴쿶-(← 둏 + 궂-, 好凶), 놉ᄂᆞᆽ갑-(高低)' 등이 있으며 현대국어에서도 '붙잡-, 얽매-, 검붉-'등 같은 예가 있다.

이런 합성어는 비통사적 합성어이고 그 증거는 반드시 연결어미 '-아/어, -게, -지, -고' 중 어느 하나를 넣어주어야 해석이 된다는 것이다.

→ '듣고 보다, 빌어 먹다'

② 현대국어에서는 단일어인 '같-'이 중세국어에서는 부사 'ᄀᆞᆮ'과 'ᄒᆞ'가 복합된 복합어였다는 것도 특기할 만하다.

③ 현대국어에서는 파생어로 분류되는 '암ᄐᆞᆰ, 수ᄐᆞᆰ'이 중세국어에서는 복합어로 분석된다.

(2) 파생어

① '**동사 → 명사**' 파생법 : '동사어근 + 명사파생접미사 −옴/−움'

　例 우숨(← 웃 + 움 : 'ㅅ' 불규칙동사), 우룸(← 울 + 움), 춤(← 츠 + 움), ᄌᆞ오롬(← ᄌᆞ올 + 옴 > 졸음)

중세국어에서 명사형 어미는 '−옴/−움'이고 명사파생접미사는 '−음'이었으나 '윗'과 같은 예외도 있었음에 주의해야 한다. 명사형과 파생명사의 구별방법은 현대어와 똑같다.

② '**형용사 → 명사**' 파생법 : '형용사어근 + 명사파생접미사 −인/−의'

　例 높 + 인 → 노픠(> 높이), 길 + 의 → 기릐(> 길이)

현대국어에서는 '높이를 재어라', '높이 날아라'처럼 파생명사와 파생부사가 구별되지 않으나 중세국 어시기에는 구별되었다. 명사는 '인/의', 부사는 '이'로 끝나기 때문이다.

③ '**명사 + 영접사 → 파생동사**' 파생법

　例 ᄀᆞᄆᆞᆯ다(ᄀᆞᄆᆞᆯ(가뭄) + 다), 깃다(깃(둥지) + 다 : 둥지 만들다)

위 예처럼 명사와 동사의 어근이 동일한 경우 파생접사가 영(零, zero)이라고 보아 영접사 파생법이라고 한다. 현대어보다 중세국어에 더 활발했고, 현대의 것은 그 흔적이다.

④ '**형용사 → 부사**' 파생법 : '형용사어근 + 부사파생접미사 −이'

　例 젹 + 이 → 져기(> 적이(좀)), 븕 + 이 → 블기, 크 + 이 → 키

이러한 예는 많이 소멸되었고 현대어에서는 소멸된 어형 대신 부사형을 사용한다. (적게, 밝게)

⑤ '**동사 → 형용사**' 파생법

　㉠ 동사어근 + 형용사화 접미사(−ᄫ/ᄇ/브/ᄇ/브−)

　　例 그립ᄫ−(慕), 두립−(恐), 노랍−(驚), 믭−(憎), 믭브−(信), 웃ᄇ−(笑), 저프−(←젛−브, 畏), 골 프−(← 곯−ᄇ−, 飢), 알프−(← 앓−ᄇ−, 痛), 슬프−(← 슳−브−, 悲), 깃브−(← 깄−브, 喜)

　㉡ 동사의 어근 + '알/얼'

　　例 붓그립−(← 붓그리−얼ᄫ−), 즐겁−(← 즐기−얼−), 앗갑−(← 앗기−알−), 므싀엽−(← 므싀 − 엽−(← 므싀−엽−, 畏)

　㉢ 명사 + '−닿(답)과 ᄅᆞᆸ/ᄅᆞᆸ/ᄃᆞᄫᅵ−'(롭)

　　例 예닿−, 시름닿ᄫ−, 수고ᄅᆞᆸ−, 외ᄅᆞᆸ, 의심ᄃᆞᆸ

(3) 격조사 　종요

① **주격조사**

형태	환경	보기
ㅣ	'ㅣ' 모음 이외의 모음으로 끝난 체언 뒤에 쓰임	• 부텨 + ㅣ → 부톄, 쇠 • 孔子ㅣ, 始祖ㅣ
이	자음으로 끝난 체언 뒤에 쓰임	• 사룸 + 이 → 사루미 • 대왕이
ø	'ㅣ' 모음으로 끝난 체언 뒤에 ㅣ 쓰임('ㅣ+ㅣ' → 'ㅣ')	불휘 + ㅣ → 불휘(뿌리가)

더 알아두기

- ' ㅣ '는 한글로 표기할 때는 체언에 합쳐쓰고, 한자에는 따로 쓴다.('딴이'라는 명칭)

  예 대장뷔 세상에 나매, 믈읫 字ㅣ 모로매(모든 글자가 모름지기)
- 영(零, zero) 주격조사는 표기상으로만 쓰이지 않은 것이다. 발음은 되었다.

  예 드리(橋) + ㅣ → 드:리(평성 + 평성) + 거성 → 평성 + 상성) → [다리이]로 발음되었다.
- 보격조사, 서술격조사는 주격조사와 형태나 출현 환경이 동일하다.

② 특이한 주격조사

형태	현대어	특징	보기
씌셔, 겨오셔	께서	높임명사 뒤	• 和平翁主씌셔(화평공주께서) • 先人겨오셔(선인께서)
이이셔, 애이셔	에서	단체명사 뒤	나라해이셔(나라에서)
셔	서	일반명사 뒤	사공셔 오늘 日出이 유명ᄒ리란다.
ㅣ라셔	이라서	'누구' 뒤	뉘라셔(누구이라서)

③ 대격조사('올/을/롤/를')

형태	환경	보기
올/을	자음 뒤	ᄆᆞᅀᆞᆷ올(마음을), 나라홀(나라를), 이ᄠᅳ들(이뜻을)
롤/를	모음 뒤	놀애롤(노래를), 天下롤(천하를), ᄲᅧ를(뼈를)

더 알아두기

- '올/을, 롤/를'의 교체는 앞 음절과의 모음조화에 따라 결정된다. 이것은 현대국어와 다른 중세국어의 큰 특징이다.
- 님금 位ㄹ(임금 자리를), 필(피를)등은 'ㄹ'만이 표기되지만 '올/을'이 결합하면서 약모음 'ᄋᆞ/으'가 강모음('ᄋᆞ/으'를 제외한 모든 모음)을 만나서 탈락한 것이다. 이것은 중세나 현대어에 널리 통용되는 규칙이다.

  예 쓰 + 어 → 써, 피 + 을 → 필(꽃이 필 때)

④ 속격조사('ㅅ, 이, 의')

형태	환경	특징	보기
ㅅ	무정명사, 높임명사 뒤에 쓰임		歧王ㅅ 집(기왕의 집), 나랏 말ᄊᆞᆷ(나라의 말씀)
이	양성모음 뒤	유정명사 뒤에 쓰임	ᄆᆞ리 좀(말의 향기)
의	음성모음 뒤		崔九의 집(최구의 집)

> **더 알아두기**
>
> - 유정명사(有情名詞)는 사람, 동물 등이고 무정명사(無情名詞)는 무생물을 가리킨다.
> - 'ㅅ'은 현대국어에서 사잇소리로만 쓰이고, 표기되지 않는 경우도 많지만 중세국어에서는 관형격 조사로도 사잇소리로도 쓰였고 언제나 표기되었다.
>   예 주걋 옷(3인칭 높인말 당신의 옷), 世尊ㅅ 神力(세존의 신력), 셔봀 긔벼를(서울의 기별을)
> - 'ㅣ'로 끝난 명사에 관형격조사가 붙으면 'ㅣ' 모음이 탈락되었음
>   예 어미 + 의 → 어믜, 아비 + 인, 아기 → 아비 + 인 → 아기(아기의)

⑤ **호격조사**

높임명사에 붙는 '하'가 따로 있는 점이 특이하다.

형태	환경	보기
하	높임명사 뒤	님금하(임금이시여) 世尊하(세존이여)
아, 야	일반명사 뒤	阿難아(아난아) 長者야(장자야)
(이)여	감탄의 의미	觀世音이여(관세음이여)

> **더 알아두기**
>
> '둘하 노피곰 도두샤'(정읍사) : '달'을 의인화, 높임의 대상으로 파악

⑥ **처격조사**

㉠ '에/애/예' : 현대어의 '에'와 똑같은 의미이다.

형태	환경	보기
애	양성모음 뒤	바르래 가느니(바다에 가니)
에	음성모음 뒤	굴허에(구렁에, 구덩이에)
예	'ㅣ' 모음 뒤	빈예(배에)

> **더 알아두기**
>
> 처격조사는 위의 '애, 에, 예' 셋이 원칙이나 관형격조사 '인/의'가 쓰이는 일도 있다. 모든 결합 사례를 알아두는 것이 좋으나, 우선적으로 예외적인 다음 표를 기억해 두자.

㉡ '인/의'를 취하는 체언

인	앒(前), 낮(晝), 봄(春), 밤(夜), 밭(田), 곶(花), 나모(木), 아춤(朝), 돗(席)
의	집(家), 곁(傍), 녁(側), 적(時), 밧(外), 밑(下), 구무(穴), 쯰(時)

㉢ '애셔, 에셔, 예셔, 인셔, 의셔, 인 그에셔, 의 그에셔' : 현대국어 '에게서'에 해당한다.
   예 虛空애셔 온갖 풍류ᄒᆞ며(허공에서 온갖 풍류하며)

더 알아두기

- '으로, 으로' : 현대국어의 '으로'에 해당한다. 모음조화에 따른다.
- 비교 부사격조사
  - 에/애(현대어 '와/과'에 해당) 예 나랏 말싸미 中國에 달아 (『훈민정음』)
  - 도곤/두곤(현대어 '보다'에 해당) 예 호박도곤 더 곱더라 (「동명일기」)
  - 이(현대어 '와/과'에 해당) 예 古聖이 同符하시니(고성과 일치하시니) (『용비어천가』)
  - 라와(현대어 '보다'에 해당) 예 널라와 시름 한 나도(너보다 걱정이 많은 나도) (「청산별곡」)
  - 에게(현대어 '보다'에 해당) 예 자식(子息)에게 지나고(자식보다 낫고) (「조침문」)

⑦ **공동격조사**

'와/과'는 윗 예 처럼 맨 뒤에 오는 체언에도 연결되었음이 현대국어와 다른 점이다. '과'는 자음 뒤에, '와'는 모음과 'ㄹ'뒤에 쓰인다.

예 입과 눈과 나모와 투구와 히와 들와 하늘과 싸콰는 日夜에 떳도다(하늘과 땅은 주야로 물위에 떠 있다. (『두시언해』 14 : 13)

(4) 활용어미 종요

중세국어는 선어말어미와 어말어미를 통해 활용이 일어났다. 선어말어미는 의도법, 경어법, 시제 등을 나타내었고 어말어미는 문장을 연결하거나 종결하는 역할을 하였다.

① **선어말어미**

㉠ 의도법 선어말어미 '-오-/-우-'

ⓐ 이 어미는 주어가 1인칭일 때에만 결합되는 인칭어미로서 이해되기도 하였으나 일반적으로는 화자(의문문일 때는 청자, 그리고 내포문에서는 주체)가 자기 주관을 가미하여 표현하는 의도법 어미라고 이해되고 있다. 이러한 의도법 어미 '-오-/-우-'는 16세기에 들어서면서 자취를 감추어 『소학언해』에 오면 이 어미를 볼 수 없게 된다.

ⓑ 형태 : 음성 모음 아래에서 '-우-', 서술격조사 아래에서 '-로-'가 됨

[주의] '호라(ᄒ다), 호니(ᄒ니), 혼(ᄒ)' 등에서와 같이 '-오-' 없는 어형이 존재할 때만 '-오-'는 형태소 취급을 받는다. '-옴, -오ᄃᆡ, -오려'(예 홈, 호ᄃᆡ, 호려) 등에서는 'ㅁ, ᄃᆡ, 려'만 나타나는 경우(예 홈, ᄒᄃᆡ, ᄒ려)가 없으므로 '-오-'는 분석 불가능하고 형태소가 될 수 없다.

ⓒ 기능

- 제1인칭 활용 : 주어가 1인칭일 때 서술어에 나타난다. '-더-', '-거-'에 '-오-'가 화합된 '-다-', '-과-'는 거의 화자 주어에 일치한다.

- 내…스믈여듧 字 롤 밍ᄀ노니(내...스물여덟자를 만드니) (『훈민정음 언해』)
- 岐王ㅅ 집 안해 샹녜 보다니(기왕의 집 안에서 항상 보았더니) (『두시언해』 16 : 52)

- 제2인칭 활용(의도법) : 주어가 2인칭일 때 서술어의 호응에 나타난다.

> 예 (너)…다시 모디 안조디 **端正**히 호리라 (「**몽산 법어 언해 2**」)
> → (너…다시 반드시 앉되 단정히 할 것이다)

- 대상활용(목적격 활용) : 관형사형에 나타나는 '-오-'는 관형절의 꾸밈을 받는 명사가 관형절의 의미상 목적어일 때 쓰인다.
  - 예 <u>얻논 藥</u>이 므스것고(얻는 약이 무엇이냐) (「**월인석보**」 21 : 215)
    → '약을 얻음'(약이 '얻는'(구하는)의 목적어임)

ⓛ 높임 선어말어미

중세국어도 현대국어와 마찬가지로 객체경어법, 주체경어법, 상대경어법 등 3원 체계가 있었으나 그 형성방법은 다소 차이가 있다. 현대국어와 달리 중세경어법은 모두 선어말어미를 통해 이루어졌다는 것이다.

ⓐ 객체경어법 선어말어미 : 겸손법, 겸양법

어간의 끝소리	형태	다음 어미의 첫소리	보기
ㄱ, ㅂ, ㅅ, ㅎ	-습-	자음	막습거늘(막다)
	-ᄉᆞᇦ-	모음	돕ᄉᆞᄫᆞ니(돕다)
ㄷ, ㅌ, ㅈ, ㅊ,	-줍-	자음	듣ᄌᆞᆸ게(듣다)
	-ᄌᆞᇦ-	모음	얻ᄌᆞᄫᅡ(얻다)
유성음 (모음 ㄴ, ㅁ, ㄹ)	-ᅀᆞᆸ-	자음	보ᅀᆞᆸ게(보다)
	-ᅀᆞᇦ-	모음	ᄀᆞ초ᅀᆞᄫᅡ(갖추다)

객체높임은 목적어나 부사어로 쓰인 인물(객체)을 높일 때 쓰인다. 조건은 객체가 주체나 화자보다 존귀한 인물일 것이다. 뜻은 '공손하게' 정도이다. 현대국어에는 흔적(옵, 사옵, 자옵, 습…)만 남아 있고 그 원래의 의미는 거의 소멸되었으므로 해석 시 '공손하게'를 넣는 것이 좋다.

예 우리 父母ㅣ 太子ᄭᅴ 드리ᅀᆞᄫᅵ시니[우리 부모가 태자께(공손하게) 드리시니]

> **더 알아두기**
>
> 중세국어에는 쓰였으나 현재에는 없어진 선어말어미들이 있다. 그 배열순서는 다음과 같다.
>
> "객과 거주 현오미 감상"
> (객 = 객체높임, 과 = 과거, 거 = '거/어' 계열어미, 주 = 주체높임, 현 = 현재, 오 = '오/우' 계열어미, 미 = 미래, 감 = 감동, 상 = 상대높임)

ⓑ 주체높임 선어말어미 : 선어말어미 '-시-/-샤-'가 쓰임
- '-시-' : 자음어미 앞 예 가시고, 가시니
- '-샤-' : 모음어미 앞 예 가샤, 가샴, 가샤디, 미드샷다, 定ᄒᆞ샨, 펴샤ᄂᆞᆯ

더 알아두기

• '샤'를 '시 + 아'로 분석할 수 없음에 주의!
  또 '가샤(← 가샤아)'처럼 어미 모음이 탈락되었음에도 주의!
• 주체높임 선어말어미는 객체존대 'ᅀᆞᆸ', 과거 '더', '거/어' 계열어미 뒤에 위치한다.
  예 드리ᅀᆞᄫᆞ시니, ᄒᆞ거시ᄂᆞᆯ, ᄒᆞ더시라

ⓒ 상대높임 선어말어미 : 중세국어의 상대높임법은 매우 단순한 체계이다. 하오체, 하게체는 17세기에, 해체나 해요체는 1930년대에 형성된 것이다.

구분	등분	형태소	보기
ᄒᆞ쇼셔체	아주높임	-이-/-잇-	• ᄒᆞᄂᆞ이다, ᄒᆞ니이다, ᄒᆞ리이다(평서형) • ᄒᆞᄂᆞ니잇가(의문형) • ᄒᆞ쇼셔(명령형)
ᄒᆞ라체	아주낮춤	없음	• ᄒᆞᄂᆞ다(평서형) • ᄒᆞ라(명령형) • ᄒᆞᆫ다, ᄒᆞᄂᆞᆫ다(의문형)
반말		없음	• ᄒᆞᄂᆞ니, ᄒᆞ시리(평서 / 의문형)

ⓒ 시간표현(시제)의 선어말어미

중세국어에서도 시제는 선어말어미에 의해 실현되었으나 그 형태나 용법은 현대국어와 차이가 꽤 있었다.

ⓐ 현재시제 : '-ᄂᆞ-', 선어말 '오'가 결합되면 '-노-'가 됨
   예 ᄒᆞᄂᆞ다(한다), ᄒᆞ노라(← ᄒᆞᄂᆞ + 오라 : 하노라), ᄒᆞᄂᆞ녀(하느냐), ᄒᆞᄂᆞ니(하느니), ᄒᆞᄂᆞᆫ(하는)

ⓑ 과거(회상)시제 : '-거-', 대체적 '-더-', 선어말 '-오-'가 결합되면 '-다-'가 됨
   예 ᄒᆞ더라(하더라), ᄒᆞ더녀(하더냐,), ᄒᆞ더니(하더니), ᄒᆞ던(하던), ᄒᆞ다라(← ᄒᆞ더 + 오라)

ⓒ 미래시제 : '-리-', 관형사형 어미는 '-ㄹ'임
   미래시제 '-리-'는 오늘날과 마찬가지로 미래 내지 추측을 나타내었다. 중세국어에서는 활발히 쓰였으나 오늘날은 '-겠-'이 그 자리를 메우고 있다.
   예 ᄒᆞ리라(하리라), ᄒᆞ려(하려), ᄒᆞ리니(하리니), ᄒᆞᆯ(할)

> **더 알아두기**
>
> '-ㄴ-'는 동사에만 결합된다.(현대국어와 같음) 형용사나 서술격조사는 기본형(예 덥다, 책이다) 그대로 쓰여서 현재시제이다. 동사가 기본형(예 ᄒᆞ다, 가다) 그대로 쓰이면 과거시제이다.(현대국어와 다르므로 주의!) '-더-'나 '-리-'는 동사, 형용사, 서술격조사 모두에 쓰인다.

	동사	형용사, 서술격조사
과거	-더-, 기본형	-더-
현재	-ᄂᆞ-	기본형
미래	-리-	-리-

  ⓛ 믿음과 느낌의 선어말어미
    ⓐ '-거-'
      • 자동사, 타동사 표지임. '-거-' + '-오-' → '-과-' 예 ᄒᆞ과라(했것다)
      • 기능 : 화자의 주관적 믿음을 나타냄(확인) 예 일허다(잃었것다)

> **더 알아두기**
>
> '기거다(가다), 바다다(받다)'처럼 비교되는 어형이 있을 경우에만 형태소의 자격이 있다. '-거늘/-어늘'은 '-거-/-어-'가 떨어진 '-늘'만이 쓰이는 경우가 없으므로 '-거늘/-어늘' 전체가 각각 하나의 형태소가 된다. ('-옴, -오ᄃᆡ'와 같음)

    ⓑ -니- : 화자의 객관적 믿음(원칙)을 나타내는 선어말어미, 현대어와 흡사함
      예 ᄒᆞᄂᆞ니라(하느니라), ᄒᆞᄂᆞ니리이다(합닌다), ᄒᆞ더니라(하더니라)

> **더 알아두기**
>
> '-니-'를 과거라고 볼 수 없다. 현재의 'ᄂᆞ'와 함께 나타날 수 없기 때문에 그렇다. 'ᄌᆞ므니이다'(잠기었습니다)가 과거로 해석되는 것은 '-ㄴ-'가 나타나지 않은 동사의 형태이기에 그런 것이다. (부정법)

    ⓒ '-돗-' : 느낌표현(감동)의 선어말어미
      '-돗-' : 예 ᄒᆞ도소이다, ᄒᆞ도소녀
      '-도-' : 예 ᄒᆞ도다(자음 앞에서 'ㅅ'탈락)
      '-옷-' : 예 ᄒᆞ놋다(ᄒᆞ + ᄂᆞ + 옷 + 다)
      '-ㅅ-' : 예 ᄒᆞ소라(ᄒᆞ + ㅅ + 오 + 라)

② **어말어미** : 종결어미, 연결어미, 전성어미(현대어와 같음)

　㉠ 종결어미

상대높임등급	평서형	의문형	명령형	청유형
ᄒᆞ쇼셔체	ᄒᆞᄂᆞ이다	ᄒᆞᄂᆞ니잇가	ᄒᆞ쇼셔	ᄒᆞ사이다
ᄒᆞ라체	ᄒᆞᄂᆞ다	• ᄒᆞᄂᆞ녀(1, 3인칭) • 흔다, 흟다(2인칭) • 흔가, 흟가(간접)	ᄒᆞ라	ᄒᆞ져
반말	• ᄒᆞᄂᆞ니 • ᄒᆞ리	• ᄒᆞᄂᆞ니 • ᄒᆞ리	ᄒᆞ고라	

더 알아두기

• ᄒᆞ라체의 의문형은 현대국어와 매우 다르다.
• 빈칸은 없다는 뜻이 아니라 문헌에서 예가 나타나지 않는다는 뜻이다.
• 어말어미만 본다면 '-다, -가(> 까), -녀(> 냐), -셔(> 서), -져, -라, -리, -니' 등 현대어와 큰 차이가 없다.
• 의문형에 제시된 어형은 모두 판정의문문의 용례들이다. 의문사(물음말 : 무슴(무엇), 누구(누구), 어듸(어디) 등)가 쓰이는 설명의문문에는 '-고, -뇨' 등으로 어미 모음이 바뀌는 것을 주의해야 한다.

　㉡ 연결어미 : 현대어와 거의 같음
　㉢ 전성어미 : 현대어와 큰 차이는 없다.
　　ⓐ 명사형 전성어미 : '-옴/-움', '디'(> '-기' : 17세기의 변화)

> **예**
> • 됴ᄒᆞᆫ 여름 여루미(열 + 움 + 이)(좋은 열매 여는 것이) (『월인석보』 1 : 12)
> • 줌(주 + 움), 옴(오 + 옴), 가디 어렵다(가기가 어렵다)

더 알아두기

'시 + -옴/-움' = '-샴', 서술격조사의 명사형 = '이롬'(이옴×)
→ 참고 : 중세국어에서 선어말어미 '-오-/-우-' 없이 '음'이 용언에 결합하면 파행어가 됨
예 거름(걷 + 음), 그림(그리 + ㅁ)

　　ⓑ 관형사형 어미 : '-(으)ㄴ, -(으)ㄹ', 현대어와 같음('은/는/던/을')
　　　- 형식 : '-(으)ㄴ, -(으)ㄹ, -ᄂᆞᆫ, -논, -온/-운, -옰/-욿, -던/-단'

> **예**
> • 便安(편안)킈 ᄒᆞ고져 흟 ᄯᆞᄅᆞ미니라(편안하게 하고자 할 따름이니라) (『훈민정음』)
> • 馬兵(마병)은 ᄆᆞᆯ톤 兵(병)이요 (기마병은 말타는 병사요) (『월인석보』 1 : 27)

더 알아두기

① 관형사형 어미의 명사적 용법 : 중세국어는 관형사형이 결합된 절(관형절)이 바로 명사절처럼 쓰인 예가 있다. 기능은 명사절이나 형태가 관형절이므로 관형사형 어미로 간주한다. (문법은 형태를 중시한다!)

예 다ᅇᆞᆲ 업슨 긴 ᄀᆞᄅᆞᆷ 니섬니서 오놋다 (『두시언해』 10 : 35)

(다함(끝) 없는 긴 강은 끊임없이 흘러오는구나)

→ '다ᅇᆞᆲ'의 'ㅅ'은 '주격촉음, 주격사잇소리'가 절대로 아님에 주의! 관형사형 어미에 나타나는 'ㆆ'의 다른 표기일 뿐이다. 관형사형 어미의 'ㆆ'은 된소리 부호이다.

현대국어 관형사형 어미 '-을'에도 된소리 요소는 동일하게 있으나 표기만 하지 않을 뿐이다.

예 갈 길이 멀다[갈끼리 멀다])

이처럼 '을' 관형절 뒤의 첫소리가 된소리가 되게 하는 것은 관형사형 어미 'ㄹ'에 된소리 요소 [?]이 있다는 것을 의미한다.

예 德이여 福이라 호ᄂᆞᆯ 나ᅀᆞ라 오소이다 (『악학궤범』 〈동동〉)

(덕이여 복이라 하는 것을 바치러 왔습니다.)

→ '호ᄂᆞᆯ'은 'ㄴ' 관형절이 목적격조사 '올'을 취한 것이다. (→ 혼 + 올)

② 인용관형사형 'ㅅ' : 현대국어의 '-고, -라고, -하고'의 관형사형 '-다는, -라는, -라 하는'에 해당하는 형태가 중세국어에 있다.

예
- 술 닉닷 말 어제 듯고(술 익었다는 말 어제 듣고) (『송강가사』 2 : 10)
- 廣熾(광치)는 너비 光明(광명)이 비취닷 ᄠᅳ디오 (『월인석보』 2 : 9)

(광치는 널리 광명이 비친다는 뜻이요)

③ **의문문 어미** : 중세국어의 어말어미 중 가장 특징적인 것으로, 현대어와 많이 다르다. 의문 보조사 '-가/-고', 의문형 종결어미 '-녀/-뇨, -여/-요' 등이 있다.

㉠ ᄒᆞ라체 의문문

ⓐ 판정의문문(가부의문문, yes/no의문문) : 의문사 없이 보조사 '-가' 또는 의문형 종결어미 '-녀, -니여' 등으로 표현된다.

예 이 ᄯᆞ리 너희 종가(이 딸이 너희 종이냐?) (『월인석보』 8 : 94)

예 앗가ᄫᆞᆫ ᄠᅳ디 잇ᄂᆞ니여(아까운 뜻이 있느냐?) (『석보상절』 6 : 25)

더 알아두기

판정의문문은 조사나 어미의 모음이 '아, 어'이다.

ⓑ 설명의문문 : 의문사, 의문보조사 '-고', 의문형 종결어미 '-뇨'로 표현된다.

예 얻논 藥이 므스것고(얻는 약이 무엇이냐?) (『월인석보』 6 : 25)

예 究羅帝 이제 어듸 잇ᄂᆞ뇨(究羅帝가 지금 어디 있느냐?) (『월인석보』 9 : 36 상)

더 알아두기

설명의문문은 조사나 어미의 모음이 '-오'이다.

ⓒ 1, 3인칭 의문문 : 의문문의 주어가 1인칭이거나 3인칭인 경우 (현대어와 비슷함)
ⓓ 2인칭 의문문 : 의문문의 주어가 2인칭인 경우 (현대어와 전혀 다름)
→ 의문형 종결어미 '-ㄴ다', '-ㄹ다'로 표현된다.
예 네 모ᄅᆞ던다(네가 몰랐더냐?) (『월인석보 21 : 195』) → 판정의문문
예 네 엇데 안다(네가 어찌 알았느냐?) (『월인석보 23 : 74』) → 설명의문문
예 네 엇던 혜무로 나ᄅᆞᆯ 免케 홀다(네가 어떤 생각으로 나를 면하게 하겠느냐?) → 설명의
문문

더 알아두기

어미가 '-ㄴ다, -ㄹ다' 뿐이므로 판정의문문과 설명의문문이 구별되지 않는다. 오직 '의문사'가 있는
가의 여부만으로 구별된다.

ⓛ ᄒᆞ쇼셔체 의문문 : 의문보조사 '-가/-고'에 의하여 '판정/설명'의문문이 구별된다.
예 사로미 이러커늘사 아ᄃᆞᆯᄋᆞᆯ 여희리잇가 (『월인천강지곡』 143)
(삶이 이러한데야 아들을 이별할 수 있겠습니까) → 판정의문문
예 몃 間ㄷ 지븨 사ᄅᆞ시리잇고 (『용비어천가』 110장)
(몇 칸 집에 사시겠습니까?) → 설명의문문
ⓒ 반말의문문 : 반말이란 어미를 생략한 형태이므로 평서문과도 형태적으로는 구별되지 않는다.
따라서 '판정/설명'의문문의 구별도 없다.
예 님ᄀᆞᆷ 말ᄊᆞ미 그 아니 올ᄒᆞ시니 (『용비어천가』 39장)
(임금의 말씀이 그 아니 옳으시겠는가?) → 판정의문문
예 이제 엇뎨 怨讐ᄅᆞᆯ 니즈시ᄂᆞ니 (『석보상절』 11 : 34)
(이제 어찌 원수를 잊으시겠는가?) → 설명의문문
ⓔ 간접의문문 : 독백이나 혼잣말처럼 하는 의문문 (물음의 상대가 없이 하는 의문문)
→ 이것은 이야기, 발화 상황의 문제이므로 형태상으로는 직접의문문과 아주 똑같음에 주의하라!
예 어더 보ᄊᆞᆯ까(얻어볼까?) (『석보상절』 24 : 43) → 판정의문문
예 뎨엇던 功德을 뒷더신고 (『석보상절』 24 : 37)
(그가 어떤 공덕을 쌓아 두었던가?) → 설명의문문

(5) 특수교체

형태소는 환경에 따라 모양이 바뀔 수 있는데, 음운체계에 따라 필연적으로 일어나는 것을 자동적 교체라 하고, 그렇지 않은 것을 비자동적 교체라고 한다. 중세국어에서는 명사 어간과 동사 어간이 특이한 비자동적 교체를 보인 예가 있다.

① 명사 어간의 비자동적 교체

㉠ 'ᅀᆞ/ᅀᅳ'→'ㅿㆁ'의 바꿈 : 'ᄋᆞ/으'가 탈락하고 'ㅿ'가 앞 음절의 받침이 됨

예 아ᅀᆞ(아우 弟), 여ᅀᅳ(여우 狐)

단독형	주격	목적격	관형격	서술격	부사격
아ᅀᆞ	아ᇫ이	아ᇫᄋᆞᆯ	아ᇫᄋᆡ	아ᇫ이라	아ᅀᆞ와
여ᅀᅳ	ᅌ이	(여ᇫ을)	여ᇫ의	(여ᇫ이라)	(여ᅀᅳ와)

㉡ 'ᄅᆞ/르' → 'ㄹ ㆁ'의 바꿈(설측음화) : 모음 'ᄋᆞ/으'가 탈락하고 'ㄹ'이 앞 음절의 종성(끝소리, 받침)이 됨

예 노ᄅᆞ(노루), ᄀᆞᄅᆞ(가루), ᄂᆞᄅᆞ(나루), 시르(시루) 등

단독형	주격	목적격	부사격 (처소)	접속	서술격	보조사 (대조)	보조사 (동일)
노ᄅᆞ(노루)	놀이	놀ᄋᆞᆯ	(놀ᄋᆡ)	노ᄅᆞ와	놀이라	(놀ᄋᆞᆫ)	노ᄅᆞ도
ᄀᆞᄅᆞ(가루)	ᄀᆞᆯ이	ᄀᆞᆯᄋᆞᆯ	(ᄀᆞᆯᄋᆡ)	(ᄀᆞᄅᆞ와)	ᄀᆞᆯ이라	(ᄀᆞᆯᄋᆞᆫ)	ᄀᆞᄅᆞ도
ᄂᆞᄅᆞ(나루)	ᄂᆞᆯ이	(ᄂᆞᆯᄋᆞᆯ)	ᄂᆞᆯᄋᆡ	(ᄂᆞᄅᆞ와)	(ᄂᆞᆯ이라)	ᄂᆞᆯᄋᆞᆫ	ᄂᆞᄅᆞ도
시르(시루)	(실이)	실을	실의	시르와	(실이라)	(실은)	시르도

㉢ 'ㄱ' 첨가 : 명사의 끝음절 모음이 탈락하고 'ㄱ'이 덧생기는 현상

예 나모(나무), 구무(구멍), 불무(풀무), 녀느(남)

단독형	주격	목적격	부사격 (처소)	부사격 (도구, 방향)	부사격 (접속)	서술격	보조사 (대조)	보조사 (역시)
나모(나무)	남기	남ᄀᆞᆯ	남ᄀᆡ	남ᄀᆞ로	나모와	남기라	ᄀᆞᆫ	나모도
구무(구멍)	굼기	굼글	굼긔	(굼그로)	구무와	굼기라	(굼근)	구무도
불무(풀무)	붊기	붊글	붊긔	(붊그로)	불무와	붊기라	(붊근)	(불무도)
녀느(남)	년기	년글	(년긔)	(년기라)	녀느와	(년기라)	(년근)	(녀느도)

② 동사 어간의 비자동적 교체

시므/시ᇚ	어간 모음 'ᄋᆞ/으'가 탈락되고 'ㄱ' 이 덧생김. 현대어에서는 단독형으로 통일됨	• 시므 + 어 → 심거(심어) : 모음어미 앞 '시ᇚ' • 시므 + 고 → 시므고(심고) : 자음어미 앞 '시므'
다ᄅᆞ(異)	모음('ᄋᆞ/으')이 강모음('ᄋᆞ/으'를 제외한 모음)을 만나면 탈락 또는 축약됨에 의한 태바꿈	• 달아(다ᄅᆞ + 아) • 달옴(다ᄅᆞ + 옴)(다ᄅᆞ다 > 다르다 異)
모ᄅᆞ(不知)		• 몰라(모ᄅᆞ + 아) • 몰롬(모ᄅᆞ + 옴)(모ᄅᆞ다 > 모르다 不知)
ᄇᆞᅀᆞ(碎)		ᄇᆞᅀᆞ디, ᄈᆞᅀᆞ며, ᄇᆞᇫ아, ᄇᆞᇫ온

3 어휘

(1) 고유어

① 『훈민정음』의 '슈룹'은 『계림유사』에 '산일취립(傘日聚笠)', 『조선관역어』에 '산 속로(傘 速路)'라고 하여 오랫동안 써 오던 우리 고유어임을 알 수 있는데 이미 『훈몽자회』에 오면 '우산'으로 대체되었다.

② 중세국어 문헌에는 현대국어에서 볼 수 없는 많은 고유어를 찾아볼 수 있다.

    ㉠ 한자어에 밀려 오늘날 사어가 된 말

        '온(百), 즈믄(千), ᄀᆞᄅᆞᆷ(江), 미르(龍), ᄒᆞ마(已), ᄆᆡᆼᄀᆞᆯ-(作), 하-(多), 두렵-(圓), 언마(幾), ᄀᆞᄅᆞ비(霧雨), ᄂᆞᆾ곳(顔色), 다ᄒᆞ-(如), 빌먹-(乞食), ᄒᆞ다가(萬一)

    ㉡ 어형 변천

        'ᄆᆡᆼᄀᆞᆯ → 민들- 또는 ᄆᆞᆫ들-', '언마 > 얼마', '두렵-(圓) > 둥글-', '두립-(畏) > 두렵-'

(2) 모음전환에 의한 어의 변화

① **모음전환현상** : 모음 하나를 바꿈으로써 관련된 의미를 가지는 별개의 단어를 만들어 내는 현상으로 이 모음전환에 의한 대립어들이 많았다.

    예 곱다(曲)/굽다(屈), 남다(越,餘)/넘다(越), 늙다(古)/늙다(老), ᄆᆞᆰ다(淸)/붉다(明), 할다(謗)/헐다(破), 갗(皮)/겿(表), 마리(首/머리)

② **어의변화** : 어형은 비슷하나 의미가 바뀐 단어들도 많다. 한동안 'ᄌᆞ갸'는 오늘날의 '자기'의 고형으로 오해한 적이 있다. 그러나 'ᄌᆞ갸'는 오늘날 3인칭 '당신'에 해당하는 단어였다.

    예 즁ᄉᆡᆼ〉 즘승 〉 즘승 〉 짐승(어형뿐만 아니라 의미도 축소됨), ᄉᆞ랑(思, 愛, 慕 → 愛 : 의미축소), 뫼(밥의 높임말 : 진지 → 死者를 위한 밥 : 의미축소)

(3) 차용어

차용이란 외국어의 어떤 요소를 자기 언어의 일부로 삼는 것을 말하고 이렇게 차용해서 들어온 말을 차용어라 한다. 이런 연유로 국어사를 한편으로는 차용의 역사라 이르기도 한다.

① 전기중세국어 시기에 관직, 군사, 말, 매, 음식 등에 관한 몽골어 어휘와 만주어, 여진어 등이 들어옴

    ㉠ 몽고어 : 가라말(검정말), 구렁말(밤색말), 보라(매), 송골(매), 수라(임금이 먹는 밥)

    ㉡ 만주어 · 여진어 : 호미, 수수, 메주, 가위, 투먼(두만)

② 후기중세국어 시기에 다량의 한자어가 귀화함 – 한자로 표기된 상태로 들어온 차용어는 너무 많아서 일일이 열거할 수가 없을 정도이다.

    예 '차반(茶飯)', '즁ᄉᆡᆼ(衆生)'이 대표적인 예로 이 어휘들은 한자로 적히지 않고 한글로만 적은 경우도 있다.

> **더 알아두기**
>
> • **명사** : 내막, 십상, 잠깐, 잠시, 도외시, 무진장, 벽창호, 별안간, 삽시간, 철부지, 주전자, 하마평
> • **부사** : 급기야, 도대체, 무려, 부득이, 설령, 심지어, 어차피, 하여간, 점점, 하필 등

제 **7** 장 | 근대국어

근대국어는 17세기 초부터 현대국어가 시작되는 시기 이전까지 약 300년간의 국어를 말한다. 중세국어에 비해 관심이 적어 연구 실적이 많지 않아 근대국어의 특징을 잘 알 수는 없으나 근래에 오면서 이 시기의 문헌들이 하나씩 발굴되어 널리 알려지면서 차츰 근대국어에 대한 연구가 활발해지고 있다. 근대국어는 중세국어에서 현대국어로 넘어가는 과도기로서의 특징을 갖는다.

1 자료

(1) 이 시기의 문헌들은 중세국어 시기에 간행되었던 것들의 중간본(重刊本)이나 개간본(改刊本)들이 많다.

   ① **중간본** : 내용도 고치고 판도 물론 새로 만들어 찍어낸 책을 말한다.

   ② **개간본(改刊本)** : 내용은 초간의 것을 그대로 따르되 다만 판만 새로 만들어 찍어내는 책을 말한다.

   ③ **복각본(覆刻本)** : 초간본의 판본이 남아 있어 그 형태를 완전히 그대로 살려 새로 만든 판본으로 찍어낸 책을 말한다.

(2) 개간본이나 복각본은, 비록 판을 새로 만들 때 만드는 당시의 언어 모습이 반영되는 수가 없지는 않으나 초간본의 언어가 그대로 재생되는 것이므로 근대국어의 자료로 삼을 수 없다.

2 음운 〔중요〕

(1) '·'의 음운변화 : '·'는 16세기 후반 제2음절 이하에서 첫 단계의 소실을 경험했는데 18세기 후반에 와서 어두 음절에서도 소실되는 둘째 단계의 소실이 일어남으로써 완전히 그 자취를 감추었다.

   예 ㄱ술 > ㄱ을 > ㄱ을 > 가을

(2) 'ㅐ, ㅔ'의 단모음화

   ① **이중모음의 단모음화** : '·'의 소실로 18세기 말엽 정도에서 'ㅐ, ㅔ'의 단모음으로 바뀌었다.

   ② **근대국어의 모음체계** : 8모음체계 'ㅣ, ㅔ, ㅐ, ㅡ, ㅓ, ㅏ, ㅜ, ㅗ'

③ 움라우트 현상

    ㉠ 'ㅐ, ㅔ'의 단모음화 이후 'ㅏ, ㅓ, ㅗ'가 뒤따르는 음절의 'ㅣ'의 영향으로 'ㅐ, ㅔ, ㅚ'로 바뀌는 움라우트 현상이 나타났다.

    ㉡ 이 현상은 18세기 말엽에서 19세기 말엽에 이르는 시기의 문헌에 많이 반영되어 나타났다.

        예 익기는[〈 앗기−석(惜)], 듸리고(〈 드리고), 싀기(삿기), 지팡이(〈 지팡이)

(3) **'ㅡ'의 원순모음화** : 'ㅁ, ㅂ, ㅍ, ㅃ' 등의 순음 아래 평순모음 'ㅡ'가 원순모음 'ㅜ'로 바뀌는 현상이다.

    예 블 〉 불, 플 〉 풀, 믉다 〉 묽다, 븟다 〉 붓다

(4) **'ㅡ'의 전설모음화** : 치찰음(ㅅ, ㅈ, ㅊ) 뒤의 'ㅡ'가 'ㅣ'로 변하는 현상이다.

    예 즛 〉 짓, 슳다 〉 싫다

(5) **구개음화** : 구개음 'ㄷ, ㅌ' 등의 치음 바로 뒤에 'ㅣ'나 반모음 'j'가 올 때 그 모음과 같은 위치에서 발음되는 'ㅈ', 'ㅊ'으로 변동되는 현상을 말한다. 이 현상은 17세기 말에서 18세기 초에 걸쳐 일어난 것으로 추정된다.

    예 뎔 〉 졀 〉 절, 디새 〉 지새, 됴타 〉 죠타 〉 좋다, 디다 〉 지다

(6) **된소리화**

    ① 중세국어의 'ㅂ'계 어두자음군은 이 시기에 와서 단순한 된소리로 바뀌었다.

    ② 17세기에 이미 'ㅼ, ㅵ' 등이 'ㅺ, ㅆ/ㅉ' 등으로 표기의 혼란을 일으키는데, 대개 17세기 중엽까지는 모두 된소리로 바뀐 것으로 추정된다.

        예 곶다 〉 꽂, 듧다 〉 쏠다, 겂다 〉 썪다

(7) **유기음화** : 중세국어에서 평음이던 것이 유기음으로 바뀐 것도 많다.

    예 닷 〉 탓, 고 〉 코, 갈 〉 칼, 볼 〉 풀, 시기다 〉 시키다

3 문법 종요

(1) **주격조사 '가'의 발생**

    ① 중세국어에서 주격조사는 '이'만 사용된다.

    ② 17세기 자료에서부터 발견된다.

        예

        • 빅<u>가</u> 올 거시니 (『첩해신어』 1 : 8)

        • 동래<u>가</u> 요스이 편티 아니ᄒ시더니 (『첩해신어』 1 : 36)

- 더라온 지<u>가</u> 다 처디고 (『신전자초방언해』 9)
- 내<u>가</u> 근본인사불민(根本人事不敏)혼 타스로 (『인어대방』 3 : 39)

(2) 활용어미

① **현재시제 선어말어미** : 중세국어에서 '-ᄂᆞ-'로 통일되어 있던 현재시제의 선어말어미가 어간말음이 모음이냐 자음이냐에 따라 '-ㄴ-/-는(ᄂᆞᆫ)-'으로 갈리어 실현되었다.

예

- 은혜를 안다 ᄒᆞ<u>ᄂᆞ</u>니라 (『박통사언해』 상58)
- ᄃᆞ리룰 놋<u>는</u>다 ᄒᆞ<u>ᄂᆞ</u>니라 (『박통사언해』 중23)
- 믈이 쇠거름ᄀᆞ티 즈늑즈늑 것<u>는</u>다 (『노걸대언해』 하8)

② **과거시제 선어말어미 '-앗-/-엇-'의 발생** : 중세국어의 부사형 어미(혹은 보조적 연결어미) '-어'와 보조용언 '잇-(有)'이 이어진 '-어잇-'이 축약되어 발생하였다. ('-어 잇- > -엣- > -엇- > -었-') 이것은 이미 근대국어에서 과거시제를 나타내는 기능을 담당한 것으로 보인다.

③ **객체경어법의 선어말어미** : 중세국어에 있었던 객체경어법 선어말어미 '-ᄉᆞᆸ'은 근대국어에 와서 그 기능을 잃었기에 객체경어법은 거의 화석화되고 주체경어법과 상대경어법만 남게 되었다.

④ **명사형 어미 '-기'의 출현** : 그 용례는 드문 편이다.

더 알아두기	
고대국어	• 한자를 차용하여 인명과 지명을 표기함 • 고유어와 한자어의 경쟁이 있었음 • 향찰(鄕札) : 한자의 음(문법적 요소)과 훈(실질적 의미를 가진 부분)을 빌려서 표기하는 것을 원칙으로 함 예 夜入伊遊行如可(밤드리 노니다가) – 훈차 : 夜(밤), 入(들-), 遊(놀-), 行(니-), 如('-답다'에서 ㅂ 탈락) – 음차 : 伊(이), 可(가)
중세국어	• 된소리가 등장함 • 모음 조화 현상(후기에는 부분적으로 지켜짐) • 성조(聲調)가 있었고, 그것은 방점(傍點)으로 표기됨 • 주체높임법, 객체높임법, 상대높임법 등이 있었음 • 고유어와 한자어의 경쟁이 계속됨(한자어의 쓰임 점차 증가) • 언문 불일치(말할 때는 우리말, 쓸 때는 한자) • 외래어 유입(중국어, 몽골어, 여진어 등)
근대국어	• 방점 완전 소실. 상성은 장음(長音)으로 변화됨 • 'ㆁ, ㆆ, ㅿ' 등이 사라져 문자체계의 변화가 생김 • 'ㆍ(아래 아)' 완전 소실[단, 표기법상에서는 한글 맞춤법 통일안(1933) 때 폐지됨] • 한글 사용의 폭 확대 • 문장 구성 방식이 현대와 비슷함 • 서구 문물의 도입으로 신문물어(新文物語) 유입

4 어휘 (중요)

근대국어에 와서는 어휘 부분에 상당한 변화를 갖게 되었다. 많은 고유어들이 한자어로 대체되거나 중세국어까지만 해도 사용됐던 어휘들이 더 이상 쓰이지 않게 되었을 뿐만 아니라 의미의 축소나 확대와 달리 본래의 의미를 잃고 다른 의미를 가지게 되는 현상도 두드러졌다.

(1) 의미의 이동

① **단순한 이동**

예
- '어리다' : '어리석다' > '나이가 어리다'
- '싁싁하다' : '엄하다' > '씩씩하다'
- '어엿브다' : '불쌍하다' > '어여쁘다'

② **반대의 뜻으로의 이동**

예
- '빋쓰다' : '값이 싸다' > '값이 나가다'
- '쓰다' : '값이 나가다' > '값이 싸다'
- '엉터리' : '대강 갖추어진 틀' > '갖추어진 틀이 없음'
- '에누리' : '값을 더 얹어서 부르는 일' > '값을 깎는 일'

(2) 차용어의 유입

① 근대국어 시기에도 중국어 차용이 여전히 활발했지만 중세국어와는 달리 서양으로부터 차용어가 들어오기 시작했다. 그리고 근대 후기에 가서는 일본어로부터 많은 차용어를 수용하게 되었다.

② **차용어 예**

㉠ 중국차용어 : 무명[木綿(목면)], 비치[白寀], 비단(緋緞), 탕건(唐巾)

㉡ 일본차용어 : 감안(勘案), 촌지(寸志), 현관(玄關), 신문(新聞), 신병(身柄)

　→ 검찰조사나 사회적, 법률적 사건 등에 종종 등장하는 말

제 **6** 편 **| 실전예상문제**

제1장　국어의 형성과 시대구분

01　고려의 건국으로 경상도에서 개성으로 말의 중심이 이동하였다. (경기어 중심 언어 형성)

01 국어사의 시대구분 중 고대국어와 중세국어를 나누는 시점은?

① 신라의 통일
② 고려의 건국
③ 조선의 건국
④ 훈민정음의 창제

02　중세국어는 고려부터 조선 전기의 국어를 아우르는 말이다. 고려 건국으로부터 한글창제 전까지를 중세전기국어라 하고 그 이후로부터 임진왜란 전까지를 중세후기국어라 한다. 중세국어는 국어사 분야에서 가장 활발히 연구되었다.

02 국어사의 시대구분을 잘못 이해한 것은?

① 삼국시대부터 통일신라 멸망까지의 약 1,000년 동안의 국어를 고대국어라 한다.
② 훈민정음이 창제된 후부터 임진왜란까지의 국어를 중세국어라 한다.
③ 임진왜란 이후의 17세기 초부터 오늘날까지의 국어를 근대국어라 한다.
④ 지금 현재 쓰이고 있는 국어는 현대국어라고 하여 근대국어와 구분한다.

제2장 표기법

01 다음 중 고대국어의 표기 수단에 해당되지 <u>않는</u> 것은?

① 이두
② 향찰
③ 구결
④ 훈민정음

02 다음 중 한글이 지닌 문자론적 특성으로 옳지 <u>않은</u> 것은?

① 자음자와 모음자가 구별되는 자모문자이다.
② 만든 사람과 만든 시기가 분명하다.
③ 다른 문자의 체계를 모방하여 만들어졌다.
④ 한글은 문자발달사로 보아 그 최종 단계의 이상적인 문자체계이다.

03 차자표기 중, 완전한 한문은 그대로 두고 토씨만 차자로 표기 수단으로 사용한 문자는?

① 향찰
② 구결
③ 이두
④ 훈독

01 훈민정음은 중세국어 시기에 만들어졌다. 이두, 구결, 향찰은 고대국어 표기 수단이다.

02 한글은 세종 25년에 세종이 만들었다고 문헌상에 밝혀져 있다. 한글은 모음 글자와 자음글자가 따로 분리되어 있는 자모문자이다. 즉, 문자발달사로 보아 그 최종 단계의 이상적인 문자체계로 일반문자의 발달과정과는 달리 매우 독창적으로 만들어졌다.

03 구결은 한문을 끊어 읽을 때 중간중간에 넣는 우리말 토를 말한다. 옛 문헌의 한문은 구두점은 물론 띄어쓰기도 되어 있지 않아 끊어서 해석하는 것이 여간 어려운 것이 아니었다. 그래서 한문을 해석하기 쉽게 한문에 한자의 음과 훈을 빌려 토를 단 것이다.

정답 01 ④ 02 ③ 03 ②

04 ① 향찰은 한자의 음과 뜻을 활용하여 우리말을 표기하는 방법으로, 표기 자체는 한자로 하였다.
② 이두에 대한 설명이다.
④ 구결에 대한 설명이다.

04 향찰에 대한 설명으로 가장 적절한 것은?

① 말의 뜻과 음을 우리말로 표기한 방식이다.

② 구결문에서 한문 부분을 우리말에 가깝게 바꾸어 놓은 것으로, 하급 관리들이 공문서를 작성할 때 널리 사용되었다.

③ 한자의 음과 뜻을 모두 사용하여 한국어의 문법 구조의 표현을 표기한 고대 한국의 표기법이다.

④ 한문을 읽을 때 중간중간에 넣는 우리말 토를 이르는 말로, 그 약자는 일본의 가타카나와 유사하다.

제3장　훈민정음에 대한 이해

01　훈민정음에 대한 설명으로 옳은 것은?

① 초성과 중성은 발음기관을 상형했다.
② 1443년에 창제, 1446년에 반포하였다.
③『훈민정음 언해본』은 창제 당해에 발표되었다.
④ '예의' 부분은 집현전 학자들이 편찬하였다.

02　다음 중 한글에 대한 설명으로 옳지 <u>않은</u> 것은?

① 현재의 한글은 현대 사회를 반영하면서 창제 당시에 비해 음운과 어법이 매우 복잡해졌다.
② 제자 원리에 있어서 자음은 발음기관을 상형했고, 모음은 삼재(三才)의 원리를 모방하였다.
③ 한글이라는 이름은 1913년 '한민족의 위대한 문자'라는 뜻으로 주시경에 의해 명명되었다.
④ 한글 자모의 명칭과 순서를 처음으로 규정한 것은 1527년에 간행된 최세진의 「훈몽자회(訓蒙字會)」이다.

03　훈민정음 해례본의 가치에 대한 설명으로 적절하지 <u>않은</u> 것은?

① 자체(字體)의 격자설이 밝혀졌다.
② 제자원리와 창제 당시의 자모의 자체(字體)가 명시되었다.
③ 창제 당시 규정한 낱자 운용법의 전모가 밝혀졌다.
④ 용례로 든 123개의 고어휘는 고어 연구의 귀중한 자료가 된다.

01 현대에 와서 창제와 반포의 시점이 다른 차이설을 인정하고 있다.
① 초성은 발음기관을, 중성은 천지인을 상형했다.
③·④ 훈민정음 언해본은 1459년에 세조가 지은『월인석보』에 '예의'만이 번역되어 전한다.

02 현재의 한글은 훈민정음 창제 당시에 비해 음운 수도 줄어들었고, 어법에 있어서도 간편성을 추구하고 있어 상당 부분 표기법 및 문법이 체계화·간략화되었다.
② 자음의 제자원리 : 발음기관 상형의 원리와 가획의 원리를, 모음은 삼재의 상형과 결합의 원리를 적용해서 만들었다.
③ 주시경이 붙인 '한글'은 '위대한 글, 하나의 글, 한민족의 글, 세상에서 첫째가는 길'이라는 의미를 지닌다.
④ 자모의 명칭이나 배열순서가 현대국어와 비슷하게 매김된 것은 「훈몽자회」에서 유래되었다.

03 해례본의 제자해는 훈민정음의 각 글자들이 어떠한 원리에 근거하여 만들어졌는지 그 원리를 밝히고 있다. 여기에 의하면 훈민정음의 첫 원리는 상형으로서 초성, 즉 자음은 발음기관의 모양을 본떴음을 명시하고 있다.

정답 01② 02① 03①

제4장　훈민정음의 제자원리와 문자체계

01 기본자는 'ㄱ, ㄴ, ㅁ, ㅅ, ㅇ'으로 총 다섯 가지이다.

01 훈민정음 초성의 기본자를 아(牙)·설(舌)·순(脣)·치(齒)·후(喉)의 순서대로 바르게 배열한 것은?

① ㄱ, ㄷ, ㅁ, ㅅ, ㅇ
② ㄱ, ㄴ, ㅂ, ㅈ, ㅇ
③ ㄱ, ㄷ, ㅂ, ㅈ, ㆆ
④ ㄱ, ㄴ, ㅁ, ㅅ, ㅇ

02 • 상형 : 발음기관의 모양을 본뜸
• 가획 : 획을 하나씩 더해감
• 병서 : 글자를 옆으로 나란히 씀
• 연서 : 순음 아래 'ㅇ'를 표기하여 순경음을 만들었음

02 다음 괄호 안에 들어갈 단어가 순서대로 옳게 배열된 것은?

> 한글의 자음을 만들 때, 기본자 'ㄱ, ㄴ, ㅁ, ㅅ, ㅇ'은 발음기관의 모양을 (　　)하여 만들었다. 'ㅋ, ㄷ, ㅌ, ㄹ, …' 등은 이 기본자를 바탕으로 (　　)의 원리에 따라 만든 것이고 'ㄲ, ㄸ, ㅃ, ㅆ, ㅉ, ㆅ' 등은 이를 (　　)하여 만든 것이다. 또, (　　)라는 방법을 통해 'ㅁ, ㅂ, ㅍ'과 'ㅇ'을 세로로 나란히 써서 'ㅱ, ㅸ, ㅹ' 등의 글자를 만들기도 하였다.

① 가획, 상형, 병서, 연서
② 상형, 가획, 연서, 병서
③ 상형, 가획, 병서, 연서
④ 병서, 연서, 상형, 가획

정답 01 ④　02 ③

03 다음 (가)와 (나)의 내용에 따라 [:업스 · 면]의 성조를 바르게 이해한 것은?

> (가) 믈읫 字·ㅉㅣ 모·로·매 어·우러·사 소·리 :이
> ᄂ·니 :왼녀·긔 ᄒᆞᆫ 點:뎜·을 더으·면 ·ᄆᆞᆺ노·푼
> 소·리·오, 點:뎜·이 :둘히·면 上 :쌍聲셩·이·
> 오 點:뎜·이 :업스·면 平뼝聲셩·이·오, 入·십
> 聲셩·은 點:뎜 더·우·믄 ᄒᆞᆫ가·지로·ᄃᆡ ᄲᆞᆯ·
> 니·라.
> (나) 중세 후기 문헌에 방점이 사용된 것으로 보아 중국어
> 처럼 성조가 쓰였음을 알 수 있으나 우리나라의 현실
> 음에는 입성이 존재하기 어렵다.

① 입성 – 평성 – 거성
② 상성 – 평성 – 거성
③ 입성 – 거성 – 상성
④ 상성 – 거성 – 평성

04 다음은 훈민정음에 대한 해제이다. <u>잘못</u> 설명한 것은?

① 입술 가벼운 소리는 후음 'ㅇ'을 순음 아래 이어 써서 나는 소리이다.
② 아음(牙흠) 전청(全淸)에는 'ㅋ'이 있다.
③ 훈민정음 창제의 기본 정신의 근간은 자주 · 애민 · 실용 정신이다.
④ 훈민정음의 초성자는 발음기관을 본뜬 글자이다.

05 다음 자음 중 훈민정음에서는 가획의 원리로 설명하였으나 가획의 방법으로는 설명되지 <u>않는</u> 글자는?

① ㄹ
② ㅂ
③ ㅎ
④ ㅈ

03 '입성'을 고려했을 때의 답은 ①이 되지만, 인용문에서는 입성이 현실음에 존재하기 어렵다고 했으므로 [:업]은 점의 수효로만 판단해야 한다.

04 아음(牙흠) 전청에는 'ㄱ'이 있고, 'ㅋ'은 아음의 차청이다.

05 이체자에는 'ㆁ, ㄹ, ㅿ'가 있다.
② 'ㅂ'은 'ㅁ'에 가획하여 만들어진 글자이다.
③ 'ㅎ'은 'ㅇ'에 가획하여 만들어진 글자이다.
④ 'ㅈ'은 'ㅅ'에 가획하여 만들어진 글자이다.

정답 03 ② 04 ② 05 ①

06 '병'(ㅂ순경음)은 우리말 체계에 없지만 고유어에 음가가 있는 음운으로 사용되었다.

06 훈민정음의 자음체계 17자에 속하지 <u>않는</u> 것은?

① ㆁ

② ㅿ

③ 병

④ ㆆ

07 ①은 가획자, ②·③은 이체자이다.

07 다음 훈민정음 초성자 중 기본자에 속하는 것은?

① ㄷ

② ㄹ

③ ㆁ

④ ㅅ

08 'ㆁ'은 오늘날 글자는 없어졌으나, 종성의 'ㅇ'이나 방언 등에서 찾아볼 수 있다.

08 훈민정음 창제 당시의 글자 중 오늘날 글자는 없어졌으나 소릿값이 남아 있는 글자는?

① 병

② ㆁ

③ •

④ ㅿ

정답 06 ③ 07 ④ 08 ②

09 중세국어는 표음주의 표기가 원칙이다. 다음 중 표음주의와 관련이 **없는** 것은?

① 곶
② ᄉᄆᆺ디
③ 닙
④ 식미

10 'ᄆᆺ노ᄑᆫ 소리'는 점(방점)이 몇 개인가?

① 없다
② 1개
③ 2개
④ 없거나 하나, 또는 둘

11 중세국어 표현에서 상성으로 추측되는 것은?

① 말[馬]
② 발[足]
③ 입[口]
④ 눈[雪]

	제5장	고대국어

01 신라는 고구려보다 뒤늦게 한자를 접했지만 한자의 음과 훈으로 고유명사의 표기뿐 아니라 문장의 일부 또는 전부를 표기함으로서 이두식 표기와 향찰식 표기 체계를 완성했다.

01 신라어에 대한 설명으로 옳지 <u>않은</u> 것은?

① 신라어는 한계 언어 중 진한어를 근간으로 형성되었음을 추측한다.
② 신라어는 고구려와 백제어에 비해 기록이 많다.
③ 신라어는 고구려보다 앞서 한자를 접해 독특한 표기체계를 완성했다.
④ 사서의 인명, 지명 어휘 등의 기록은 주된 연구 대상 중 하나이다.

02 평음과 유기음의 대립은 있었던 것으로 추정되나 경음 계열은 아직 나타나지 않은 것으로 본다.

02 다음 신라어에 관한 설명 중 옳지 <u>않은</u> 것은?

① 된소리 계열이 나타난 것으로 추정된다.
② 모음체계는 일반적으로 7모음체계였을 것으로 추정된다.
③ 자음체계에 평음과 격음의 대립이 있었던 것으로 추정된다.
④ 신라어의 음운체계는 불충분한 자료와 해석상의 문제, 특히 한자음 파악에 어려움이 많다.

03 −ㄹ(乙), −흘(肜)은 구격조사가 아니라 대격조사이다.
신라어에서는 주격조사로 '이(伊, 是)', 속격조사로 '의, 이(矣, 衣), ㅅ(叱)', 대격조사로 'ㄹ(乙), 흘(肜)', 구격조사로 '루(留)', 처격조사로 '中, 良中', 특수조사로 'ㄴ(隱), 두(置)' 등이 쓰였다.

03 신라어의 문법형태에 관한 다음 설명 중 옳지 <u>않은</u> 것은?

① 주격조사 : 이(伊, 是)
② 속격조사 : 의, 이(矣, 衣), ㅅ(叱)
③ 구격조사 : ㄹ(乙), 흘(肜)
④ 처격조사 : 中, 良中

정답 (01 ③ 02 ① 03 ③)

제6장   중세국어

01 중세국어에서 근대국어로 내려오는 동안에 의미 변화가 이루어지지 않고 그대로 사용되었던 것은 어느 것인가?

① 어엿브다
② 졈다
③ 모딜다
④ 어리다

02 『훈민정음』의 본문에 나오는 중성자에 해당되지 <u>않는</u> 것은?

① ㅐ
② ㅠ
③ ㅏ
④ ㅣ

03 'ㆆ'과 같은 시기에 없어진 음운은?

① ㅿ
② ㅸ
③ ㆁ
④ ·

04 'ㆆ'의 설명으로 <u>틀린</u> 것은?

① 우리말의 초성에도 사용되었다.
② 이영보래로 사용했다.
③ 된소리 부호로 동사 뒤나 관형사형 어미 'ㄹ' 뒤에 쓰였다.
④ 후음의 하나였으나 세조 이후 소멸했다.

01 '모딜다'는 '모질다'의 옛말로, 의미는 상관없이 형태만 변화한 예시에 속한다.
① 불쌍하다 → 예쁘다
② 나이가 어리다 → 나이가 한창때에 있다(단순한 이동)
④ 어리석다 → 연령이 낮다

02 15세기 당시 단모음이 아닌 것을 찾는 문제다. 'ㅐ'는 현대국어에서는 단모음이지만, 중세국어에서는 이중모음으로 'ㅏ'와 'ㅣ'가 합쳐진 문자표기 형식이다.

03 'ㅸ'은 'ㆆ'과 같은 시기에 없어졌다. 'ㆆ'은 15세기에, 'ㅿ'은 임진왜란 직전에, 'ㆁ'은 임진왜란 직후에, '·'는 1933년에 소실되었다.

04 동국정운식 한자음 표기에만 사용되었다.

정답 01 ③ 02 ① 03 ② 04 ①

05 'ㅿ'은 성질상 불청불탁음으로 양순음에 해당하지 않고 반치음이다.

06 훈민정음 창제 당시 종성의 표기에 대하여 '종성부용초성(終聲復用初聲)'이라 하여 별도의 글자를 만들지 않고 초성의 글자를 다시 사용하도록 하였다. 하지만 실제로는 '팔종성가족용(八終聲可足用)'이라 하여 'ㄱ, ㄴ, ㄷ, ㄹ, ㅁ, ㅂ, ㅅ, ㆁ' 8개의 자음만으로 충분히 종성을 표기할 수 있다고 보았고 이를 사용하였다. 이를 따른 표기로 적절하지 않은 것은 '닢'으로 팔종성법에 따르면 '닙'으로 표기되어야 한다.

07 모음체계 가운데 기본자(ㆍ, ㅡ, ㅣ)와 초출자(ㅏ, ㅓ, ㅗ, ㅜ)가 단모음에 해당한다.

08 중세국어 시기에는 중국 성조를 차용해서 단어를 변별하던 사성법이 있었다. 왼쪽에 점 하나를 찍어 표현했던 거성, 두 점을 찍었던 상성, 무점인 평성이 있었다. 처음이 낮고 나중에 높아지는 소리는 상성이다.

05 다음 중 15세기에 존재했다가 소실된 음운의 내용이 <u>아닌</u> 것은?

① 분포상의 제약을 많이 받았다.
② 'ㆍ'는 'ㅸ'보다는 오래 쓰였다.
③ 'ㅿ'은 성질상 불청불탁음으로 양순음에 해당한다.
④ 'ㅸ'음은 양순마찰음이었을 것으로 추정된다.

06 다음 중 팔종성의 표기 원칙에서 벗어난 표기는?

① 맏고(맡고)
② 닢(잎)
③ 짓고(짓고)
④ 늣고(늦고)

07 다음 중 중세국어의 단모음에 속하지 <u>않는</u> 것은?

① ㅏ
② ㅗ
③ ㅡ
④ ㅢ

08 다음 중 처음에는 낮다가 나중에는 높아지는 중세국어의 성조는?

① 입성
② 상성
③ 거성
④ 평성

정답 05 ③ 06 ② 07 ④ 08 ②

09 중세국어에서 아랫사람이 윗사람을 부를 때 쓰이는 호격조사는 무엇인가?

① 아
② 하
③ 씨
④ 이시여

10 〈보기〉의 밑줄 친 ㉠에 해당하는 글자가 아닌 것은?

— 보기 —

한글 중 초성자는 기본자, 가획자, 이체자로 구분된다. 기본자는 발음기관의 모양을 상형한 글자이다. ㉠ 가획자는 기본자에 획을 더한 것으로, 획을 더할 때마다 그 글자가 나타내는 소리의 세기는 세어진다는 특징이 있다. 이체자는 획을 더한 것은 가획자와 같지만 가획을 해도 소리의 세기가 세어지지 않는다는 차이가 있다.

① ㄹ
② ㄷ
③ ㅂ
④ ㅊ

11 다음 중 병서법과 연서법에 대한 설명 중 옳지 않은 것은?

① 각자병서 'ㄲ, ㄸ, ㅃ, ㅉ, ㅆ, ㆅ' 등은 초성에 쓰였다.
② 연서법은 '입술가벼운소리'를 만드는 방법이다.
③ 연서법에 의해 만들어진 'ㅱ, ㅸ, ㆄ, ㅹ'은 순수 국어 표기에만 사용되었다.
④ 병서에는 각자병서와 합용병서가 있다.

12 'ㅁ'은 조음위치에 따라 '입술소리'에
해당하고, 'ㅅ'은 '혀끝소리'에 해당
한다. 또한 'ㅁ'은 조음방식에 따라
'비음'에 해당하고 'ㅅ'은 '마찰음'에
해당하므로 같은 성질의 소리끼리 묶
은 것이라고 한 것은 옳지 않다.
① 치음으로 소리 내는 방법이 같기
때문에 함께 배치할 수 있다.
③ 제자 순서가 아닌 소리의 유사성
을 중시한 자리 배치이다.
④ 'ㆁ, ㄱ, ㅋ'은 소리 내는 자리가
같기 때문이다.

13 ㉠ 양성모음 뒤 : 이
   예 소ᄂᆡ(손의), 臣下이(신하의)
㉡ 음성모음 뒤 : 의
   예 누늬(눈의), 버듸(벗의)
㉢ 무정명사나 높임유정명사 뒤 : ㅅ
   예 나랏말ᄊᆞᆷ, 부텻 모미

정답 12 ② 13 ④

12 발음기관에 따라 '아음(牙音)', '설음(舌音)', '순음(脣音)', '치음(齒音)', '후음(喉音)'으로 구별하고 있는 훈민정음의 자음 체계를 참조할 때, 다음 휴대전화의 자판에 대한 설명으로 옳지 <u>않은</u> 것은?

ㄱ ㅋ	ㅣ ㅡ	ㅏ ㅑ
ㄷ ㅌ	ㄴ ㄹ	ㅓ ㅕ
ㅁ ㅅ	ㅂ ㅍ	ㅗ ㅛ
ㅈ ㅊ	ㅇ ㅎ	ㅜ ㅠ

① 훈민정음의 자음 체계에 따른다면, 'ㅅ'은 'ㅈ ㅊ' 칸에 함께 배치할 수 있다.
② 'ㅁ ㅅ' 칸은 조음위치와 조음방식의 양면을 모두 고려하여 같은 성질의 소리끼리 묶은 것이다.
③ 'ㄷ ㅌ'과 'ㄴ ㄹ' 칸은 훈민정음 창제 당시 적용된 가획 등의 원리에 따른 제자 순서보다 소리의 유사성을 중시하여 배치한 것이다.
④ 훈민정음의 자음체계에서 'ㆁ'과 'ㅇ'은 구별되었다. 훈민정음의 자음체계에 따른다면, 이 중에서 'ㆁ'은 'ㄱ ㅋ' 칸에 함께 배치할 수 있다.

13 다음 중 속격조사에 해당하지 <u>않는</u> 것은?

① 이
② 의
③ ㅅ
④ ㄹ

14 중세국어에서의 선어말어미 '-오-/-우-'의 기능으로 적절한 것은?

① 현재시제를 나타내는 어미

② 상대방을 높이는 데 사용되는 어미

③ 주체가 존귀한 사람일 때 쓰는 주체경어법 어미

④ 화자가 자기 주관을 가미하여 표현하는 의도법 어미

15 다음 중 상대방을 가장 높이는 어미는 무엇인가?

① -시-

② -ᅀᆞᆸ-

③ -이-

④ -샤-

16 중세국어의 선어말어미에 관한 다음 설명 중 옳지 <u>않은</u> 것은?

① 의도법은 선어말어미 '-오-/-우-'로 표시되었다.

② 감동법의 선어말어미에는 '-도-', '-돗-'이 있다.

③ 시상법에서 현재를 나타내는 선어말어미 '-리-'가 있다.

④ 경어법에서 겸양법, 존경법, 공손법의 세 종류가 있었다.

17 '이는 賞(   ) 罰(   )'에서 괄호 안에 들어갈 중세국어의 의문문 어미는 어느 것인가?

① '-가' - '-아'

② '-고' - '-아'

③ '-아' - '-고'

④ '-냐' - '-녀'

---

14 의도법 선어말어미 '-오-/-우-' : 이 어미는 주어가 1인칭일 때에만 결합되는 인칭어미로서 이해되기도 하였으나 일반적으로는 화자(의문문일 때는 청자, 그리고 내포문에서는 주체)가 자기 주관을 가미하여 표현하는 의도법 어미라고 이해되고 있다. 이러한 의도법 어미 '-오-/-우-'는 16세기에 들어서면서 자취를 감추어 『소학언해』에 오면 이 어미를 볼 수 없게 된다.

15 상대방을 높이는 어미로 쓰인 것은 '-이-/-잇-'이다.
①, ④는 주체높임에, ② '-ᅀᆞᆸ-'은 객체높임에 쓰인다.

16 중세국어에서도 시제는 선어말어미에 의해 실현되었으나 그 형태나 용법은 현대국어와 차이가 꽤 있었다. 현재시제어미는 '-ᄂᆞ-', 선어말 '오'가 결합되면 '-노-'로 표현됐고, '-ㄹ-'는 미래 내지 추측을 나타내는 어미로 쓰였다.
② '-돗-' : 느낌표현(감동)의 선어말어미

17
• 판정의문문(가부의문문, yes/no의문문) : 의문사 없이 보조사 '-가'('ㄹ' 아래서는 '-아') 또는 의문형 종결어미 '-녀, -니여' 등으로 표현된다.
• 설명의문문 : 의문사, 의문보조사 '-고'('ㄹ' 아래서는 '-오'), 의문형 종결어미 '-뇨'로 표현된다.
의문사가 있으면 설명의문문, 없으면 판정의문문인데, 제시된 문장에는 의문사가 없으므로 판정의문문이다.

정답 14 ④ 15 ③ 16 ④ 17 ①

18 다음 중 중세국어의 특수교체의 예가 <u>아닌</u> 것은?

① 아ᅀ
② 나모
③ ᄆᆞᄅ
④ 도라

18 음운체계에 따라 필연적으로 일어나는 것을 자동적 교체라 하고, 그렇지 않은 것을 비자동적 교체라고 한다. 중세국어에서는 명사 어간과 동사 어간이 특이한 비자동적 교체를 보인 예가 있다.

- 명사 비자동적 교체
  - '슺/ᄉᆞ → 'ᅀ ㆁ'의 바꿈 : 'ᄋᆞ/으'가 탈락하고 'ᅀ'가 앞 음절의 받침이 됨
    예 아ᅀ(아우 弟), 여ᅀ(여우 狐)
  - 'ᄅᆞ/르 → 'ㄹ ㆁ'의 바꿈(설측음화) : 모음 'ᄋᆞ/으'가 탈락하고 'ㄹ'이 앞 음절의 종성(끝소리, 받침)이 됨
    예 노ᄅ(노루), ᄀᆞᄅ(가루), 나ᄅ(나루), ᄆᆞᄅ(마루), 시르(시루) 등
  - 'ㄱ' 첨가 : 명사의 끝음절 모음이 탈락하고 'ㄱ'이 덧생기는 현상
    예 나모(나무), 구무(구멍), 불무(풀무), 녀느(남)
- 용언 비자동적 교체 : 시므/심ㄱ, 다ᄅ(異), 모ᄅ(不知), ᄇᆞᅀ(碎)
④ '도라'는 교체가 아닌 연철에 해당한다. (돌 + 아 → 도라)

19 다음 중 중세국어에 존재하다가 16세기에 '만일(萬一)'에 밀려 사라진 고유어는?

① 올아
② 어엿비
③ ᄒᆞ다가
④ 가ᅀᆷ 열다

19 'ᄒᆞ다가'는 16세기에 이미 한자어 '만일(萬一)'에 밀려 자취를 감추었다.
① '오ᄅ다'의 활용형
② 어엿브다(불쌍하다)의 파생부사
④ 가ᅀᆷ열다(풍성하다)

20 다음 중 순수 고유어에 해당하지 <u>않는</u> 것은?

① 슈룹
② 즈믄
③ 미르
④ 샹녜

20 '샹녜'는 한자어 '상례(常例)'에서 온 말이다.
① '슈룹'은 '우산(雨傘)'의 고유어이다.
② '즈믄'은 한자어 '천(千)'의 고유어이다.
③ '미르'는 한자어 '용(龍)'의 고유어이다.

정답 18 ④ 19 ③ 20 ④

21 〈보기〉의 문장을 바탕으로 중세국어의 경어법을 이해한 것으로 가장 적절하지 <u>않은</u> 것은?

> **보기**
>
> ㉠ 太子ㅣ 道理 일우샤 즈걔 慈悲호라 ᄒ시ᄂ니 (『석보상절』)
> ㉡ 그 後로 人間앳 차바ᄂ 뻐 몯 좌시며 (『월인석보』)
> ㉢ 셤 안해 자싫 제 한비 사ᄋ리로ᄃ 뷔어ᅀ 즈ᄆ니이다 (『용비어천가』)
> ㉣ 곳과 果實와 플와 나모와롤 머그리도 이시며 (『석보상절』)

① ㉠의 '즈걔'는 '太子'를 받는 높임의 대명사로 쓰였다.
② ㉡의 '좌시며'는 '먹다'의 높임말로 쓰인 것이다.
③ ㉢의 '자싫'은 '자다'의 높임말로 쓰인 것이다.
④ ㉣의 '이시며'는 앞에 오는 '머그리'를 높이는 말로 쓰였다.

21 '이시며'는 현대역으로 하면 '있으며'이므로 높이는 말이 아니라 평어에 해당된다.
(머그리도 이시며 → 먹을 사람이 있으며)
① '즈걔'는 태자를 가리키는 재귀대명사이다. (제시문의 '즈걔'는 '즈갸'에 주격조사 'ㅣ'가 결합한 형태이다.)
② '좌시'는 먹다의 높임말이다.
③ '자싫 제'는 '주무실 때'로 '자다'의 높임말이다.

22 다음 자료가 간행된 시기에 나타난 국어의 특징으로 가장 옳지 <u>않은</u> 것은?

> 太子ㅣ 道理 일우샤 즈걔 慈悲호라 ᄒ시ᄂ니 (『석보상절』)

① 'ㅚ'와 'ㅟ'가 단모음화된 시기이다.
② 합용병서와 각자병서가 쓰였던 시기이다.
③ 주격조사 '가'가 나타나지 않았던 시기이다.
④ 모음조화가 현대국어보다 뚜렷하게 나타났던 시기이다.

22 『석보상절』은 수양대군이 쓴 번역 산문으로 1446년에 간행되었다. 따라서 제시된 자료가 간행된 시기는 중세국어에 해당한다. 'ㅚ'와 'ㅟ'가 단모음화된 시기는 현대국어에 와서이다.
②, ④는 15세기, ③은 17세기에 와서 나타났다.

정답 21 ④ 22 ①

23 '알외다'는 현대어로 '알리다'로 해석
되므로 '-외'가 사동을 나타내는 접
미사로 기능하고 있다.
① 솔ᄫ리 : 슓(어간) + ᄋ(매개모음)
+ ㄹ(관형형 어미) + 이(의존명
사) + ∅(ㅣ 모음 아래 주격조사
생략)
② 뵈아시니 : 뵈아 + 시(주체높임) +
니 → 뵈아다(재촉하다)
③ 하ᄃᆡ : 많았지만 : '-ᄃᆡ'는 현대어
에서 어미 '-되'로, 이유를 나타내
는 연결어미가 아니라 대립적인
사실을 잇는 데 쓰는 연결어미이
다. 조금 예스러운 어감이 있다.

23 밑줄 친 부분에 대한 설명으로 적절한 것은?

> 말ᄊᆞᆷ ㉠ 솔ᄫ리 하ᄃᆡ 天命을 疑心ᄒᆞ실ᄊᆡ ᄭᅮ므로 ㉡ 뵈아
> 시니 놀애롤 브르리 ㉢ 하ᄃᆡ 天命을 모ᄅᆞ실ᄊᆡ ᄭᅮ므로 ㉣ 알
> 외시니
> (말씀을 아뢸 사람이 많지만, 天命을 의심하시므로 꿈으로
> 재촉하시니 노래를 부를 사람이 많지만 , 天命을 모르므로
> 꿈으로 알리시니)   -『용비어천가』13장 -

① ㉠에서 '이'는 주격을 나타내는 조사로 기능한다.
② ㉡에서 '-아시-'는 높임을 나타내는 선어말어미로 기능한다.
③ ㉢에서 '-ᄃᆡ'는 이유를 나타내는 연결어미로 기능한다.
④ ㉣에서 '-외-'는 사동을 나타내는 접미사로 기능한다.

제7장 근대국어

01 다음 중 17세기부터 19세기 말까지의 근대국어에 대한 설명으로 가장 적절한 것은?

① 언문일치가 이루어졌다.

② 시상법 체계에서 과거 시제가 확립되었다.

③ 유성마찰음 계열인 'ㅸ, ㅿ'이 실제로 존재했다.

④ 의문문은 판정의문문과 설명의문문이 구별되기 시작했다.

»»🔍

[근대국어의 특징]

- 주격조사 '가'가 출현하여 '이'와 구별되어 쓰였다.
- 활용에서 'ㅸ'계 활용은 이미 15세기부터 반모음 'ㅗ, ㅜ'로 변하여 'ㅂ' 불규칙 활용이 되었다.
- 'ㅿ'계 활용은 근대에 소실되면서 'ㅅ' 불규칙 활용으로 변하였다.
- 객체높임법 선어말어미 'ㅅᆞᆸ, ㅈᆞᆸ, ᄉᆞᆸ'은 그 기능이 소멸되었다.
- 시제를 나타내는 선어말어미 '-었-'이 확립되었고, '-겠-'도 형성되었다.
- 현대로 올수록 명사형 어미는 '-(으)ㅁ'보다 '-기'가 더 많이 쓰이게 되었다.
- 종성 'ㄷ'과 'ㅅ'의 구별이 어려워지면서 표기의 혼란이 심해져 'ㄷ'을 'ㅅ'으로 적는 경향이 나타났다. 예) 믿어(믿어)
- 중세의 이어적기 방식이 현대의 끊어적기 방식으로 가는 과도기로 거듭적기 방식이 나타났다. 예) 니믈(이어적기), 님믈(거듭적기), 님을(끊어적기)
- 'ㆍ'는 점차 소실되었다. 16세기부터 둘째 음절 이하에 쓰인 'ㆍ'가 주로 'ㅡ'로 변하였으며, 18세기부터는 첫째 음절에 쓰인 'ㆍ'도 주로 'ㅏ'로 변하였다.
- 이중모음이던 'ㅐ'와 'ㅔ'가 18 ~ 19세기에 단모음으로 변하였다. 예) 개, 네
- 입술소리[순음(脣音)] 아래 쓰인 'ㅡ' 모음은 원순모음 'ㅜ'로 바뀌었다. 예) 믈 > 물, 블 > 불, 븕다 > 붉다

01 근대국어의 특징으로 옳은 것을 찾는 문제다.
① 언문일치는 20세기에 와서나 완성된다.
③ 'ㅸ', 'ㅿ'은 각각 15세기, 임진왜란 직전에 소멸되었다.
④ 중세국어 때부터 보인 특징이다.
[문제 하단의 해설 참고]

정답 01 ②

02 원순모음화 현상이란 순음 'ㅁ, ㅂ, ㅍ'의 영향을 받아서 평순모음인 'ㅡ'가 원순모음인 'ㅜ'로 바뀌는 현상을 뜻한다. 중세국어에서 근대국어로 오면서 변화된 것이다.
예 믈 → 물, 블 → 불, 플 → 풀
(ㅡ → ㅜ)

03 한자어보다 고유어가 많이 쓰인 시기는 중세국어 시기이고, 고유어가 한자어로 본격적으로 대체되기 시작한 시기는 근대국어에 와서이다.
[문제 하단의 해설 참고]

02 근대국어에 나타난 주요한 모음 변화의 하나로, 순음이었던 모음 'ㅡ'가 'ㅜ'로 변하는 현상을 무엇이라고 하는가?

① 'ㅣ' 모음 역행동화
② 원순모음화
③ 전설모음화
④ 양순음화

03 다음 우리말의 역사에 대한 설명 중 가장 적절하지 <u>않은</u> 것은?

① 근대국어 시기에 방점 표기 및 'ㆁ'과 'ㅿ'이 문자체계에서 사라진다.
② 고대국어의 향가에서는 주체높임법과 객체높임법은 분명히 확인되며 청자를 높이는 상대높임법은 잘 확인되지 않는다.
③ 중세국어 시기에 '뫼, ᄀᆞ름'은 각각 한자어 '산(山), 강(江)'으로 바뀌는 것과 같이, 고유어가 눈에 띄게 없어지고 한자어로 대체되는 경향을 볼 수 있다.
④ 중세국어에서는 존칭의 호격조사 '하', 인칭법 및 대상법 선어말어미 '-오-/-우-', 높임법 선어말어미 '-시-(주체높임법)', '-습-, -줍-, -ᄉᆞᆸ-(객체높임법)', '-이-(상대높임법)' 등이 나타나는 특징을 찾아볼 수 있다.

≫≫♀   [중세국어의 특징]

• 주격조사는 '이' 하나만 쓰였다.
• 관형격조사로는 '이/의'와 'ㅅ'이 있었다.
• 중세국어에서는 판정의문문과 설명의문문이 구분되었다. '-아' 계통의 어미와 보조사 '가'는 의문사가 없는 판정의문문에, '-오' 계통의 어미와 보조사 '고'는 의문사가 있는 설명의문문에 사용되었다.
• 주어가 2인칭일 때 의문형 어미는 '-ㄴ다' 또는 '-ㄹ다'가 사용되었다.
('이/의'는 앞의 명사가 사람이나 동물이면서 높임의 대상이 아닌 경우에, 'ㅅ'은 앞의 명사가 사람이나 동물이 아니거나 높임의 대상인 경우에 사용되었다.)
중세국어의 높임법은 현대국어와 같이 주체높임법, 객체높임법, 상대높임법이 있었다.

정답 02 ② 03 ③

- 주체높임법에는 선어말어미 '-시-', '-샤-'가 쓰였다.
- 객체높임법에는 선어말어미 '-습-, -줍-, -ᅀᅳ-, -ᅀᅩ-, -죻-, -ᅀᅩ-'가 쓰였다.
- 상대높임법에는 쇼셔체, 야쎠체, 라체가 있었다.
- 지금은 사라진 고유어가 많이 쓰였다.
- 한자어가 귀화하여 고유어처럼 쓰인 것도 있다.
- 한자어 이외에도 몽골어, 여진어에서 새로운 어휘가 들어왔다.

04 근대국어의 음운변화에 대한 설명으로 옳지 <u>않은</u> 것은?

① 이중모음이었던 'ㅐ, ㅔ'가 단모음으로 바뀐 것은 18세기 말이었다.

② 근대국어의 모음체계는 현대와 같은 10모음체계였던 것으로 추정된다.

③ 'ㆍ'는 이미 16세기 후반에 제2음절 이하에서부터 소멸되기 시작하였다.

④ 18세기 후반에 와서 제1음절에서도 'ㆍ'가 'ㅏ'나 'ㅗ' 등의 다른 모음으로 바뀌었다.

04 근대국어의 모음체계는 중세국어에서 단모음이었던 'ㆍ'를 제외하고 'ㅐ, ㅔ'를 추가한 8모음체계였던 것으로 추정된다.

05 구개음화와 관련된 음운변화의 예는 무엇인가?

① 드래 〉 드리
② 믈 〉 물
③ 디다 〉 지다
④ ᄭᆞᆺᄭᆞᆺᄒᆞ다 〉 깨끗하다

05 구개음화는 'ㄷ, ㅌ'이 'ㅣ'나 반모음 'ㅣ'로 시작하는 모음과 만나면 'ㅈ, ㅊ'이 되는 현상이다.

정답 04 ② 05 ③

06 중세국어에서 '-ᄂᆞ-'로 통일되어 있던 현재시제의 선어말어미는 근대국어에 와서 어간말음이 모음이냐 자음이냐에 따라 '-ㄴ-/-는(ᄂᆞᆫ)-'으로 갈리어 실현되었다.

06 **근대국어의 활용어미에 대한 설명으로 <u>잘못된</u> 것은?**

① 현재시제의 선어말어미로 '-ㄴ-'만 사용되었다.

② 과거시제를 나타내는 '-앗-/-엇-'이 등장하였다.

③ 객체경어법의 선어말어미 '-ᄉᆞᆸ-'은 그 기능을 잃었다.

④ 과거시제의 선어말어미 '-앗-/-엇-'은 '-아-/-어-'에 '-잇-'이 결합되어 이루어진 것이다.

07 식식하다 : 엄하다 > 씩씩하다
① 싸다 : 값이 나가다 > 값이 싸다
② 엉터리 : 대강 갖추어진 틀 > 갖추어진 틀이 없음
③ 에누리 : 값을 더 얹어서 부르는 일 > 값을 깎는 일

07 **다음 중 의미가 반대의 뜻으로 이동한 것이 <u>아닌</u> 것은?**

① 싸다

② 엉터리

③ 에누리

④ 식식하다

제 7 편

방언론

| 단원 개요 |

어느 시대 어느 나라의 언어나 방언이 없는 언어는 없다. 이 점에서 어느 나라든 엄격한 의미에서는 동질적인 언어집단이기보다는 얼마간 이질적인 언어집단이다. 이 단원에서는 방언의 개념, 방언과 표준어의 관계, 지역방언과 사회방언 그리고 각 지역별 방언의 특징에 대해 살펴본다.

| 출제 경향 및 수험 대책 |

이 단원에서는 방언의 개념, 표준어와 방언의 관계, 지역방언과 사회방언의 특성, 각 지역방언의 특징에 관한 내용을 묻는 문제가 출제될 수 있기에, 이에 대한 학습이 요구된다.

제 1 장 | 언어와 방언

1 언어와 방언의 구별 기준

어느 시대 어느 나라의 언어든 언어가 단 하나로 존재하는 것은 없다. 한 언어는 몇 개의 방언으로 이루어져 있다고 말할 수 있다. 즉 방언은 언어의 분화체라고 할 수 있다. 그 이유는 쓰는 집단이 다르고 쓰이는 지역이 다르면 어쩔 수 없이 크든 작든 얼마간의 분화를 일으키기 때문이다. 언어의 분화체인 방언들 사이의 차이는 언어들 간의 차이만큼 크지 않은 것이 일반적이다. 예를 들어 중국 사람과는 의사소통이 어렵지만 서로 지역이 다른 우리나라 사람들은 서로 의사소통을 할 수 있다. 서로 자기 말을 쓰면서 의사가 소통되면 상호의사소통이 된다고 보기에 그 두 말 사이의 차이가 크지 않은 것이다. 그리하여 언어와 방언은 흔히 상호의사소통력 여부를 통해 구별할 수 있다. 그러나 언어와 방언을 구분하는 기준으로서 상호의사소통력은 미흡한 면이 있다. 이 때문에 언어를 방언과 구분하는 기준으로 국가와 표준어를 동원하여야 할 때가 있다. 비록 언어의 차이가 많이 나더라도 표준어가 같고, 같은 정서법을 쓰는 말이라면 그 두 말은 한 언어의 두 방언이라는 것이다. 그러나 이러한 특징을 갖지 못한다면 두 언어는 서로 다른 언어이다.

2 표준어와 방언

(1) 표준어의 이해 (중요)

① 표준어는 방언 중의 하나이다.

② 방언의 차이에서 오는 의사소통의 불편을 덜기 위하여 전국민이 공통적으로 쓸 공통어를 정할 필요가 있을 때 그 공통어의 자격을 부여받은 것이 바로 표준어이다.

③ 표준어의 자격을 얻은 방언은 공용어로서 자격을 동시에 얻기 때문에 교과서며 신문이며 방송 등에 두루 쓰이게 된다.

④ 표준어가 방언보다 우위적 언어라고 할 수는 없다.

⑤ 표준어는 물론 인공적인 조처가 가미되는 수가 있다.

⑥ 어떤 언어 사회가 표준으로 삼는 이상성(理想性), 규범성(規範性), 공용성(共用性)을 지닌 말을 뜻한다.

⑦ 국어에서 표준어가 정해진 것은 1936년 조선어학회에 의하여 '사정한 조선어 표준말 모음'이 편찬된 데서 비롯된다.

⑧ **표준어의 원칙** : 표준어는 교양 있는 사람(계층적 조건)들이 두루 쓰는 현대(시간적 조건) 서울말(지리적 조건)로 정함을 원칙으로 한다.

(2) 표준어의 기능

① **통일(統一)의 기능** : 표준어의 가장 대표적인 기능은 통일의 기능이다. 방언차가 심하면 한 나라 안에서도 의사소통이 전혀 안 되는 경우가 있는데, 중국이 그 예이다. 그렇지는 않더라도 각 지방 사람들이 각각 자기 지방 사투리를 그대로 쓴다면, 서로 의사소통을 하는 데 큰 불편을 겪게 된다. 이처럼 표준어는 원활한 의사소통을 통하여 한 나라 국민을 하나로 뭉치게 해주는 한편, 같은 국민 으로서 일체감을 가지도록 해 주는 구실을 한다. 그런데 통일의 기능은 반대로 분리의 기능이기도 하다. 서로 같은 말을 쓰는 사람들끼리는 의사소통이 잘되고, 그만큼 더 친밀한 감정을 느끼게 되 지만, 서로 다른 말을 쓰는 사람과는 의사소통이 불편하고 정다운 느낌도 그만큼 덜 가지게 되는 것이다.

② **우월(優越)의 기능** : 표준어는 그것을 쓰는 사람이 쓰지 않는 사람보다 우월한 사람임을 드러내는 기능을 한다. 표준어는 주로 학교 교육을 통하여 습득되기 때문에, 표준어를 바르게 쓸 줄 안다는 것은 교육을 정상적으로 받았다는 것을 뜻한다. 즉, 표준어를 쓰는 사람은 사투리밖에 쓰지 못하는 사람보다 더 배운 사람, 나아가 사회적으로 더 우위에 있는 사람임을 드러낸다.

③ **준거(準據)의 기능** : 표준어는 일종의 법규요, 규범이다. 국민이라면 누구나 마땅히 따르고 지켜야 할 것으로 정하여 놓은 국민적 약속이다. 따라서 각기 다른 사투리에 대한 모범으로서 역할을 하는 것이 준거의 기능이다.

④ **독립(獨立)의 기능** : 대외적으로 다른 언어와 우리를 구별할 수 있게 해주는 중요한 자료가 된다.

(3) 방언(方言)의 이해와 분류 `중요`

① **방언의 개념**

㉠ 특정 언어 집단에서 쓰이는 발음, 어휘, 문법 등이 다른 언어 집단의 그것들과 구별되는 특성을 갖는, 같은 언어 안에서의 변종(變種)을 말한다.

㉡ 방언은 지역적 조건에 의해 규정될 수도 있고, 사회 계층적 조건으로 규정될 수도 있다. 전자를 지역방언, 후자를 사회적 방언(계층어)이라 한다. 그러나 좁은 의미로 방언이라 할 경우 보통 지역적 방언을 가리키며, 표준어에 대한 상대적 의미를 뜻한다.

ⓐ 사회적 방언 : 사회 계층, 연령, 성별, 직업 등의 요인에 의해 생기는 방언

ⓑ 지역적 방언 : 지역의 차이에 의해 생기는 방언

② **방언의 기능**

㉠ 우리의 언어생활 중 공적인 사회 활동이나 격식을 갖추어야 할 인간관계에서는 공용어인 표준어 가 소용될 것이다. 그러나 동향(同鄉) 사람들 사이의 친밀감 형성 및 유지를 돕고, 문학 작품에서 향토적 정감을 부여하려면 방언을 쓰는 것이 효과적일 것이다.

㉡ 방언은 국어사 연구에 귀중한 자료를 제공하며, 표준어의 부족한 점을 보충해 주기도 한다.

㉢ 표준어와 방언은 서로 보완 관계를 유지하면서 우리의 언어활동을 이루고 있다고 보아야 한다.

③ **방언의 특성**

    ㉠ 방언의 보수성 : 한 방언은 여러 요인으로 다른 방언의 전파를 받게 되는데, 그럼에도 불구하고 한편으로 자기 방언의 체계를 지키려는 성질이 있다. 이것을 방언의 보수성이라 한다.

    ㉡ 방언의 혼합성 : 두 가지 상이한 방언 사이에는 어떤 특수한 상황하에서 지역적으로 경계선을 이루는 방언들의 특질을 혼합하는 전이방언(轉移方言)이 형성될 수 있다. 이것을 방언의 혼합성이라 한다.

    ㉢ 방언의 통일성 : 방언이 혼합에 의하여 새로운 방언이 형성되면서 언어의 분화가 다양화됨에 따라 몇 가지 힘에 의해서 저지되고 표준화 방향으로 통일을 이루어 가는 특성이 있다. 이것을 방언의 통일성이라 한다.

    ㉣ 이 밖에 방언의 특성으로는 새로운 언어적 변화를 발생시켜 이전의 체계와 다르게 되는 '개신성'과 방언들 사이에 차이가 생겨나 서로 다르게 되어가는 '분화성' 등이 있다.

④ **지역방언의 분류**

한국어는 중부방언, 동남방언(경상도 방언), 동북방언(함경도 방언), 서남방언(전라도 방언), 서북방언(평안도 방언), 제주도 방언 등 크게 6개 대방언권으로 나뉜다. 방언의 구획은 한국어에서 나타나는 지역적 변이의 관찰을 용이하게 해 준다.

제 2 장 | 국어 방언의 주요 특징

1 각 지역방언의 특징 중요

(1) **동남방언** : 경상남북도의 모든 지역과 그 인접 일부 지역이 포함된다. 경상방언 또는 영남방언이라고도 한다. 경상도 방언은 전라도, 함경도 방언과 부분적인 공통점을 지니고 있고 평안도 방언과는 상이한 부분이 많다.

   ① 다른 방언에서 대체적으로 보이는 음장의 대립은 보이지 않고 대신 성조를 유지하고 있다.

     예 배(梨) (高調) - 배(腹) (低調)

   ② 용언 어간 말에 오는 겹받침 'ㄼ' 뒤에 자음이 이어질 경우 'ㄹ'만이 발음된다.

   ③ 전라도 방언에서 나타나는 어두 경음화 현상이 두드러지게 많이 나타난다.

     예 뻔개(번개), 싸위(사위), 까지(가지)

   ④ 모음의 수가 전국적으로 가장 적은 방언으로 6개(ㅣ, ㅔ, ㅓ, ㅏ, ㅜ, ㅗ)의 모음으로 이루어져 있다. 'ㅐ'와 'ㅔ'의 대립과 'ㅓ'와 'ㅡ'의 대립을 찾아보기 어렵다.

   ⑤ 유성음 사이에 있는 'ㄱ, ㅂ, ㅅ' 등이 약화 탈락하지 않고 보존되는 현상이 강하게 나타난다.

     예 멀구(머루), 입수불(입술), 새비(새우)

   ⑥ 두음법칙과 구개음화 현상이 있다.

   ⑦ 경음 'ㅆ'를 발음하지 못하고 'ㅅ'으로 발음한다. 예 사우다(싸우다), 살(쌀)

   ⑧ 짧은 부정법을 주로 쓴다. 예 안 좋다(좋지 않다)

   ⑨ 상대높임법은 '해라체, 하게체, 하오체, 합쇼체'등 네 개의 분류로 이루어진다.

   ⑩ 'ㅅ' 불규칙과 'ㅂ' 불규칙이 없다.

   ⑪ **특수어휘** : 아베/아방이(아버지), 오메/어망이/어뭉이(어머니), 할베(할아버지), 보듬다(껴안다), 더버(더워), 하마/하매(벌써)

(2) **서남방언** : 전라남북도의 대부분 지역에서 쓰여 전라방언 또는 호남방언이라고도 한다. 전라도의 전남 동남부 방언은 경상도 방언과 공통점이 많고, 전북의 북부방언은 충남방언과 공통점이 많다. 하지만 음운적·어휘적·문법적인 현상들을 종합해 보면, 전라도 방언은 경상도 방언과 공통점이 많은 방언이다.

   ① 중세국어에서 'ㅿ, ㅸ'로 표기되던 것들이 이 지방에서는 각각 'ㅅ'과 'ㅂ'으로 살아남은 것을 들 수 있다. 예 가실(가을), 모시(모이)/추비(추위), 고바서(고와서), 젓으니(저으니)

   ② 구개음화가 발달되었다. 예 세(혀), 심(힘), 지름(기름)

   ③ 어두자음에 경음화가 발달되었다. 예 삐둘기(비둘기), 뻥아리(병아리), 깨미(개미)

   ④ 움라우트('ㅣ' 모음 역행 동화) 현상이 널리 나타난다.

   ⑤ 성조는 없으나 음장은 있다.

⑥ 유성음 사이의 'ㄱ'음 보존 현상이 매우 미약하고 유성음 사이의 'ㅂ'음 보존현상도 일부 지역에서만 나타난다. 예 멀구(머루), 실겅(시렁) / 버버리(벙어리), 갈비(솔가리)

⑦ 두음법칙과 전설모음화 현상이 있다.

⑧ 모음조화 규칙이 철저하게 지켜지지 않는다.

⑨ 중세국어의 'ㆍ'가 'ㅗ'로 변한 특이한 단어들이 있는 것도 전라도 방언과 경상도 방언에서 공통적으로 발견되는 현상이다. 예 포리(파리), 모실(마을), 볽다(붉다)

⑩ 상대높임법은 '해라체, 해체, 하게체, 하오체, 해요체, 합쇼체' 등 여섯 분류로 나뉜다.

⑪ 전라도 방언의 특징도 어미에서 많이 나타난다. 예 -는디(-는데), -는디(-니까), -것-(겠), -시-, -게/겨-(주체존대 선어말어미)

⑫ 종결 조동사 '버리다'에 해당하는 '베리다'의 사용 빈도수가 높다.

⑬ 단형 부정법과 장형 부정법이 공존한다.

⑭ **특수어휘** : 괴비(호주머니), 뺑도리(팽이), 냉갈(연기), 깨벗다(발가벗다), 시피보다(업신여기다), 이정스럽다(꼼꼼하다), 애서롭다(부끄럽다), 쬐깨(조금), 꼬꼬비(찬찬히), 포도시(겨우), 뚱금없이(예고없이, 갑자기), 무담시/맬갑시(괜히)

(3) **제주방언** : 제주도 및 그 부속도서에서 쓰이는 방언으로 탐라방언이라고도 한다. 제주도 방언은 전라도, 경상도, 충청도 방언과 비교적 가깝고 육진 방언과 차이점이 많다. 이 방언에는 고어가 가장 많이 남아 있고, 몽고어와 일본어의 영향을 많이 받은 것으로 알려져 있다.

① 'ㆍ'음가가 유지되고 있다. 'ㅏ'음보다 더 뒤쪽, 그리고 더 위쪽에서 발음된다.

② 성조와 음장이 없다.

③ 유성음 사이 'ㄱ'음과 'ㅂ'음이 약화 탈락 현상이 많이 나타난다. 그러나 유성음 사이 'ㅅ'음의 약화 탈락 현상이 나타나지 않는다. 예 궁기(구멍), 맹긴다(만든다) / 우방지(우엉) / 무슬(마을), ᄀ새 / ᄀ세(가위)

④ 두음법칙이 있고 구개음화 현상이 강하게 나타난다. 예 성(형), 숭년(흉년), 세(혀)

⑤ 어두경음화 현상은 약하게 나타나지만 격음화 현상은 많이 나타난다. 예 대들포(대들보), 포제기(보자기), 푸체(부채), 탈(딸기)

⑥ 전설모음화 현상이 있다. 예 궤기(고기), 퉤끼(토끼), 실피(슬피)

⑦ 어미에 특이한 것이 많다.
  ㉠ 진행형 어미
    ⓐ '-저, -쩌' : 나 놀암쩌(나 놀고 있어), 밧테레 감저(밭에 가고 있다)
    ⓑ '-암/엄' : 어두엄쩌(어두워지고 있다)
  ㉡ 높임 선어말어미(-수-, -쿠-)
    예 가당 물엉 가쿠다(가다가 물어서 가겠습니다), 어드레 감수가(어디로 가십니까)

⑧ 주격조사로는 '이'와 '래(리)'가 쓰인다. 자음 뒤에 '이'가 쓰이고 모음 뒤에 '래(리)/가'가 쓰인다. '테레'가 기구격조사 '으로'에 해당하며 공동격조사에는 '과'만 있다.

⑨ **특수어휘** : 비바리(처녀), 둑새기(달걀), 구덕(바구니), 게염지(개미), 밥주리/밤버리(잠자리), 남초(담배), 늠삐(무), 꽝(뼈), 도치(도기), 우레(울타리), 고고리(이삭), 지실(감자)

(4) 동북방언 : 함경남북도 대부분의 지역을 포괄하며, 함경방언 또는 관북방언이라고도 한다. 이 방언에서는 'ㅂ, ㄷ, ㅅ' 불규칙 용언이 규칙 활용하기도 한다.

(5) 서북방언 : 평안남북도의 모든 지역이 포함되며, 관서방언이라고도 한다.
① 구개음화 현상이 일어나지 않았다. 예 떨어딘다, 형뎨(兄弟)
② 어두의 'ㄴ'이 제한을 받지 않는다. 예 닌다

(6) 중부방언(경기방언) : 가장 큰 지역권을 포함한 방언으로, 경기도, 강원도, 충청남북도, 황해도의 대부분 지역에서 쓰이는 방언이기에 중선방언 또는 경기방언이라고 이르기도 한다.
① 모음 연결을 피하는 현상이 두드러진다. 예 내일 → 낼
② 명사형 접미사 '-엥이', '-앵이'의 다양한 형태의 활용이 있다. 예 고라댕이 → 골짜기

2 사회방언

지리적 거리가 아닌 사회적 거리에 의해 생긴 방언이 곧 사회방언이다. 사회방언을 만드는 요인에는 사회계층, 성별, 연령, 말투, 속어, 특수어, 은어 등이 있다.

(1) 사회계층

사회방언이 생기는 가장 보편적인 원인이 된다. 사회방언을 계급방언이라 부르는 수도 있는데 그것은 사회방언 중 어느 사회에서나 가장 널리 발견되는 사회방언은 사회계층에 의한 방언이기 때문이다. 예를 들어 안동지방에서는 선조가 양반층이냐 서민층이냐에 따라 서로 다른 말을 쓰는 일이 있다. 양반층 후손인 경우 할아버지를 '큰아베'라고 하고 서민층 후손인 경우는 '할베'로 달리하는 것이 그 일례다.

(2) 성별

성별에 따라 말이 달라지는 이유는 크게 다음과 같다.
① 성별에 따라 애초부터 다른 말이 마련되어 있는데, 이는 친족어에서 많이 발견된다. 예를 들어 국어의 '오빠'는 여자만 쓰는 말이며 '누나'는 남자만 쓰는 말이다.
② 금기 때문에 남녀의 말이 달라지는 수도 있다.
③ 새말 또는 표준어에 대한 태도가 남자와 여자 사이에서 다름으로써 남녀 간의 말이 달라지는 사례도 많이 보고되어 있다.

(3) 연령

① 세대차에 따라 말이 달라지는 현상 역시 어느 사회에서나 발견되는 보편적인 현상이다. 이는 젊은 세대가 무엇인가 변화를 일으키지 않으면 안 되는 인간의 생리 때문에 어쩔 수 없이 언어의 개신을 만들어내기 때문이다.

② 사회계층이나 성별에 의한 사회방언의 예보다 연령의 차이에 의한 사회방언의 예가 우리 주변에서 훨씬 쉽게 발견된다.

③ 세대차에 의한 언어의 분화는 보편적이며 또 그 속도도 빠르다.

④ 노년층 언어는 은퇴 후 삶의 터전의 축소로 비표준어 사용이 늘어나며, 청소년층 언어는 또래집단의 유대를 강화하는 언어가 많고 인터넷 발달로 언어의 전파를 빠르게 확산시킨다. 유아기 언어는 발음하기 쉬운 음소 및 음절구조로 구성되는 게 특징이다.

(4) 말투

① 상황에 따라 달리 쓰이는 스타일, 곧 말투이며 이를 상황방언이라고도 한다.

② 어떤 말을 할 당시의 상황에 따라 거기에 맞추어 달리 말하는 말, 그것이 말투이다.

③ 말투는 격식말투와 일상말투로 나눌 수 있다. 우리말에서는 경어법을 통해 이 둘의 격차가 크게 나타난다.

(5) 속어

① 속어는 한 사회에서 꽤 넓게 쓰이고 있지만 점잖고 정상적인 스타일로 인정되어 있지 않은 단어나 표현을 일컫는다.

② 말투로 따지면 비격식말투이며 그중에서도 최하급에 속하는 특수한 말투이다.

③ 속어는 정상적인 단어보다 생명이 짧은 것이 일반적이다.

④ 속어는 기존의 단어를 의미만 바꾸어 쓰기도 하고 약어를 만들어 쓰는 수도 있다.

예

- 기존 단어의 의미만 바꾸는 경우 : '형광등'은 과거 형광등 켜질 때의 모습에 비유하여 '이해력이 남보다 한 박자 느리다'는 뜻으로 사용된다.
- 약어를 만드는 경우 : '몰래바이트'는 '남들 눈을 피해 몰래 하는 아르바이트'의 줄임말이다.

(6) 특수어

① 특수어는 어떤 특수한 집단, 특수한 분야에서 쓰이는 단어나 표현을 가리킨다.

② 특수어는 전문어라고 불러도 좋은 경우가 많다.

③ 특수어는 모두 속어라고 할 수는 있어도 전문어라고 부르지 않는다.

④ 특수어는 정상적인 국어로 인정되느냐 여부에 따라 전문어가 되기도 하고 속어가 되기도 한다.

(7) 은어

① 특수어이되 자기들 집단 밖의 사람들은 알아듣지 못하게 할 목적으로 만들어진 단어나 표현을 이르는 말이다.

② 범죄 조직에서 쓰이는 특수어를 전형적인 은어로 간주한다.

예 뚜룩(좀도둑질), 뭉치(어머니), 학삐리(공부벌레), 폭사(폭행치사)

③ 자기들끼리만 통용하고 외부인에게는 생소한 속어인 점이 은어의 대표적 특징이다.

④ 은어는 특수어 중 어떤 집단의 성원들이 자기들끼리 외부인 모르게 쓰기 위해 만들어 쓰는 특수어만을 가리킨다.

⑤ 은어는 대개 속어라는 속성도 아울러 가지는 것이 일반적이다.

금기어	불쾌하고 두려운 것을 연상하게 하여 입 밖에 내기를 주저하는 말
완곡어	금기어 대신 불쾌감을 덜 하도록 만든 말 예 천연두 → 마마, 손님
관용어	둘 이상의 단어들이 결합하여 특별한 의미로 사용되는 관습적으로 굳어진 말 예 발 벗고 나서다(적극적으로 나서다), 미역국을 먹다(시험에 떨어지다) 등
속담	조상들의 삶의 지혜와 교훈성을 담고 있는 관용 표현 예 발 없는 말이 천 리 간다, 백지장도 맞들면 낫다 등
은어	• 어떤 폐쇄적 집단에 속한 사람들이 다른 집단으로부터 자신을 방어하려는 목적으로 발생한 어휘(비밀어) • 일반 사회에 알려지게 되면 즉시 변경되어 새로운 은어가 나타나는 것이 원칙 예 쫄쫄이(술), 토끼다(달아나다), 왕초(우두머리), 심마니(산삼 캐는 사람), 데구레(웃옷) 등
새말	문화의 변화에 따라 새로 생겨나는 말 예 스마트폰, 소셜 네트워크 서비스, 웹진 등
유행어	어떤 시대에 널리 유행하는 말 예 득템, 대박, 깜놀, 레알, 사오정, 이태백 등
전문어	전문적인 분야에서 사용되는 말 예 레이아웃(편집 및 디자인 분야), 코마(의학 분야), 공판, 헌법 소원, 일사부재리의 원칙(법 분야)
속어	비속하고 천박한 느낌을 주는 말(비속어, 비어)로, 비밀 유지의 기능이 없다는 점에서 은어와 구별됨 예 삥(돈), 사발(거짓말), 쌩까다(모른 척하다), 쪼가리(이성 친구) 등

제1장   언어와 방언

01 표준어에 대한 이해로 적절하지 <u>않은</u> 것은?

① 표준어는 방언 중의 하나이다.

② 방언의 차이에서 오는 의사소통의 불편을 덜기 위하여 전국민이 공통적으로 쓸 공통어를 정할 필요가 있을 때 그 공통어의 자격을 부여받은 것이 표준어이다.

③ 표준어의 자격을 얻은 방언은 공용어로서 자격을 동시에 얻기 때문에 교과서, 신문, 방송 등에 두루 쓰이게 된다.

④ 표준어는 방언보다 우위적 언어라고 할 수 있다.

02 표준어에 관한 다음 설명 중 올바르지 <u>않은</u> 것은?

① 표준어는 방언 중의 하나이지만 특별한 대접을 받는 방언이다.

② 일반적으로 방언 가운데 언어학적으로 가장 우위에 있는 방언이 표준어로 채택된다.

③ 표준어는 인공적인 조처가 가미되는 수가 있다.

④ 표준어의 자격을 얻은 방언은 공용어로서의 자격을 얻는다.

03 방언에 대한 설명 중 옳은 것은?

① 방언은 연구할 가치가 없는 말이다.

② 방언은 표준어에 비해 질이 떨어지는 말이다.

③ 방언은 보존해야 할 소중한 문화유산이다.

④ 방언은 옛날에 쓰던 말이다.

01 표준어가 방언보다 우위적 언어라고 할 수는 없다.

02 표준어는 방언 중의 하나로, 특별한 대접을 받는 방언이지만 일반적으로 방언 가운데 언어학적으로 가장 우위에 있는 방언이 표준어로 채택된다고 보기는 어렵다.

03 방언 속에 옛말이 많이 남아 있어 국어 역사 연구에 도움이 되는 등 문화유산으로서 가치가 있다.

정답 (01 ④ 02 ② 03 ③)

04 특정 지역이나 같은 계층의 사람끼리 같은 방언을 사용하면 심리적으로 거리감을 느끼는 것이 아니라 친근감을 갖게 된다.

04 다음 중 방언의 기능으로 잘못된 것은?

① 특정 지역이나 같은 계층의 사람끼리 같은 방언을 사용하면 심리적으로 거리감을 더욱 느낄 수 있다.

② 방언은 국어사 연구에 귀중한 자료를 제공하며, 표준어의 부족한 점을 보충해 주기도 한다.

③ 표준어와 방언은 서로 보완 관계를 유지하면서 우리의 언어 활동을 이루고 있다고 보아야 한다.

④ 방언을 사용하면 동향(同鄕) 사람들 사이의 친밀감 형성 및 유지를 돕고, 문학 작품에서 향토적 정감을 부여하는 데 도움이 된다.

05 연령·성별·사회 집단에 따른 사회방언과 지역에 따른 지역방언이 있다.

05 방언에 대한 설명으로 옳지 않은 것은?

① 구성원 간에 유대감을 돈독하게 해 준다.

② 표준어로 표현하기 힘든 정서와 느낌을 표현할 수 있다.

③ 표준어와 지역방언 사이에는 우열이 존재하지 않는다.

④ 연령·성별·사회 집단에 따른 지역방언과 지역에 따른 사회방언이 있다.

정답 04 ① 05 ④

| 제2장 | 국어 방언의 주요 특징 |

01 중세국어 문헌에 'ㆍ'로 표기된 모음을 독립된 음운으로 유지하고 있는 방언은?

① 전라도 방언
② 제주도 방언
③ 경상도 방언
④ 충청도 방언

01 중세국어의 'ㆍ'가 독립된 음운으로 남아 있는 것은 제주도 방언의 가장 큰 특징 중의 하나이다.

02 전라도 방언의 특징이 <u>아닌</u> 것은?

① 구개음화가 발달되었다.
② 어두자음에 유기음화가 발달되었다.
③ 움라우트('ㅣ' 모음 역행동화) 현상이 널리 나타난다.
④ 성조는 없으나 음장은 있다.

02 어두자음에 유기음화가 발달된 것이 아니라 '삐둘기(비둘기), 뼝아리(병아리), 깨미(개미)'처럼 어두의 평음이 경음화되는 현상이 전라도 방언에서 많이 발견된다.

03 '비바리(계집애), 오름(산), 남초(담배)' 등의 어휘특징을 갖는 방언은?

① 전라도 방언
② 함경도 방언
③ 충청도 방언
④ 제주도 방언

03 '비바리(계집애), 오름(산), 남초(담배)' 등은 색다른 어휘적 특성을 보이는 제주도 방언이다. 제주도 방언은 우리나라 방언 중에서 가장 동떨어져 표준어나 다른 방언에 없는 특징을 많이 가진 방언이다.

정답 01 ② 02 ② 03 ④

04 'ㆍ'음이 'ㅗ'로 바뀌어 발음된다는 것, 어두음의 경음화 현상이 강하게 나타난다는 점, 중세국어 'ㅸ'과 'ㅿ'이 각각 'ㅂ'과 'ㅅ'으로 살아남았다는 점은 경상도와 전라도 방언의 공통점이다.

05 두 개의 모음이 하나로 합류하여 하나의 소리만 나는 것을 모음합류라고 한다.

06 사회적 방언은 사회 계층, 연령, 성별, 직업 등의 요인에 의해 생기는 방언을 말한다. 지리적 특성에 의해 생기는 것은 지역방언이다.

04 경상도 방언과 전라도 방언의 공통점이 <u>아닌</u> 것은?

① 선어말어미 '-겠-'이 '-것-'으로 나타난다.
② 'ㆍ'음이 'ㅗ'로 바뀌어 발음된다.
③ 어두음의 경음화 현상이 강하게 나타난다.
④ 중세국어 'ㅸ'과 'ㅿ'이 각각 'ㅂ'과 'ㅅ'으로 살아남았다.

05 다음 설명에 해당하는 현상은 무엇인가?

- 서북방언에서 /ㅡ, ㅜ/는 /ㅜ/로, /ㅓ, ㅗ/는 /ㅗ/로 단순화되고 있다.
- 제주도의 노년층에서는 /ㆍ/가 유지되어 'ᄂᆞ물(나물), ᄊᆞᆯ(쌀)' 등이 아직도 남아 있다.
- 한국 지역 전반에 걸쳐 /ㅔ, ㅐ/ 두 음가가 구별되지 않는다.

① 원순모음화 현상
② 모음합류 현상
③ 장음의 변화 현상
④ 고모음화 현상

06 사회방언을 발생시키는 요인으로 적절하지 <u>않은</u> 것은?

① 성별
② 직업
③ 연령
④ 지리적 특성

정답 04 ① 05 ② 06 ④

07 사회방언의 특수한 종류로서 대체로 한 사회에서 꽤 넓게 쓰이고 있지만 점잖고 정상적인 말로 인정되어 있지 않은 단어나 표현을 일컫는 말은?

① 속어
② 특수어
③ 은어
④ 계층어

07 ② 특수어 : 어떤 특수한 집단, 특수한 분야에서 쓰이는 단어나 표현이다.
③ 은어 : 집단 외 사람들이 알아듣지 못하게 할 목적으로 사용되는 말
④ 계층어 : 인도의 카스트 제도처럼 사회계층에 의해 다르게 쓰이는 언어를 말한다.

08 한국어의 지역적 변이에 대한 설명으로 옳지 <u>않은</u> 것은?

① 한국어의 음운체계는 가변적이다.
② 한국어는 성조에 의해 의미변별이 일어나기도 한다.
③ 상대높임은 전 지역에 6등급으로 나뉘어 나타난다.
④ 별개의 어원을 지닌 단어들이 지역별로 다르게 쓰인다.

08 한국어의 상대높임은 중부방언과 경남방언 6등급(아주높임 '-습니다', 예사높임 '-오/소', 예사낮춤 '-게', 아주낮춤 '-아라', 반말 '-아/어', 두루높임 '-요'), 동북방언과 제주방언 4등급(아주높임, 예사낮춤, 아주낮춤, 두루높임)으로 나뉠 수 있다.

09 각 연령대에 사용하는 언어의 특징으로 옳지 <u>않은</u> 것은?

① 노년층의 언어는 지속적인 사회활동으로 표준어를 사용한다.
② 청소년층의 언어는 또래집단의 유대를 강화하려는 특성이 있다.
③ 유아기의 언어는 발음하기 쉬운 음소나 음절구조로 구성된다.
④ 인터넷의 발달은 청소년 언어의 전파를 빠르게 확산시킨다.

09 노년층은 은퇴 후 삶의 터전이 축소되기 때문에 비표준어 사용이 확대된다.

정답 07 ① 08 ③ 09 ①

10 한국어는 사회 계층 간의 장벽이 허물어져 엄격한 사회 계층을 형성하고 있지 않다. 그렇기 때문에 사회 계층을 구분하기 위한 기준 마련과 언어 변수에 대한 연구가 지속되어야 한다. 한국은 경제적인 것보다 집안의 체통이나 사회적 지위, 학력이 사회 계층을 구성하는 주요 요소가 된다.

10 한국의 사회 계층과 언어에 대한 설명으로 알맞은 것은?

① 엄격한 사회 계층이 존재하며 계층별 사용하는 언어가 다르다.

② 경제적인 요소보다 학력, 가문, 지위 등이 사회 계층을 형성하는 요소가 된다.

③ 사회 계층 간의 장벽이 허물어졌음에도 불구하고 신분 제도가 존재한다.

④ 사회 계층의 계층을 구분하기 위한 기준 마련이 타 언어에 비해 용이하다.

정답 (10 ②)

부록

최종모의고사

얼마나 많은 사람들이 책 한 권을 읽음으로써 인생에 새로운 전기를 맞이했던가.

− 헨리 데이비드 소로 −

제한시간 : 50분 | 시작 ___시 ___분 - 종료 ___시 ___분

↪ 정답 및 해설 241p

01 언어의 보편성의 의미로 적절하지 <u>않은</u> 것은?

① 모든 언어에는 일정한 수의 자음과 모음이 있다.

② 음절이라는 단위와 단어라는 단위가 있다.

③ 삼중체계를 갖는 자음이 있다.

④ 단어가 적절하게 배열되면 하나의 문장을 이룬다.

02 '언어는 유한한 수단을 무한하게 부려쓰는 것'이라고 주장한 사람은?

① 촘스키

② 훔볼트

③ 소쉬르

④ 야콥슨

03 문자언어의 특징에 속하지 <u>않는</u> 것은?

① 말을 시각적으로 바꾸어 놓은 글을 의미한다.

② 문명이 발달되면서 비중이 점차 커지고 있다.

③ 일반적으로 음성언어보다 정제되어 있고 권위 있는 모습을 띤다.

④ 언어학자들은 문자언어를 일차적인 연구 대상으로 삼고 있다.

04 국어학의 영역 중 문법론에 대한 설명으로 적절하지 <u>않은</u> 것은?

① 언어 속에 있는 규칙과 원리가 무엇인지를 밝혀내는 것이다.

② 넓은 의미로는 음운론까지 포함하지만, 좁은 의미로는 형태론과 통사론만을 포함한다.

③ 형태론은 형태소나 단어의 내적 구조를 연구하는 분야이다.

④ 형태소, 단어, 구, 문장 등 그 자체가 어떤 의미를 동반하고 있는 단위들을 다루는 분야이다.

05 다음의 설명과 가장 관계가 깊은 언어학의 갈래는?

> '병'이나 'ㆍ'가 어느 시기에 어떤 소리로 바뀌었냐를 연구한다.

① 공시언어학

② 정태언어학

③ 비교언어학

④ 통시언어학

06 다음 중 국어의 자음을 발음할 때 쓰이지 <u>않는</u> 부분은?

① 아랫니

② 입천장

③ 목젖

④ 윗잇몸

07 다음 중 조음점에 해당하지 <u>않는</u> 것은?

① 입천장

② 윗잇몸

③ 윗입술

④ 혀

08 조음위치에 따른 자음의 분류에 들지 <u>않는</u> 것은?

① 양순음

② 치조음

③ 후음

④ 유음

09 반모음에 대한 이해로 적절하지 <u>않은</u> 것은?

① 반모음은 단독으로는 나타나지 못하고 다른 모음과 결합하여 발음된다.

② 반모음은 한 모음으로 미끄러져 들어가는 소리이기 때문에 과도음이라고도 한다.

③ 반모음과 단모음이 결합된 음을 이중모음이라고 한다.

④ 한 음소를 이루면서 서로 상보적인 분포를 가지는 소리들을 말한다.

10 국어에서 의미를 변별하지 못하는 변이음끼리 묶인 것은?

① [l] – [n]

② [p] – [b]

③ [t] – [s]

④ [k] – [h]

11 다음 중 음운의 축약 현상이 일어난 예는?

① 거붑 → 거북

② 기어서 → 겨서

③ 치르어라 → 치러라

④ 소아지 → 송아지

12 구개음화에 대한 이해로 옳지 않은 것은?

① 구개음화는 뒤의 것이 앞의 것에 영향을 주었기 때문에 역행동화이다.

② 구개음화는 두 소리 사이에 다른 소리가 끼어 있지 않으므로 원격동화이다.

③ 중세국어에서는 한 음절 안에서도 구개음화가 일어났지만 현대국어에서는 2음절 이상에서만 나타난다.

④ 구개음화는 동화되는 자음이 구개음이 되어 / ㅣ /나 /j/에 가까워졌지만 이들 모음으로 바뀐 것이 아니므로 부분동화이다.

13 첨가에 대한 설명으로 옳지 않은 것은?

① '내일 → 낼, 아니 → 안, 온가지 → 온갖, 따르 + 아 → 따라' 등이 그 예이다.

② 어형이 짧은 경우 음을 첨가하여 안정성을 높여준다.

③ 모음충돌 회피 일환으로 자음을 첨가하여 해소시킨다.

④ 청각적으로 뚜렷한 인상을 주기 위한 일종의 강화 현상이 대부분이다.

14 다음 설명에서 괄호 안에 들어갈 말로 적절한 것은?

> 형태소는 최소의 ( ) 단위이다.

① 자립적

② 언어적

③ 의미적

④ 소리적

15 다음 중 국어문법론의 연구 대상이 <u>아닌</u> 것은?

① 형태소
② 구
③ 절
④ 음운

16 한 형태소에 두 이형태가 있는 경우, 그들이 분포되는 환경은 서로 겹치지 <u>않는</u> 특성은?

① 변이적
② 교체적
③ 배타적
④ 교호적

17 다음 중 품사를 전환시키는 접미사와 결합된 말이 <u>아닌</u> 것은?

① 학생답다
② 높이다
③ 슬기롭다
④ 먹히다

18 다음 중 조사에 대한 설명으로 옳지 <u>않은</u> 것은?

① 조사는 완전한 자립성을 갖지 못한다.
② 조사 중 격조사는 자리를 결정해주는 조사이다.
③ 접속조사는 문장이 끝난 뒤에 결합하여 뜻을 더해주는 조사이다.
④ 보조사는 특수조사라고도 하는데, 격조사 기능을 대신할 수 있으며 앞말에 뜻을 더해주는 역할을 한다.

19 다음 중 문장과 문장을 대등한 관계로 연결하는 어미는?

① -도록

② -어서

③ -으나

④ -으니까

20 다음 중 어미의 종류가 <u>다른</u> 것은?

① 평서형 어미

② 명사형 어미

③ 부사형 어미

④ 관형사형 어미

21 다음 중 객체경어법이 실현된 문장은?

① 손님, 여기에서 주무시면 안 됩니다.

② 김 군, 여기에서 기다리게.

③ 어머니는 할머니를 모시고 병원에 가셨다.

④ 선생님께서 오늘 편찮으실 것 같아.

22 다음 문장에서 상대시제가 사용된 것은?

① 내일도 비가 오겠다.

② 어머니가 지금 밥을 지으신다.

③ 철수는 어제 학교 도서관에서 책을 빌렸다.

④ 순이는 어제 청소하시는 어머니를 도와드렸다.

23 내포의 기능을 하는 절과 관련이 <u>없는</u> 것은?

① 관형사절
② 대등절
③ 명사절
④ 인용절

24 다음 중 밑줄 친 내포문이 주성분으로 쓰인 것은?

① 나는 <u>그가 여기에 오기</u>를 바랐다.
② 경찰은 <u>범인이 오는</u> 길목을 내내 지키고 있었다.
③ 아버지는 <u>눈이 빠지도록</u> 고갯마루를 지켜보고 있었다.
④ 영희는 <u>주름이 선명하게</u> 옷을 다렸다.

25 다음 중 의미론에 대한 설명으로 옳지 <u>않은</u> 것은?

① 문법적 의미는 문법론에서 다룬다.
② 의미론은 언어학의 어느 분야보다도 가장 발달되어 있다.
③ 전통적인 의미론은 단어의 의미연구에 거의 한정되어 있었다.
④ 의미론은 의미를 연구하는 분야이다.

26 다음 중 두 단어의 의미관계가 동의관계를 이루지 <u>못하는</u> 것은?

① 부추 – 솔
② 범 – 호랑이
③ 빛깔 – 색깔
④ 키 – 크기

27 다음 중 개념설의 한계를 말하고 있는 것은?

① 구체적인 지시물이 존재하지 않는 경우에는 의미를 규정하기 어렵다.

② 동일한 언어표현에 대한 반응이 상황이나 사람에 따라 다르게 나타날 수 있다.

③ 의미를 사람의 주관적인 심리현상과 깊이 관련된 것으로 파악함으로써 객관적인 분석에 문제가 있다.

④ 실제 언어현상에서 헤아리기 어려울 정도로 많은 맥락에 따른 용법을 모두 찾아내어 객관적으로 분석하고 기술하기가 어렵다.

28 고대국어에 대한 설명으로 바르지 <u>않은</u> 것은?

① 중세국어와 매우 흡사한 모습을 신라의 말은 가지고 있었다.

② 삼국시대부터 통일신라가 패망한 시기까지의 국어를 말한다.

③ 동사의 어미 활용 체계는 아직 제대로 갖추어지지 않았다.

④ 주체경어법과 객체경어법, 선어말어미의 존재가 자료에서 확인된다.

29 중세국어에 대한 설명으로 바르지 <u>않은</u> 것은?

① 중세와 근대를 나누는 시기는 16세기에서 17세기 교체기이다.

② 된소리 계열의 자음이 존재하고 있었다.

③ 'ㅸ'은 15세기 이후 음가가 영(zero)으로 바뀌었다.

④ 객체경어법이 현대국어와 달리 선어말어미에 의해 실현되었다.

30 중세국어의 격조사에 대한 설명으로 옳지 <u>않은</u> 것은?

① 처음부터 주격조사 '가'와 주격조사 'ㅣ'가 함께 쓰이지 않았다.

② 호격조사에는 존칭과 평칭의 구분이 있다.

③ 속격조사 '-익/의'는 유정물의 평칭에 쓰였고, '-ㅅ'은 유정물의 존칭과 무정물에 쓰였다.

④ 어미 '-익/의'는 속격과 처격에 쓰였으며, 유정물에 쓰이면 처격, 무정물에 쓰이면 속격이 되어서 구별된다.

31 '시므-(심다) → 슮-', '나모 → 낧'이 보여주는 중세국어의 음운의 특징은?

① 어두자음군
② 특수교체
③ 모음조화
④ 소실음운

32 다음 중 훈민정음(한글)의 문자론적 특성을 바르게 지적한 것은?

① 표음문자이면서 음소문자이다.
② 표의문자이면서 음소문자이다.
③ 표음문자이면서 음절문자이다.
④ 표의문자이면서 자모문자이다.

33 다음 중 문장의 의미가 가장 명확한 것은?

① 이번 수사에서 불법적인 자금의 거래가 포착되었다.
② 오늘도 나는 반장과 선생님을 찾아다녔다.
③ 수많은 사람들의 노력으로 문제를 해결했다.
④ 그들은 자신들의 이익을 위해 이번 문제를 축소하고 은폐하려 하였다.

34 언어학자들이 문자언어보다 음성언어를 더 중시하는 이유는?

① 역사적으로 볼 때 음성언어가 훨씬 더 일찍부터 쓰였기 때문이다.
② 음성언어는 문명사회의 상징으로, 사회적 비중이 더 크기 때문이다.
③ 음성언어는 시간적, 공간적으로 문자언어보다 제약을 덜 받기 때문이다.
④ 음성언어는 한 시기 한 순간의 언어의 모습을 가장 잘 반영하기 때문이다.

35 다음 설명에서 밑줄 친 부분과 관련이 <u>적은</u> 것은?

> 한글 맞춤법은 표준어를 소리대로 적되, <u>어법에 맞도록 함을 원칙으로 한다</u>.

① 음소적 표기
② 의미를 밝혀 적기
③ 형태소적 원리에 의한 표기
④ 형태음소론적 표기

36 다음 중 표기방식이 나머지 셋과 <u>다른</u> 것은?

① 시미
② 곳
③ 담아
④ 잎

37 언어와 방언의 구별 기준으로 적절하지 <u>않은</u> 것은?

① 의사소통
② 동일한 표준어
③ 동일한 국가
④ 지리적 인접성

38 다음 중 의미가 분명하고 자연스러운 문장은?

① 회원들이 다 오지 않았다.
② 나는 영수와 영희를 만났다.
③ 교수님이 보고 싶은 학생이 많다.
④ 이것이 내 친구가 그린 그림이다.

39 두 말 이상이 결합하여 원래의 뜻과는 다른 뜻으로 쓰이는 관용구를 제시한 예에서 괄호 안에 공통으로 들어갈 용어로 적절한 것은?

> **보기**
>
> • (   )에 밟히다   • (   )에 익다
> • (   )을(를) 끌다   • (   )이(가) 높다

① 발
② 손
③ 눈
④ 귀

40 '−는데'의 의미를 가진 '−는디'와 '−니까'의 뜻을 나타내는 '−ㅇ깨' 및 'ㅇ깨로' 등이 특징적으로 나타나는 방언은?

① 전라도 방언
② 경기도 방언
③ 함경도 방언
④ 경상도 방언

제한시간 : 50분 | 시작 ___시 ___분 – 종료 ___시 ___분

🔁 정답 및 해설 246p

01 언어기호에 대한 설명으로 적절하지 <u>못한</u> 것은?

① 음성과 의미라는 두 가지 속성을 가진다.

② 음성과 의미는 서로 밀접한 관계 속에서 존재한다.

③ 언어기호의 내용과 표현 사이에는 필연적 · 절대적인 관계가 있다.

④ 음성은 의미를 실어 나르는 형식이며, 거기에 실린 의미는 상대방에게 전달하고자 하는 내용이다.

02 자기 모국어에 대해 사람들이 내재적으로 가지고 있는 지식을 이르는 말은?

① 랑그

② 에르곤

③ 파롤

④ 언어수행

03 다음 중 그 설명이 옳지 <u>않은</u> 것은?

① 자연언어는 사람이 태어나서 저절로 배우고 일상적으로 쓰는 언어이다.

② 제1언어는 태어나서 가장 먼저 습득한 언어로서 모어라고도 한다.

③ 인공언어는 논리학이나 전자계산에서 인위적으로 만들어 사용하는 기호화된 언어이다.

④ 에스페란토는 대표적인 자연언어이다.

04 국어학의 하위영역의 각각의 설명으로 옳지 <u>않은</u> 것은?

① 음운론 : 자음, 모음, 악센트(강세), 음장(길이), 음절 등 언어의 소리를 연구 대상으로 하는 분야이다.

② 문법론 : 형태소, 단어, 구, 문장 등 일정한 음성형식과 일정한 의미형식을 갖추고 있는 단위들을 연구하는 분야이다.

③ 음성학 : 음성의 기능이나 체계와 같은 음운구조를 연구하는 분야이다.

④ 의미론 : 단어, 구, 문장 등 여러 단위의 의미를 연구하는 분야이다.

05 언어학의 연구결과를 어떤 실용적인 문제에 적용하는 분야를 응용언어학이라 한다. 이에 속하는 하위영역으로 볼 수 <u>없는</u> 것은?

① 언어장애치료

② 기계번역

③ 통신공학

④ 문법론

06 다음 중 파열음과 마찰음의 특징을 모두 지닌 소리는?

① [ㄷ]

② [ㄹ]

③ [ㅅ]

④ [ㅈ]

07 발음기관 중 비음을 내는 중요한 발음기관은?

① 목젖

② 혀

③ 구개

④ 성대

08 모음을 분류하는 기준이 <u>아닌</u> 것은?

① 혀의 높낮이
② 혀의 앞뒤
③ 혀의 모양
④ 입술의 모양

09 운소에 대한 이해로 적절하지 <u>못한</u> 것은?

① 모음의 장단을 통해서 뜻을 구별할 수 있는 음장도 운소의 하나이다.
② 억양은 말의 뜻을 이해하는 데 중요한 구실을 하며, 때로는 문법의 뜻을 분화하는 구실도 한다.
③ 연접은 분절음이 다음의 분절음으로 이해하는 이음법을 말하는데, 이것 또한 국어에서 운소의 자격을 갖는다.
④ 방언마다 음소체계는 동일하다.

10 다음은 음절 말 제약의 예시이다. 발음 시 음운변화가 발생하지 <u>않는</u> 것은?

① 떡잎
② 신라
③ 독립
④ 예물

11 '밤나무사온다'에서 그 의미를 구별할 수 있는 운소는?

① 길이
② 연접
③ 세기
④ 성조

12 다음 중 음운 동화의 방향이 나머지 셋과 <u>다른</u> 것은?

① 같이 → [가치]

② 받는다 → [반는다]

③ 칼날 → [칼랄]

④ 잡히다 → [재피다]

13 다음 중 같은 것을 의미하는 말이 <u>아닌</u> 것은?

① 전설모음화

② 움라우트

③ 'ㅣ' 모음 역행동화

④ 모음조화

14 다음 문장을 이루고 있는 형태소의 개수는?

> 엄마가 아이에게 젖을 먹였다.

① 8

② 9

③ 10

④ 11

15 다음 중 나머지 셋과 관련성이 <u>적은</u> 것은?

① 굴절론

② 통사론

③ 조어론

④ 형태론

16 다음 중 실질형태소 하나로 이루어진 단어는?

　　① 일꾼

　　② 왼손

　　③ 책상

　　④ 하늘

17 형태를 기준으로 국어의 단어를 분류할 때, 나머지 셋과 다른 부류에 속하는 것은?

　　① 동사

　　② 명사

　　③ 관형사

　　④ 감탄사

18 다음 중 부사에 대한 설명으로 <u>잘못된</u> 것은?

　　① 부사는 어형 변화를 할 수 없다.

　　② 부사는 격조사와 결합할 수 있다.

　　③ 부사는 기능에 따라 성분부사와 문장부사로 나눌 수 있다.

　　④ 부사는 동사와 형용사만을 수식하는 것이 아니라, 다른 부사도 수식할 수 있다.

19 다음 중 문법범주에 속하지 <u>않는</u> 것은?

　　① 시제법

　　② 서법

　　③ 경어법

　　④ 어미활용법(굴절)

20 다음 중 선어말어미에 대한 설명이 <u>아닌</u> 것은?

① 주로 시제범주를 나타낸다.

② 상대높임법 선어말어미가 있다.

③ 서법도 선어말어미에 의해 실현된다.

④ 시제 계열의 선어말어미와 구별되는 계열의 선어말어미로서 '-시, -으시'가 있다.

21 다음 중 객체높임법이 실현되는 방법으로 알맞은 것은?

① 주어와 호응하는 서술동사의 어간에 선어말어미 '-시-'를 결합하여 표현한다.

② 특별한 형태소가 아닌 '드리다, 여쭈다, 뵙다, 모시다' 등과 같은 동사로 실현된다.

③ '합쇼체, 하오체, 하게체, 해라체, 해요체, 해체' 등 문장의 종결어미로 표현한다.

④ 주격조사 '께서'가 결합하여 실현된다.

22 밑줄 친 부분의 시제가 주절의 사건시를 기준으로 하였을 때 과거인 것은?

① 가게에 가서 <u>먹을</u> 것을 좀 사오너라.

② 바다가 <u>보일</u> 때까지 걷고 걸었다.

③ 그 고깃집에는 고기를 사고자 <u>하는</u> 사람들로 붐볐다.

④ 이곳을 <u>다녀간</u> 사람이 무척 많다.

23 다음 중 밑줄 친 성분이 관형절인 문장은?

① 나는 <u>효현이가 빨리 오기</u>를 바란다.

② 전주는 <u>범인이 도주한</u> 사실을 몰랐다.

③ 어머니는 <u>발이 닳도록</u> 큰집에 갔다.

④ <u>먼동이 트면</u> 별들이 사라진다.

24 접속문의 구성이 나머지와 <u>다른</u> 것은?

① 하늘은 높고 땅은 넓다.
② 내일은 비가 오거나 눈이 온다.
③ 내가 노래를 부르거든 너희들은 춤을 추거라.
④ 형은 크지만 동생은 작다.

25 기호 삼각형으로 의미를 생각한 사람은?

① 소쉬르
② 촘스키
③ 오그덴&리차즈
④ 리치

26 다음 중 별개의 형태들이 같은 의미를 가지고 있는 것을 뜻하는 것은?

① 동음어
② 다의어
③ 하의어
④ 동의어

27 다음 중 의미 변화의 결과가 의미 영역의 확대로 나타난 단어는?

① 세수(洗手)
② 계집[女]
③ 사랑[愛]
④ 어리다[幼]

28 다음 향찰에 대한 설명 중 옳지 <u>않은</u> 것은?

① 향찰은 한자를 차용하여 신라어를 표기하려는 노력의 결과였다.

② 실질적 의미부분(어간)은 음독으로 표기하였다.

③ 문법적 요소(접미사)는 음독으로 표기하는 게 원칙이었다.

④ 음절구조가 복잡한 국어를 향찰로 만족스럽게 표기하지 못하였다.

29 훈민정음 체계에 대한 다음 설명 중 적절하지 <u>않은</u> 것은?

① 초성의 기본자는 'ㄱ, ㄴ, ㅁ, ㅅ, ㅇ'이다.

② 중성의 기본자는 'ㆍ, ㅡ, ㅣ'의 세 글자이다.

③ 글자 왼쪽에 점 두 개를 찍은 것은 거성의 표시이다.

④ 'ㅸ'은 연서의 방법으로 만들어진 글자이다.

30 중세국어의 문법에 대한 설명으로 바르지 <u>않은</u> 것은?

① 주격조사 '가'는 사용되지 않았다.

② '죽살다'처럼 용언 어간끼리 직접 결합한 복합어는 현대국어에 비해 매우 많았다.

③ 과거시제 선어말어미인 '-았-/-었-'이 새롭게 등장하였다.

④ 객체경어법이 현대국어와 달리 선어말어미에 의해 실현되었다.

31 '혀뿌리가 목구멍을 막는 모양'을 본떠 만든 훈민정음의 초성의 기본자는?

① ㄱ

② ㄴ

③ ㅁ

④ ㅇ

32 훈민정음에 대한 다음의 설명 중 바르지 않은 것은?

① 훈민정음 자음자 제자의 기본 원리는 상형과 가획의 원리이다.
② 자음의 기본자는 'ㄱ, ㄴ, ㅁ, ㅅ, ㅇ'의 다섯 글자이다.
③ 'ㄲ, ㄸ, ㅃ, ㅉ, ㅆ' 등의 각자병서는 훈민정음 28글자에 포함된다.
④ 자음자 중 모양이 다른 이체자는 'ㆁ, ㄹ, ㅿ' 세 글자이다.

33 다음 중 의미의 중복이 없어서 자연스러운 문장은?

① 그 문제에 대해서는 더 이상 다시 재론할 필요가 없다.
② 영수는 단풍이 울긋불긋하게 물든 내장산으로 여행을 떠났다.
③ 요즘 들어 여러 가지 제반 문제들이 우리를 난처하게 한다.
④ 나는 오늘 저녁에 역전 앞에서 철이를 만나기로 했다.

34 다음 중 중성자가 상형한 것이 바르게 연결된 것은?

① ㆍ – 사람
② ㅣ – 하늘
③ ㅜ – 태양
④ ㅡ – 땅

35 다음 중 '머거라, 머근, 머기다'처럼 소리 나는 대로 표기하지 않고 '먹어라, 먹은, 먹이다'처럼 형태를 밝혀 적는 것은?

① 역사적 표기법
② 표의주의 표기법
③ 음소적 표기법
④ 표음주의 표기법

36 다음 중 훈민정음 창제 당시의 표기방식은?

① 혼철
② 연철
③ 분철
④ 중철

37 지역적 요인에 따라 생긴 방언을 무엇이라고 하는가?

① 사회방언
② 개인방언
③ 지역방언
④ 계급방언

38 다음 중 용어를 순화한 예가 올바르지 않은 것은?

① 정보화 마인드 → 정보화에 대한 인식(또는 '의식')
② IT 산업의 비전 → 정보 · 기술 산업의 이상(또는 '목표', '청사진')
③ 시이오(CEO) → 비정부 기구, 민간 기구
④ 태스크포스 → 전략팀, 기획팀, 전담반

39 우리나라 방언 중 몽고어와 일본어의 영향을 많이 받은 것으로 알려진 방언은?

① 전라방언
② 제주방언
③ 경기방언
④ 강원도 방언

40 은어에 대한 설명으로 옳지 <u>않은</u> 것은?

① 집단 외부인에게 무언가를 밝히고 싶지 않을 때 감추기 위해 사용되기도 한다.

② 외부인이 아예 비밀어라는 눈치조차 채지 못하게끔 처음 들어보는 새로운 말을 만든다.

③ 은어는 일반 사회에 알려지게 되면 즉시 변경되는 것이 원칙이다.

④ 범죄집단, 심마니, 상인들과 같이 폐쇄적인 집단에서 주로 사용한다.

01	02	03	04	05	06	07	08	09	10
③	②	④	②	④	①	④	④	④	②
11	12	13	14	15	16	17	18	19	20
②	②	①	③	④	③	④	③	③	①
21	22	23	24	25	26	27	28	29	30
③	④	②	①	②	④	③	③	③	④
31	32	33	34	35	36	37	38	39	40
②	①	④	④	①	①	④	④	③	①

01 정답 ③

언어의 보편성은 여러 언어들이 공유하고 있는 성질이다. 삼중체계를 갖는 자음이 있다는 것은 우리말이 갖는 고유한 특징으로 언어의 개별성 또는 특수성에 해당한다.

02 정답 ②

훔볼트는 언어는 유한한 수단을 무한하게 부려쓰는 것이라고 했으며 이는 언어의 창조성과 관련이 있다.

03 정답 ④

언어학자들은 음성언어를 일차적인 연구 대상으로 삼고 있다.

04 정답 ②

문법론은 형태론과 통사론만을 포함한다.

05 정답 ④

통시언어학은 언어의 변화에 관심을 두는 분야이다. 말은 항상 변하고 있으나, 그 변화는 느린 속도로 진행이 되기 때문에 눈에 띄지는 않으나 그 변화가 쌓이게 되면, 어느 대에 가서는 그것이 두드러지게 나타난다. 통시언어학은 이러한 변화의 모습을 연구하는 학문을 말한다.
① · ② 공시언어학과 정태언어학은 같은 말로, 어느 한 시기의 고정된 언어체계를 연구하는 학문을 이른다.
③ 비교언어학은 다른 언어와의 비교를 통하여 그들의 계통을 밝히는 것을 목표로 하는 분야이다.

06 정답 ①

국어에서는 아랫니를 이용해서 발음하는 경우는 거의 없고 윗니가 사용된다.

07 정답 ④

조음점은 수동적으로 조음체의 상대역만 하는 부위로 입천장, 윗니, 윗잇몸, 윗입술 등을 말한다. 반면 조음체는 조음할 때 능동적으로 움직이는 부분으로 아랫입술, 혀 등이 있다.

08 정답 ④

조음위치에 따른 분류는 기류의 방해가 일어나는 위치, 즉 그 발음의 특성을 만들어 주는 위치가 발음기관이 어디인가에 따른 분류로, 양순음, 치조음, 경구개음, 연구개음, 후음이 있다.

09 정답 ④

한 음소를 이루면서 서로 상보적인 분포를 가지는 소리는 '변이음'을 말한다.

10 정답 ②

하나의 음소는 놓이는 자리에 따라 서로 다른 소리로 실현되기도 한다. 이렇게 각기 실현되는 음을 변이음이라고 한다. 변이음은 별개의 음소가 아니므로 단어의 의미를 달라지게 하지는 못한다.

11 정답 ②

①은 이화, ③은 탈락, ④는 음운 첨가에 해당한다.

12 정답 ②

인접동화는 두 소리 사이에 어떤 소리가 개입되지 않은 경우를 말하고, 원격동화는 두 소리에 어떤 소리가 개입된 경우를 말한다. 구개음화는 두 소리 사이에 다른 소리가 끼어 있지 않으므로 인접동화이다.

13 정답 ①

'내일 → 낼, 아니 → 안, 온가지 → 온갖, 따르+아 → 따라' 등은 생략(탈락)의 예이고 '물 > 무리, 엄 > 어미, 소아지 > 송아지' 등이 첨가의 예이다.

14 정답 ③

형태소는 문법단위 중 뜻을 가진 가장 작은 말의 단위로서, 일반적으로 최소 유의적 단위라고 한다. 문법단위란 의미를 가지는 언어단위를 말한다.

15 정답 ④

국어문법론의 연구 대상은 '형태소, 단어, 구, 절, 문장' 등이 있다. 음운은 음운론의 연구 대상이다.

16 정답 ③

한 형태소에 두 이형태가 있는 경우 그들이 분포되는 환경은 서로 겹치지 않는 특성을 갖는데 이를 배타적 또는 상보적 관계에 있다고 한다. 예를 들어, 주격조사 '가'와 '이'는 동일 환경에 나올 수 없는 경우이다.

17 정답 ④

④ '먹히다'는 동사 '먹다'의 어근 '먹-'에 피동 접미사 '-히-'와 결합하여 피동의 의미만 추가됐고 품사는 바뀌지 않았다.
① 학생 + -답다(명사 → 형용사)
② 높 + -이- + -다(형용사 → 동사)
③ 슬기 + -롭다(명사 → 형용사)

18 정답 ③

조사는 단어로 취급하나 완전한 자립성은 없으며 다른 품사를 도와주는 말이며, 그 종류에는 격조사, 접속조사, 보조사가 있다. 격조사는 자리를 결정해주는 조사이고, 접속조사는 앞말과 뒷말을 이어주는 기능을 한다. 문장이 끝난 뒤에 결합하여 뜻을 더해주는 조사를 종결 보조사라 한다.

19 정답 ③

'-도록, -어서, -으니까'는 선행문과 후행문이 의존관계에 놓여 있을 때 쓰이는 종속적 연결어미이고 '-으나'는 선행문과 후행문을 서로 상반된 내용으로 대등하게 이어주는 대등적 연결어미다.

20 정답 ①

②, ③, ④는 전성형 어미이고 ①은 종결형 어미에 해당한다. 종결어미는 한 문장의 끝남을 나타내는 어미이고, 전성어미는 용언의 어간에 붙어 다른 품사의 기능을 수행하게 하는 어미이다.

21 정답 ③

객체경어법은 특별한 형태소가 아닌 '드리다, 여쭈다, 뵙다, 모시다' 등과 같은 동사로 실현된다. 따라서 ③이 객체경어법이 실현된 것이다. ①은 '주체경어법'과 '상대경어법', ②는 '상대낮춤법', ④는 '주체경어법'이 각각 실현된 것이다.

22 정답 ④

상대시제는 관형사형 어미나 연결형 어미에 의해서 실현된다.
①, ②, ③은 절대시제만 나타나는데, ①은 미래시제, ②는 현재시제, ③은 과거시제가 사용되었다.

23 정답 ②

두 문장이 문장과 문장으로 이어지는 접속과 문장 속에 하나의 성분으로 안기는 내포가 있다. 전자에는 대등절과 종속절, 후자에는 명사절, 부사절, 관형사절, 인용절, 서술절 등이 있다.

24 정답 ①

문장에서 주성분에는 주어, 목적어, 보어, 서술어가 있다. ①은 내포문이 목적어로 쓰이고 있다. ②는 관형어, ③과 ④는 부사어로 각각 부속성분으로 쓰였다.

25 정답 ②

의미론은 언어학의 어느 분야보다도 가장 덜 발달되어 있다.

26 정답 ④

모든 문맥에서 바꿔 쓸 수는 없지만, '부추'와 '솔', '범'과 '호랑이', '빛깔'과 '색깔' 등은 대체로 의미하는 바가 같다고 인식돼서 동의관계로 파악된다. 그러나 '키'는 높이를 나타내고, '크기'는 면적이나 부피를 나타내는 말이므로 의미가 서로 많이 다르다.

27 정답 ③

심리적인 영상을 개념 또는 관념이라 한다. 따라서 개념설은 의미를 사람의 주관적인 심리현상과 깊이 관련된 것으로 파악함으로써 객관적인 분석에 문제가 있다. ①은 지시설, ②는 자극-반응설, ④는 용법설의 한계를 지적한 말이다.

28 정답 ③

현대국어의 복잡한 동사 활용체계는 고대국어에서 이미 완성되어 있었다. 따라서 동사의 어미 활용 체계는 아직 제대로 갖추어지지 않았다는 말은 적절하지 않다. 동사의 활용어미는 동명사어미(관형형어미), 부동사어미(접속어미), 정동사어미(종결어미) 등 세 종류로 나눌 수 있다.

29 정답 ③

중세국어에 존재하던 음운인 'ㅸ'은 '글발 〉 글
왈'의 경우처럼 후대에 반모음 [w]로 변했다.

30 정답 ④

어미 '-의/의'는 속격과 처격에 쓰였으며, 유정
물에 쓰이면 속격, 무정물에 쓰이면 처격이 되어
서 구별되었다.

31 정답 ②

형태소는 환경에 따라 모양이 바뀔 수 있는데,
음운체계에 따라 필연적으로 일어나는 것을 자
동적 교체라 하고, 그렇지 않은 것을 비자동적
교체라고 한다. 중세국어에서는 명사 어간과 동
사 어간이 특이한 비자동적 교체(특수교체)를 보
인다. '시므-(심다) → 싱-', '나모 → 낡'이 그
예이다.

32 정답 ①

한글은 낱글자 하나하나가 음을 나타내는 표음문
자에 속한다. 표음문자는 다시 음절문자와 음소
문자로 나눌 수 있는데 한글은 음절을 구성하는
자음자와 모음자가 따로따로 존재하는 음소문자
에 속한다.

33 정답 ④

① 수식의 모호성 : 불법적인 것이 자금인지 거
  래인지 명확하지 않다.
② 서술어 '찾아다녔다'의 주체의 모호성 : 찾아
  다닌 것이 나인지, 나와 반장인지 명확하지
  않다.
③ 수식의 모호성 : 수많은 것이 사람들인지, 노
  력인지 명확하지 않다.

34 정답 ④

일상 언어생활에서 음성언어의 비중은 문자언
어보다 훨씬 더 크다. 그리고 한 시기 한 순간의
언어의 모습을 가장 잘 반영하기 때문에 언어학
자들은 음성언어를 일차적인 연구 대상으로 삼
는다.

35 정답 ①

어법에 맞게 적는다는 것은 형태와 의미를 밝혀
적는다는 것으로 표의주의를 지향하겠다는 의지
를 반영한 것이다. 음소적 표기는 단어를 발음나
는 대로 표기하는 표음주의 원리를 반영한다.

36 정답 ①

'식미'는 '샘이'를 연철로 표기한 것이고 나머지
는 분철식 표기에 해당한다.

37 정답 ④

언어와 방언의 구별 기준으로는 의사소통, 동일
한 표준어, 동일한 국가 등을 들 수 있다.

38 정답 ④

① 회원들이 모두 오지 않은 것인지, 일부가 오
  지 않은 것인지 분명하지 않다.
② 영수와 함께 영희를 만났는지, 영수와 영희
  를 각각 따로 만난 것인지 분명하지 않다.
③ 교수님이 보고 싶은 학생이 많은 것인지, 교
  수님을 보고 싶어 하는 학생이 많은 것인지
  분명하지 않다.

39 정답 ③

- 눈에 밟히다 : 잊히지 않고 자꾸 보이는 것 같다.
- 눈에 익다 : 여러 번 보아서 익숙하다.
- 눈을 끌다 : 주목을 받는다.
- 눈이 높다 : 정도 이상의 좋은 것을 찾는다.

40 정답 ①

전라도 방언은 '했는디, 그란디'와 같이 '-는데'의 의미를 나타내는 '-는디'와 '비상깨, 그랑깨, 간당깨로'와 같이 '-니까'의 뜻을 나타내는 '-ㅇ깨', '-ㅇ깨로' 등의 어미가 특징적으로 나타난다.

01	02	03	04	05	06	07	08	09	10
③	①	④	③	④	④	①	③	④	④
11	12	13	14	15	16	17	18	19	20
②	③	④	③	②	④	①	②	④	②
21	22	23	24	25	26	27	28	29	30
②	④	②	③	③	④	①	②	③	③
31	32	33	34	35	36	37	38	39	40
①	③	②	④	②	②	③	③	②	②

01 정답 ③

언어기호의 내용과 표현 사이에는 필연적·절대적인 관계가 있는 것이 아니라 관습에 따라 내용과 표현이 결합된 것이다.

02 정답 ①

랑그는 머릿속에 기억되어 있는 추상적인 언어의 모습으로 그 사회에서 공인된 상태로의 언어를 의미한다.

03 정답 ④

에스페란토는 대표적인 자연언어가 아니라 인공언어이다.

04 정답 ③

음성학은 주로 자연과학적인 입장에서 음성을 연구하는 분야이다. 음성의 기능이나 체계와 같은 음운구조를 연구하는 분야는 음운론이다.

05 정답 ④

'문법론'은 순수히 학문적인 목적으로 수행하는 일반언어학 분야이고 나머지는 언어학의 연구결과를 어떤 실용적인 문제에 적용하는 응용언어학의 하위영역들이다.

06 정답 ④

파찰음을 찾는 문제이다. 보기에서 파찰음에 속하는 것은 'ㅈ'이다.

07 정답 ①

목젖을 아래로 늘어뜨려 놓고 입 안의 어떤 것을 막으면 숨은 코로 통하게 되는데, 이렇게 내는 소리를 비음이라 한다.

08 정답 ③

모음의 음가를 달라지게 하는 중요한 발음기관은 혀와 입술이므로 모음을 분류하는 기준은 혀의 높낮이, 혀의 앞뒤 위치, 입술의 모양 세 가지를 들 수 있다.

09 정답 ④

방언마다 음소체계가 다르다.

10 정답 ④

현대국어에서는 음절 말에 'ㄱ, ㄴ, ㄷ, ㄹ, ㅁ, ㅂ, ㅇ'만 올 수 있다는 제약, [ㄴ, ㅁ] 앞에는 폐쇄음 [ㄱ, ㄷ, ㅂ]이 올 수 없는 제약, [ㄹ] 앞에는 [ㄹ] 이외의 어떠한 음절 말 자음도 허용하지 않는다는 제약 등이 있다.
'떡잎', '신라', '독립'은 각각 [떵닙], [실라], [동닙]으로 발음되어 음절 말 제약이 음운변화를 일으킨 경우로 볼 수 있다. '예물'의 발음은 [예물]로, 음절 말에 'ㄱ, ㄴ, ㄷ, ㄹ, ㅁ, ㅂ, ㅇ'만 올 수 있다는 제약에 해당되어 이 또한 음절 말 제약의 예시로 볼 수 있으나, 발음상의 변화는 발생하지 않는다.

11 정답 ②

연접은 분절음이 다음 분절음으로 이행하는 이음법으로서 이중적인 뜻을 갖는 모호한 표현인 '밤나무사온다'에 휴지를 어디에 두느냐에 따라 그 뜻이 달라진다.

12 정답 ③

음운의 동화 현상은 동화의 방향에 따라 순행동화와 역행동화로 나눌 수 있다. '칼날'은 앞의 'ㄹ'에 뒤의 'ㄴ'이 'ㄹ'로 동화되는 것이므로 순행동화이고, 나머지 셋은 역행동화이다.

13 정답 ④

전설모음화는 전설모음이 아닌 것이 뒤에 오는 [ㅣ], [j]의 영향을 받아 전설모음(ㅐ, ㅔ, ㅚ, ㅟ)로 바뀌는 현상으로 전설모음 'ㅣ'가 후설모음들을 전설모음 쪽으로 발음위치를 가까이 당겨서 유사한 성질의 소리를 만들어 더 쉽게 발음하기 위한 것이다. 이와 같은 현상을 움라우트 또는 'ㅣ' 모음 역행동화라고도 한다.
모음조화는 연속하여 있는 음절에서 앞 음절의 모음 성질에 따라 뒤 음절에 일정한 모음이 나타나는 현상이다.

14 정답 ③

엄마 + 가 + 아이 + 에게 + 젖 + 을 + 먹 + -이- + -었- + -다

15 정답 ②

문법론은 좁은 의미로 형태론과 통사론으로 나뉘고 형태론은 다시 굴절론과 조어론으로 나뉜다. 통사론은 단어들이 결합하여 문장을 구성하는 원리에 관하여 연구하는 분야로 달리 문장론이라고도 한다.

16 정답 ④

하나의 실질형태소로 이루어진 말은 단일어이다. '하늘'이 단일어이고 '일꾼'은 접미파생어, '왼손'은 접두파생어, '책상'은 '책 + 상'으로 이루어진 합성어이다.

17 정답 ①

품사의 분류 기준 중 형태의 변화를 기준으로 삼을 때, 문장 안에서 형태가 변하는 단어를 가변어, 형태가 변하지 않는 단어를 불변어라 한다. 동사는 가변어에 속하고, 명사, 관형사, 감탄사는 불변어에 속한다.

18 정답 ②

부사는 격조사와 결합할 수는 없으나 보조사와는 결합할 수 있다.

19 정답 ④

문법범주란 문법적 관념의 표현, 즉 문법적으로 구분되는 현상이 있을 때 그 현상을 하나로 갈래 지어서 묶은 것을 말하는 데, 이에는 시제법, 격, 서법, 높임법, 사동법, 피동법, 부정법 등이 있다.

20 정답 ②

상대높임법은 선어말어미가 아닌 종결어미로 나타낸다.

21 정답 ②

①, ④는 주체경어법을 실현하는 방법이고, ③은 상대경어법을 설명하고 있는 말이다.

22 정답 ④

상대적 시제를 묻는 문제이다.
④ 주절의 시제는 현재이나 상대적 시제는 사건시를 기분으로 판단하기에 그 시제가 과거임을 알 수 있다.
①은 미래, ②, ③은 현재로 각각 주절에 대응하는 상대적 시제이다.

23 정답 ②

관형절은 용언의 어간에 관형사형 어미가 붙은 것이 문장 내에서 관형어 역할을 하는 것이다. 이에 해당하는 것은 ②이다.
①과 ③은 각각 명사절과 부사절을 안고 있는 문장이고, ④는 종속적으로 이어진 문장이다.

24 정답 ③

③만 종속적으로 이어진 문장이고, 나머지는 나열, 선택, 대조 관계를 이루며 대등적으로 이어진 문장이다.

25 정답 ③

기호 삼각형은 오그덴과 리차즈가 기호, 개념, 지시물 사이의 관계를 나타낸 것으로, 기호가 대표하는 것은 개념이며, 지시물은 그 개념이 대표하는 것임을 보여준다. 즉, 한 단어의 의미란 지시물 자체가 아니고 이 지시물의 심리적인 영상인 개념이다.
① 소쉬르는 언어를 랑그와 파롤로 구분하고, 랑그는 다시 시니피에와 시니피앙으로 분리하여 시니피에를 시니피앙에 대한 개념으로 파악하였다.
② 촘스키가 제안한 개념은 언어능력과 언어수행이다.
④ 리치는 의미의 본질을 이해하기 위해 기본적인 중요성을 참고하여 일곱 가지 유형으로 의미를 분류했다.

26 정답 ④

동의어란 형태가 다른 별개의 단어들이 동일한 의미를 가지고 있는 것을 뜻한다.

27 정답 ①

'세수'는 한자적 의미로는 '손을 씻는다'는 뜻이지만 손과 얼굴을 모두 씻는다는 의미로 변하였으므로 의미영역이 확대된 것이다.
②, ③은 의미가 축소된 단어고, ④는 의미가 이동된 단어이다.

28 **정답** ②
실질적 의미부분(어간)은 음독으로 표기한 게 아니고 훈독으로 표기하였다.

29 **정답** ③
글자 왼쪽에 점 두 개를 찍은 것은 상성의 표시이다.

30 **정답** ③
과거시제 선어말어미인 '-았-/-었-'은 근대국어의 '-앗-/-엇-'을 거쳐 근대국어 후반부부터 나타난다.

31 **정답** ①
② 혀가 윗잇몸에 닿는 모양을, ③ 입모양을, ④ 목구멍 모양을 본떠 만든 글자이다.

32 **정답** ③
'ㄲ, ㄸ, ㅃ, ㅉ, ㅆ' 등의 각자병서는 훈민정음 28글자에 포함되지 않는다.

33 **정답** ②
① '다시'와 '재론'의 중복
③ '여러 가지'와 '제반'의 중복
④ '역전'과 '앞'의 중복

34 **정답** ④
중성자는 하늘, 땅, 사람을 본떠 만들었다. 하늘을 본떠 'ㆍ'을, 땅을 본떠 'ㅡ'를, 사람을 본떠 'ㅣ'를 각각 만들었다. 'ㅜ'는 초출자로 기본자들끼리 결합하여 만든 글자이다.

35 **정답** ②
표음에는 불충분하지만 독서능률을 높이며 전달을 더 쉽게 해주는 방식으로 형태를 고정시켜 표기하는 표기법을 표의주의 표기법이라 한다.

36 **정답** ②
훈민정음 창제 당시 연철을 하느냐 분철을 하느냐에 대한 규정은 명시된 문헌은 없으나 당시 문헌인 『월인천강지곡』이 분철 표기를 제외하고는 대부분의 문헌들이 받침을 뒤의 모음으로 시작하는 조사나 어미에 내려쓰는 연철방식을 보이고 있다.

37 **정답** ③
지리적 요인으로 인하여 서로 분화를 일으킨 방언 각각을 지역방언이라 한다.
① 사회방언은 지역에 따른 차이가 아닌 사회계층, 연령, 성별 등에 따라 생긴 방언이다.
② 개인방언은 한 개인의 말을 특별히 구별하여 지칭하는 말이다.
④ 사회방언은 여러 가지 사회적 요인에 의하여 형성되지만 그중 사회계층이 가장 중요한 요인으로 작용하기 때문에 계급방언이라고 한다.

38 **정답** ③
③ 시이오(CEO) → 최고 경영자(경영 최고 책임자)
엔지오(NGO) → 비정부 기구, 민간 기구

39 **정답** ②

우리나라 방언 중 몽고어와 일본어의 영향을 많이 받은 것은 제주방언이다.

40 **정답** ②

은비를 목적으로 하여 사용되던 은어가 외부 집단에 알려지게 될 경우에 대비하여 외부인이 아예 비밀어라는 눈치조차 채지 못하게끔 은어를 마치 평범한 단어처럼 위장하여 사용한다.

부록

4단계 대비 주관식 문제

출/ 제/ 유/ 형/ 완/ 벽/ 파/ 악/

지식에 대한 투자가 가장 이윤이 많이 남는 법이다.

– 벤자민 프랭클린 –

부록 | 4단계 대비 주관식 문제

제1편 | 국어와 국어학

제1장 언어와 한국어

01 국어학이 언어학의 범주를 벗어날 수 없는 이유를 간략히 서술하시오.

01 **정답**

국어는 언어로 존재하는 것으로서 자음, 모음, 단어, 문장 등의 용어들은 국어학에서도 쓰일 수밖에 없기 때문이다.

02 한국어는 언어로서의 보편성과 개별언어로서의 특수성을 아울러 갖는다. 이러한 언어로서의 보편성과 특수성에 대해 서술하시오.

02 **정답**

한국어는 사람의 소리를 실현하는 음운의 개수가 각 언어와 다를지라도 사람의 발음기관을 통해 실현된다는 보편성을 가진다. 또한 한국어의 자음은 다른 언어에서는 볼 수 없는 삼중 체계를 갖는다는 점과 조사와 어미, 경어법이 발달했다는 점에서 특수성을 갖는다.

03 **정답**

국어의 자음 중 파열음과 파찰음에는 예사소리, 된소리, 거센소리 등 세 항목으로 이루어진 것이 있는데, 이를 삼지적 상관속 또는 삼중 체계라고 한다. 그 예로 'ㄱ - ㄲ - ㅋ', 'ㄷ - ㄸ - ㅌ', 'ㅂ - ㅃ - ㅍ', 'ㅈ - ㅉ - ㅊ' 등이 있다.

03 국어의 음운상 특징 중 삼지적 상관속에 대해 그 예를 들어 간략히 서술하시오.

04 **정답**

어감의 분화를 가져오는 경우에는 '감감하다 - 깜깜하다 - 캄캄하다' 등이 있고, 의미의 분화를 가져오는 경우에는 '불(火) - 뿔(角) - 풀(草)' 등이 있다.

04 자음 중 삼지적 상관속을 통해 어감의 분화, 의미의 분화를 가져오는 경우가 있다. 그 예를 각각 하나씩 들어 서술하시오.

05 **정답**

국어의 어휘는 크게 고유어, 한자어, 외래어로 구분되며, 혈연관계를 중시함에 따라 친족어가 발달되었다. 또한 의성어 · 의태어 등의 상징어와 유교 사상의 영향으로 인한 높임말과 낮춤말이 발달되었다.

05 국어의 어휘상 특징을 간략히 서술하시오.

제2장 언어의 특성

01 언어의 자의성에 대해 서술하시오.

02 소쉬르가 주장한 '랑그'와 '파롤'에 대해 간략히 서술하시오.

03 다음 내용에서 괄호 안에 들어갈 적절한 말을 순서대로 쓰시오.

> 사람이 태어나서 저절로 배우고 일상적으로 쓰는 언어를
> (㉠) 또는 일상언어라고 한다. 이는 논리학자들이 만들어
> 쓰는 기호로 된 언어를 (㉡) 또는 형식언어라고 하기
> 때문에, 이에 대비되는 언어로 그렇게 부르는 것이다.

---

01 **정답**
자의성은 필연성에 대비되는 개념으로, 언어 기호의 형식인 음성과 내용에 해당하는 의미의 관계가 자의적이라는 것이다. 즉, 민족마다 동일한 대상을 각기 다른 기호를 통해 드러내거나 형식과 의미관계가 변한다는 것이다.

해설
민족마다 동일 대상이 다른 형식을 통해 지시되는 경우에는 '꽃 – 花 – flower' 등이, 시간의 흐름 속에서 의미는 고정되나 형식이 변하는 경우에는 'ᄆᆞᅀᆞᆷ 〉 ᄆᆞᅀᆞᆷ 〉 ᄆᆞᅀᆞᆷ 〉 마음[心]' 등이, 시간의 흐름 속에서 형식은 고정되나 의미가 변하는 경우에는 '어리다'가 '어리석다[愚]'의 의미에서 '나이가 어리다[幼]'의 의미로 변하는 경우 등이 있다.

02 **정답**
랑그는 사회적 소산물로서, 언어 집단에 속하는 언중(言衆)들의 머릿속에 저장되어 있는 지식언어를 말한다. 파롤은 언중들의 개개인의 발성으로 나타난 개인의 구체적 언어로, 매번 다르게 실현되는 행용언어를 말한다.

03 **정답**
㉠ 자연언어
㉡ 인공언어

제3장 국어학의 영역과 방법

01 국어학의 핵심 분야인 음운론과 문법론에 대해 서술하시오.

02 언어정보학에 대해 간략히 서술하시오.

03 어휘론에 대해 간략히 서술하시오.

01 정답
음운론은 자음, 모음, 악센트, 음장, 음절 등 언어의 소리 쪽을 연구하는 분야이고, 문법론은 형태소, 단어, 구, 문장 등 그 자체가 어떤 의미를 동반하고 있는 단위들을 다루는 분야이다. 좁은 의미의 문법론은 형태론과 통사론을 포함하며, 통사론은 문장론이라고 한다.

02 정답
언어정보학이란 언어를 구성하는 언어 단위들에 대한 정보를 체계화하고 구조화하는 것을 목표로 하는 학문이다.

03 정답
단어의 파생·의의·용법 등을 다루는 학문으로, 20세기 후반 전자계산기의 실용화로 인해 출발하였다. 일반적으로 어휘론은 많은 어휘 연구들을 대상으로 이를 다시 종합 정리하고 체계를 모색하는 것을 본령으로 하는 메타 학문이라고 할 수 있다.

제2편 음운론

제1장 발음기관

01 다음 내용에서 괄호 안에 들어갈 적절한 말을 순서대로 쓰시오.

> 음성을 산출하는 데 관여하는 인간의 모든 신체기관을 발음기관이라 한다. 발음기관은 크게 공기를 움직이게 하는 부분인 (㉠), 음성을 만드는 (㉡), 음성을 여러 가지로 세분하는 (㉢)로 나뉜다.

01 **정답**
㉠ 발동부
㉡ 발성부
㉢ 조음부

02 발음기관 중 목젖의 기능을 간략히 서술하시오.

02 **정답**
목젖은 앞뒤로 움직이며 숨을 입으로 나오게 하느냐, 코로 나오게 하느냐를 조절하는데, 특히 비음을 낼 때 중요한 기능을 한다.

03 조음체와 조음점에 대해 간략히 서술하시오.

03 **정답**
발음기관은 위·아래로 맞서 있는데, 입 안 아래쪽에 있는 아랫입술, 혀 등을 조음체라 하고, 그 조음체들이 가 닿는 입천장, 윗니, 윗입술 등을 조음점이라 한다. 조음체들이 상대적으로 잘 움직이는 반면 조음점은 움직임이 덜하다. 그래서 조음체를 능동부라 하고, 조음점을 고정부라고도 한다.

제2장 음성의 분류

01 정답

두 조음기관의 간격을 좁히고 공기의 흐름을 빠르게 해서 내는 음은 마찰음이다. 한국어는 다른 언어에 비해 마찰음 수가 상대적으로 적은 편으로, 'ㅅ, ㅆ, ㅎ'이 이에 해당한다. '하늘', '스승', '쓰다' 등이 이러한 단어의 예시가 된다.

01 다음 설명에 해당하는 자음 분류와, 해당 자음을 포함한 단어의 예를 2개 이상 포함하여 서술하시오.

> 조음기관의 간격을 좁혀 공기의 흐름을 빠르게 하여 내는 음을 말한다.

02 정답

㉠ ㅁ
㉡ ㄴ
㉢ ㅇ
㉣ ㄹ

02 다음 자음 분류표에서 괄호 안에 들어갈 음운을 순서대로 쓰시오.

조음방법		조음위치	두입술 (입술소리, 양순음)	윗잇몸 (허끝소리, 치조음)	혓바닥 (센입천장소리, 경구개음)	허뒤 (여린입천장소리, 연구개음)	목청 사이 (목청소리, 후음)
안울림소리 (無聲音)	파열음	예사소리	ㅂ	ㄷ		ㄱ	
		된소리	ㅃ	ㄸ		ㄲ	
		거센소리	ㅍ	ㅌ		ㅋ	
	파찰음	예사소리			ㅈ		
		된소리			ㅉ		
		거센소리			ㅊ		
	마찰음	예사소리		ㅅ			ㅎ
		된소리		ㅆ			
울림소리 (有聲音)	비음(鼻音)		(㉠)	(㉡)		(㉢)	
	유음(流音)			(㉣)			

03 발음하는 도중에 혀가 일정한 자리에서 시작하여 다른 자리로
옮겨 가면서 발음하는 모음을 이중모음이라 한다. 현대국어의
이중모음을 모두 나열하고, 총 몇 개인지 쓰시오.

>>>◯

[현대국어의 이중모음 종류]

'j' 계열	ㅑ, ㅕ, ㅛ, ㅠ, ㅒ, ㅖ
'w' 계열	ㅘ, ㅙ, ㅝ, ㅞ
그 외	ㅢ

03 **정답**
현대국어의 이중모음은 'ㅑ, ㅕ, ㅛ,
ㅠ, ㅒ, ㅖ, ㅘ, ㅙ, ㅝ, ㅞ, ㅢ'로 총
11개가 있다.

해설
[문제 하단의 표 참고]

04 **정답**

ㅗ, ㅜ, ㅚ, ㅟ

해설

국어의 단모음은 입술 모양에 따라
원순모음과 비원순모음(평순모음)
으로 구분할 수 있다.
[문제 하단의 표 참고]

04 국어 단모음을 원순모음과 비원순모음으로 구분할 때, 원순모음에 해당하는 것을 2개 이상 쓰시오.

혀의 높이 \ 입술 모양 \ 혀의 앞뒤	전설모음		후설모음	
	평순모음	원순모음	평순모음	원순모음
고모음 [폐모음]	ㅣ	ㅟ	ㅡ	ㅜ
중모음 [반폐모음 · 반개모음]	ㅔ	ㅚ	ㅓ	ㅗ
저모음 [개모음]	ㅐ		ㅏ	

제3장 음운/음소

01 국어의 음운 체계에 대해 간략하게 서술하시오.

01 **정답**
국어의 음운체계에는 자음체계, 모음체계, 그리고 운소체계가 있다. 현대국어에서 자음은 19개, 모음은 21개로 도합 40개의 음운체계를 가지며, 운소체계에는 소리의 길이와 억양 등이 있다.

02 음운의 개념을 간략히 서술하시오.

02 **정답**
음운이란 사람들이 머릿속에서 같은 소리로 인식하는 추상적 · 사회적 · 심리적인 말소리이며, 단어의 의미를 변별하는 최소의 단위이다.

03 음성과 음운의 특징적인 차이점을 서술하시오.

03 **정답**
음성은 구체적이고 물리적인 소리이기 때문에 어느 언어에나 존재할 수 있는 반면, 추상적 · 사회적 · 심리적으로 인식하는 단위인 음운은 언어마다 차이가 있을 수 있다.

제4장 음운규칙

01 정답

음절의 끝소리 규칙, 비음화, 경음화

해설

한국어는 음절의 끝소리에 'ㄱ, ㄴ, ㄷ, ㄹ, ㅁ, ㅂ, ㅇ'의 일곱 가지만 올 수 있다는 음절의 끝소리 규칙이 있다. '옷맵시'는 [옫맵씨] → [온맵씨]의 과정을 거쳐 발음되는데, 여기서 받침 'ㅅ'이 'ㄷ'으로 바뀌는 음절의 끝소리 규칙이, 이 'ㄷ' 받침이 뒤에 오는 'ㅁ'의 영향으로 'ㄴ'이 되는 비음화 현상이, 'ㅅ'가 'ㅆ'로 되는 경음화 현상이 나타났음을 알 수 있다.

02 정답

해당 음운현상을 이화라고 하고, 그 예시로는 옛 표현이었던 '거붑'이 '거북'으로 변화하는 것 등이 있다.

01 단어 '옷맵시'를 발음할 때 나타나는 음운현상을 다음 〈보기〉에서 모두 골라 쓰시오.

> 보기
>
> 음절의 끝소리 규칙, 비음화, 경음화, 설측음화, 구개음화

02 다음 설명에 해당하는 용어와 그 예를 하나 들어 쓰시오.

> 서로 같거나 비슷한 소리의 하나를 다른 소리로 바꾸는 음운현상

03 '고기'가 '괴기'로 될 때 일어나는 동화현상을 다음 〈보기〉에서 모두 골라 쓰시오.

> 보기
> 선행동화, 역행동화, 부분동화, 인접동화, 원격동화

03 **정답**
역행동화, 부분동화, 원격동화

해설
뒤에 오는 'ㅣ'나 'j'의 영향으로 그 앞의 모음 'ㅏ, ㅓ, ㅗ, ㅜ' 등이 'ㅐ, ㅔ, ㅚ, ㅟ'로 바뀌는 현상을 움라우트 또는 'ㅣ' 모음 역행동화라 한다. 이러한 현상은 영향을 주고받는 두 소리 사이에 다른 소리가 게재되어 있기 때문에 원격동화에 해당하고, 뒤의 소리가 앞의 소리에 영향을 줬기 때문에 방향상으로는 역행동화, 정도상으로는 부분동화에 해당한다.

04 연속된 말 속에서 단어나 음절 사이의 소리를 빼버리는 현상을 탈락 또는 생략이라고 하는데, 국어에서는 'ㄹ' 탈락, 'ㅎ' 탈락, 'ㅡ' 탈락 등이 대표적이다. 각각 그 예를 하나씩 쓰시오.

04 **정답**
• 'ㄹ' 탈락 : 솔 + 나무 → 소나무
• 'ㅎ' 탈락 : 쌓아 → [싸아]
• 'ㅡ' 탈락 : 치르 + 어 → 치러

해설
'ㄹ' 탈락과 'ㅡ' 탈락은 표기상 탈락에, 'ㅎ' 탈락은 소리상 탈락에 해당한다.

05 양성모음끼리 또는 음성모음끼리 나타나는 동화현상이 무엇인지 쓰고, 그 예를 한 가지씩 제시하시오.

05 **정답**
양성모음끼리 혹은 음성모음끼리 나타나는 동화현상은 모음조화라고 한다. 양성모음끼리 어울리는 예는 '찰랑찰랑', 음성모음끼리 어울리는 예는 '철렁철렁' 등이 있다.

제3편　문법론

제1장 형태소

01　구체적인 대상이나 상태를 나타내는 실질적 의미를 가지고 있는 형태소를 어휘형태소라 한다. 다음 문장에서 어휘형태소를 모두 찾아 쓰시오.

> 예쁜 꽃이 활짝 피었다.

>>🔍

기준	종류	설명	예시
자립성의 유무	자립 형태소	혼자 쓰일 수 있는 형태소	체언, 수식언, 감탄사 등
	의존 형태소	반드시 다른 말에 기대어 쓰이는 형태소	조사, 용언의 어간과 어미, 접사 등
의미 여부	어휘(실질) 형태소	구체적인 대상이나 상태를 나타내는, 실질적 의미를 가지고 있는 형태소	모든 자립형태소, 용언의 어간 등
	문법(형식) 형태소	형식적인 의미만, 즉 문법적 의미만을 나타내는 형태소	용언의 어간을 제외한 의존형태소 등

01　**정답**
'예쁘–', '꽃', '활짝', '피–'

해설
형태소는 홀로 쓰일 수 있느냐 없느냐에 따라 자립형태소와 의존형태소로 나눌 수 있고, 의미 여부에 따라 어휘형태소(실질형태소)와 문법형태소(형식형태소)로 나눌 수 있다. '예쁘–'와 '피–'는 용언 어간, '꽃'은 체언, '활짝'은 수식언으로 어휘형태소에 해당한다고 할 수 있다. 나머지 '–ㄴ', '이', '–었–', '–다'는 문법형태소에 해당한다.
[문제 하단의 표 참고]

02 다음 내용에서 괄호 안에 들어갈 적절한 말을 순서대로 쓰시오.

> 이형태에는 음운론적 이형태와 형태론적 이형태가 있다.
> 이러한 이형태들은 같은 환경에서는 나올 수 없으므로 서
> 로 (㉠), (㉡) 분포라고 한다.

02 **정답**
㉠ 배타적
㉡ 상보적

제2장 단어형성법

01 정답
ⓐ 어기
ⓑ 접사

01 다음 내용에서 괄호 안에 들어갈 말을 순서대로 쓰시오.

> 단어를 구성하는 형태소들은 그것이 어떤 역할을 하느냐에 따라 (ⓐ)와 (ⓑ)로 나눌 수 있다. (ⓐ)는 단어의 중심부를 이루는 형태소이며, (ⓑ)는 단어의 주변부를 이루는 형태소이다.

02 정답
- 단일어 : 단어 전체가 형태소 하나로 이루어졌거나, 어근이 형태소 하나로 이루어진 단어이다. 그 예로 '눈', '길다' 등이 있다.
- 합성어 : 둘 또는 그 이상의 단어나 어근이 결합하여 이루어진 복합어이다. 그 예로 '봄비', '낯설다' 등이 있다.
- 파생어 : 어근에 접사가 결합하여 이루어진 복합어로, 접사의 위치에 따라 접두파생어와 접미파생어로 나눌 수 있다. 접두파생어의 예로는 '맨몸', '휘젓다' 등이 있고, 접미파생어의 예시로는 '울보', '사랑스럽다' 등이 있다.

02 단어는 조어 방식에 따라 단일어와 복합어로 나뉘고, 복합어는 다시 파생어와 합성어로 나뉜다. 각각 그 개념을 말하고 예를 두 개 이상씩 들어 서술하시오.

03 정답
개살구, 헛웃음, 낚시질, 지우개

해설
'개- + 살구'는 '접두사 + 어근', '헛- + 웃 + -음'은 '접두사 + 어근 + 접미사', '낚시 + -질'은 '어근 + 접미사', '지우 + -개'는 '어근 + 접미사'의 구조로 된 파생어이다. 반면, '고추장', '놀이터', '장군감'은 '어근 + 어근'의 조합으로 된 합성어이다.

03 다음 〈보기〉에 제시된 단어들 중 파생어를 모두 고르시오.

> 보기
> 고추장, 개살구, 놀이터, 헛웃음, 낚시질, 지우개, 장군감

제3장 품사

01 현행 국어문법은 조사를 단어로 인정하고 있다. 그 이유를 간략하게 서술하시오.

02 다음 내용에서 괄호 안에 들어갈 적절한 말을 순서대로 쓰시오.

> 의존명사는 자립성이 없고 분리성이 뚜렷하지 않은 경우가 있다. 하지만 다른 단어와 동일한 (　ㄱ　) 지위를 차지하고 있기에 (　ㄴ　)으로 보아 단어로 인정한다.

03 **정답**

동사는 동작이나 작용을 나타내는 품사이고, 형용사는 상태나 성질을 나타내는 품사라는 의미상 차이가 있다. 또한 동사와는 달리 형용사는 어미 결합에 제약을 받기 때문에 명령형 어미나 청유형 어미, 현재의 평서형 종결어미와 현재의 관형사형 어미와는 결합할 수 없다는 형태상 차이가 있다.

03 동사와 형용사의 의미상·형태상 차이점을 각각 서술하시오.

04 **정답**

본용언은 문장의 주체를 주되게 서술하면서 보조용언의 도움을 받는 용언으로 자립성이 있고, 실질적인 의미를 지닌다. 보조용언은 본용언과 연결되어 뜻을 보충하는 용언으로 자립성이 없고, 보조적 의미를 지닌다.

04 본용언과 보조용언의 구별 방법을 간략하게 서술하시오.

제4장 문법 요소

01 다음 〈보기〉의 문장은 피동으로 보기 어려운 예이다. 그 이유를 간략하게 서술하시오.

> **보기**
> ㄱ. 구두끈이 저절로 풀어졌다.
> ㄴ. 방이 갑자기 밝아졌다.

02 국어의 높임법 삼원 체계를 모두 쓰시오.

03 객체높임법을 실현하는 어휘를 3가지 이상 쓰시오.

01 **정답**
제시된 두 개의 문장 모두 서술어는 피동 형태를 취하고 있으나, ㄱ은 남의 동작을 받는 것이 아니기 때문에 피동으로 보기 어렵고, ㄴ은 상태의 변화를 나타낼 뿐이라 피동의 의미를 확인하기는 어렵다.

02 **정답**
주체높임법, 상대높임법, 객체높임법
해설
한국어의 높임표현에는 행위의 주체를 높이는 주체높임법, 듣는 대상을 높이는 상대높임법, 목적어 · 부사어의 지시 대상인 서술의 객체를 높이는 객체높임법이 있다.

03 **정답**
모시다, 드리다, 여쭈다, 뵈다 등
해설
이 외에도 '아뢰다' 등의 다른 동사와 부사격조사 '께'를 통해 실현되기도 한다.

04 정답
아버지는 귀가 밝으시다.

04 다음 설명에 해당하는 예문을 하나 서술하시오.

> 높일 대상과 관계있는 인물이나 그의 소유물, 또는 그와 관계있는 사물을 높임으로써 간접적으로 해당 대상을 높이는 표현법을 주체간접높임이라고 한다.

05 정답
㉠ 시제
㉡ 동작상

05 다음 내용에서 괄호 안에 들어갈 적절한 말을 순서대로 쓰시오.

> 발화시를 기준으로 한 사건시의 선후적인 위치를 나타내는 문법 범주를 (㉠)라 하고, 동작(사건) 시간의 흐름 속에서의 분포를 나타내는 문법 범주를 (㉡)이라 한다.

06 정답
• 동사 어간 + 현재시제 선어말어미 (-는-/-ㄴ-)
• 형용사와 서술격조사는 선어말어미 없이 단독으로 사용된다.
• 동사 어간 + 관형사형 어미 '-는'
• 형용사 어간, 서술격조사 + 관형사형 어미[-(으)ㄴ]
• 시간 부사어 : '지금', '오늘' 등

06 국어의 현재시제를 나타내는 방법을 간략하게 세 가지 이상 쓰시오.

07 '-었-'과 '-었었-'의 차이를 간략하게 서술하시오.

07 **정답**
과거시제를 표시할 때는 선어말어미 '-었-'이 중복된 '-었었-'이 쓰이기도 한다. '-었었-'의 형태는 발화시보다 훨씬 전에 발생하여 현재와는 강하게 단절된 사건을 표현하는 데 사용된다.

08 다음 내용에서 괄호 안에 들어갈 문장성분을 순서대로 쓰시오.

능동문을 파생적 피동문으로 만들 때, 능동문의 주어는 피동문의 (㉠)가 되고, 능동문의 목적어는 피동문의 (㉡)가 된다.

08 **정답**
㉠ 부사어
㉡ 주어

09 파생적 사동문과 통사적 사동문의 의미상 차이점을 서술하시오.

09 **정답**
파생적 사동문은 직접적 행위 미침과 간접적 행위 미침 둘로 해석될 수 있으나, 통사적 사동문은 간접적 행위 미침만으로 해석된다는 차이점이 있다.

10 정답

'못' 부정문은 주체의 의지가 아닌 불능 또는 불가능을 표현하는데, 즉 상황에 의하여 어떤 일이 이뤄지지 못하는 상황 부정의 의미를 띤다. '안' 부정문은 사실의 단순한 부정이나 동작주의 의지에 의한 행동의 부정을 표현하는 것으로, 대체적으로 순수 부정의 의미를 띤다.

10 '못' 부정문과 '안' 부정문의 차이를 간략히 서술하시오.

11 정답

'말다' 부정문은 청유문과 명령문을 부정할 때 나타나며, 그 형식은 '어간 + -지 말다' 형태로 실현된다. 따라서 〈보기〉의 문장은 부정문이 아니며, '말고'는 동사 '말다'의 활용형으로 앞의 대상을 제외한다는 의미를 가지기 때문에 부정요소가 아니다.

11 다음 〈보기〉의 문장은 부정문인지 아닌지, 그리고 밑줄 친 '말다'는 부정요소인지 아닌지를 모두 서술하시오.

보기

그 사람 말고 딴 사람이야.

제5장 문장 구성

01 문장의 의미상 · 구성상 · 형식상 특징을 각각 약술하시오.

01 정답
- 의미상 특징 : 완결된 내용을 갖춘다.
- 구성상 특징 : 주어와 서술어의 체계를 갖춘다.
- 형식상 특징 : 문장이 끝났음을 나타내는 표지가 있는 문법적 단위이다.

02 문장을 구성하는 기본적인 문법단위는 '어절, 구, 절'이 있다. 각각의 정의와 특징을 간략히 서술하시오.

02 정답
- 어절 : 문장을 구성하는 기본 문법 단위로, 띄어쓰기 단위와 대체로 일치한다. 조사나 어미 등 문법적인 기능을 하는 요소들은 앞말에 붙어 한 어절을 이룬다.
- 구 : 두 개 이상의 어절이 모여 하나의 단어와 동등한 기능을 한다. 내부에서 자체적으로 주어와 서술어의 관계를 가지지 못한다.
- 절 : 두 개 이상의 어절이 모여 하나의 의미 단위를 이룬다. 주어와 서술어를 갖고 있다는 점에서 구와 차이가 있고, 더 큰 문장 속에 들어 있다는 점에서 문장과 구별된다.

03 주성분과 필수성분과의 관계를 예를 들어 서술하시오.

03 정답
주성분은 필수성분이 되나 그 역은 성립되지 않는다. 예를 들어, '나는 서울 지리에 어둡다.'는 '주어 + 부사어 + 서술어'로 구성되어 있는 문장이다. 여기서 부사어는 생략할 수 없는 필수성분이나 주성분은 아니다.

04 정답

- 연결형 서술어 : 오고
- 부사형 서술어 : 추워져서
- 관형사형 서술어 : 언, 아름다운
- 명사형 서술어 : 미끄럽기

04 서술어는 연결형, 부사형, 관형사형, 명사형 서술어로도 구분할 수 있다. 이들 각각에 해당되는 부분을 다음 〈보기〉의 문장에서 찾아 쓰시오.

> **보기**
> - 비도 오고 바람도 불었다.
> - 날씨가 추워져서 꽁꽁 언 길이 미끄럽기가 그지없다.
> - 시가 이렇게 아름다운 줄은 미처 몰랐다.

05 정답

서술어는 그 성격에 따라서 필요로 하는 문장성분의 개수가 다른데, 이를 서술어 자릿수라고 한다.

05 서술어 자릿수에 대해 약술하시오.

06 다음 〈보기〉에 제시된 문장에서, 서술어가 필요로 하는 문장 성분을 모두 찾아 쓰시오.

> 보기
> 학생들이 도서관에서 책을 읽는다.

06 정답
학생들이, 책을

해설
'읽는다'는 타동사이므로 주어 이외에 목적어를 반드시 필요로 하는 두 자리 서술어이다.

07 관계화에 의해 만들어진 관계문(관계관형절)과 보문화에 의해 만들어진 보문(동격관형절)의 차이를 예를 들어 간략히 서술하시오.

07 정답
그 절이 수식하는 명사를 스스로 내포하고 있으면(관형절 내의 성분이 생략되어 있으면) 관계문이고, 그렇지 않으면(관형절 내에 생략된 성분이 없으면) 보문이다. 예를 들어, '내가 읽던 책이 없어졌다.'는 목적어 '책을'이 생략된 관계문이고, '비가 오는 소리가 참 좋구나.'는 보문에 해당한다.

08 관형절을 포함한 안긴문장의 예시를 두 개 이상 서술하시오.

08 정답
• 내가 좋아하는 것은 빵이다.
• 그것은 우리가 읽던 책이다. 등

09 **정답**

문장 ㄱ의 주어는 '정부에서', 문장 ㄴ의 주어는 '둘이서'이다.

09 다음 문장에서 주어에 해당하는 부분은 무엇인지 각각 찾아 쓰시오.

> ㄱ. 정부에서 실직자들을 위한 적절한 대책을 마련 중이다.
> ㄴ. 솔밭 사이로 노을이 지는 해변을 둘이서 말없이 걸어 간다.

제4편	의미론

제1장 의미의 의미

01 의미의 유형에는 개념적 의미, 내포적 의미, 사회적 의미, 정서적 의미, 반사적 의미, 연어적 의미 등이 있다. 다음 표에 제시된 단어들의 의미를 구별하여 순서대로 쓰시오.

(㉠)	'바위' : 부피가 매우 큰 돌
(㉡)	'작업' : 어떤 계획의 추진(기업인 집단) 주로 육체적 노동(노동자 집단)
(㉢)	'짙은' : 빨강/그늘/안개/커피
(㉣)	'임신중, 현상범' : 사람 이름

01 **정답**
㉠ 개념적 의미
㉡ 사회적 의미
㉢ 연어적 의미
㉣ 반사적 의미

해설
[문제 하단의 표 참고]

>>>𝒪

개념적 의미		한 단어가 가지고 있는 가장 기본적이고 객관적인 의미(사전적 의미) 예 바위 → 부피가 매우 큰 돌
연상적 의미	내포적 의미	개념적 의미에 덧붙어 연상이나 관습에 의해 형성되는 의미(함축적 의미) 예 바위 → 지조, 굳건함
	사회적 의미	화자 또는 글쓴이의 사회적 환경을 반영하는 의미 예 작업 • 기업인 집단 : '어떤 계획의 추진' • 노동자 집단 : 주로 '육체적 노동'
	정서적 의미	화자 또는 글쓴이의 감정과 태도를 그려내는 주관적, 감정적 의미 예 여보세요, 잘한다
	반사적 의미	그 말의 원래 뜻과는 아무런 관계없이 나타나는 특정한 의미 예 사람 이름 '임신중', '현상범', '손만두'
	연어적 의미	다른 단어와의 연합에 의해 연상되는 의미 예 짙은(빨강 / 그늘 / 안개 / 커피)
주제적 의미		화자나 필자가 언어표현을 통해 드러내는 의도적인 의미로 대체적으로 어순의 변화나 억양을 통해서 드러내는 의미 예 철수가 밥을 먹었다. → 밥이 철수에게 먹혔다. (초점이 철수에서 밥으로 바뀌어 의미가 전달된다.)

02 **정답**
　㉠ 비고정적
　㉡ 연상적

02 다음 내용에서 괄호 안에 들어갈 적절한 말을 순서대로 쓰시오.

> '엄마, 비 와'는 단순히 비가 온다는 사실을 알리는 것일 수
> 도 있으나 운동하는 것이 싫어서 비를 핑계 삼는 경우도
> 될 수 있고, 우산이나 비옷을 꺼내 달라는 뜻일 수 있다.
> 이처럼 어떤 의미는 상황이나 문맥에 따라 나타날 수 있는
> (　㉠　) 의미가 있다. 이와 같은 의미를 (　㉡　) 의미라
> 한다.

제2장 어휘의 의미관계

01 동의어가 생기는 여러 가지 계기를 예시와 함께 3개 이상 서술
하시오.

02 단어들의 관계 중 반의관계에 대해 간략히 서술하시오.

03 다의어와 동음이의어의 차이를 간략히 서술하시오.

01 **정답**
- 말의 맛을 달리하기 위해서이다.
  예 '아내/마누라/자기' 등
- 지위를 격상시키기 위해
  예 '청소부' 대신 '환경미화원' 등
- 국어순화라고 하여, 정책적으로 새말을 만듦으로써 만들어지기도 한다.
  예 '양다래'와 '키위' 등
- 외래어가 들어와 이미 있는 단어와 공존하게 됨으로써 생긴 동의어이다.
  예 '열쇠'와 '키' 등
- 금기 때문에 동의어가 생길 수 있다.
  예 '동물들의 교접'을 '짝짓기'라고 표현하는 것 등

02 **정답**
반의관계는 단어가 가지고 있는 여러 의미 특질 중 어느 한 가지 의미 특질만 대립관계를 이루고, 나머지는 모두 공통될 때 성립한다.

03 **정답**
다의어는 의미적 연관성이 있고 하나의 낱말로 간주하지만, 동음이의어는 의미적 연관성이 없고 각기 다른 낱말로 간주한다.

04 **정답**

ㄱ은 상보적 반의관계, ㄴ은 정도적 반의관계, ㄷ은 상대적 반의관계에 해당한다.

해설

상보반의어는 개념이 서로 배타적인 반의어, 등급반의어는 정도를 나타내는 반의어, 방향반의어는 말 그대로 방향을 가리키는 반의어이다. 여기서 등급반의어와 방향반의어는 한쪽을 부정한다고 해서 바로 그 다른 쪽을 의미하는 것은 아니며, 두 단어 사이에는 중간 상태가 있을 수 있다는 점에서 반대관계, 또는 대립관계라고 한다.

04 반의관계에 있는 두 단어 사이의 관계를 보다 세밀하게 분석하면 상보적 반의관계(상보반의어), 정도적 반의관계(등급반의어), 상대적 반의관계(방향반의어)로 나뉜다. 다음 〈보기〉에 제시된 단어들이 각각 어느 것에 해당하는지 서술하시오.

> **보기**
> ㄱ. 추상 : 구상
> ㄴ. 크다 : 작다
> ㄷ. 부모 : 자식

05 **정답**

ⓐ 멈추다
ⓑ 꺼지다
ⓒ 잡히다
ⓓ 사라지다
ⓔ 꺾이다
ⓕ 빛이 우중충하다

해설

다의어는 두 가지 이상의 의미를 가진 단어를 말하는데, 같은 어원에서 나왔으나 뜻이 분화하면서 여러 가지 의미를 갖게 되는 경우를 말한다. 이는 중심적 의미와 주변적 의미로 나눌 수 있다.

• 중심적 의미 : 한 단어의 여러 의미 중에서 가장 기본적이고 핵심적인 의미
• 주변적 의미 : 중심적 의미를 제외한 다른 의미

05 다음 표의 문장 ㄱ~ㅂ은 어휘 '죽다'의 다의성을 보여주는 예이다. 괄호 안에 들어갈 주변적 의미를 순서대로 쓰시오.

중심적 의미	내 친구가 병으로 오래 앓다가 죽었다. – (목숨이 끊어지다)
주변적 의미	ㄱ. 체질을 잘못하여 팽이가 죽었다. – (ⓐ) ㄴ. 장작불이 다 죽었다. – (ⓑ) ㄷ. 세력을 점점 넓히려던 대마가 결국 죽었다. – (ⓒ) ㄹ. 옷의 풀기가 죽었다. – (ⓓ) ㅁ. 입사시험에 떨어지고 기가 죽었다. – (ⓔ) ㅂ. 옷의 색깔이 죽었다. – (ⓕ)

제3장 의미장과 성분분석

01 의미장의 정의를 간략히 서술하시오.

01 **정답**
의미장이란 공통적 의미로 묶이는 단어들의 집합으로, 단어장 또는 개념장이라고도 한다.

02 성분분석은 한 단어의 의미를 몇 개의 미세한 의미 조각의 집합으로 보고, 그 단어의 의미를 이루는 성분, 즉 의미성분을 분석하여 의미를 밝히는 방법론이다. 이를 바탕으로 어휘 '총각'의 성분분석을 하시오.

02 **정답**
총각(總角) : [+사람], [+남성], [+성인], [+젊음], [−결혼]

제4장 의미의 변화

01 단어의 의미가 변하는 원인과 그 유형을 서술하시오.

01 **정답**
언어는 살아있는 유기체에 비유되는데, 그에 따라 언어 의미도 생성과 변화의 과정을 거친다. 의미 변화의 원인으로는 흔히 '언어적 원인, 역사적 원인, 사회적 원인, 심리적 원인, 외래어의 영향, 신어의 필요성' 등이 있다.

02 다음 〈보기〉에 제시된 문장 ㄱ~ㄷ의 의미 변화 원인을 각각 쓰시오.

02 **정답**
ㄱ. 역사적 원인
ㄴ. 사회적 원인
ㄷ. 언어적 원인

─ 보기 ─
ㄱ. '바가지'는 원래 박으로 만든 것만을 가리키는 이름이었는데, 이제는 플라스틱 등으로 만든 것도 가리키게 되었다.
ㄴ. '영감'은 원래 당상관을 높여 부르던 말이었는데, 법조계에서 판검사를 가리키는 칭호로 축소되어 쓰이고 있다.
ㄷ. '주책'은 원래 확고한 생각을 뜻하는 말이었으나, 주로 '없다'와 어울려 부정적 의미를 갖게 되었다.

제5장 문장의 의미

01 문장의 중의성의 정의를 간략히 서술하시오.

01 **정답**
한 단어가 둘 이상의 의미를 가지고 있을 수 있는 것처럼 한 문장이 둘 이상의 의미로 해석되는 경우를 문장의 중의성이라고 한다.

02 다음 〈보기〉의 문장이 중의성을 띠는 이유를 간략히 서술하시오.

> **보기**
> 솔직하고 성실한 돌이의 대답에 모두들 수긍했다.

02 **정답**
〈보기〉의 문장은 '솔직하고 성실한'이 '돌이'를 수식할 수도 있고, '돌이의 대답'을 수식할 수도 있기 때문에 중의성을 띤다.

03 다음 내용에서 괄호 안에 들어갈 적절한 말을 순서대로 쓰시오.

> (㉠)는 한 문장의 의미가 다른 문장의 의미를 포함하고 있는 관계이고, (㉡)는 하나의 문장 안에 명시적으로 포함되어 있는 다른 명제를 가리키는 술어이다.

03 **정답**
㉠ 함의
㉡ 전제

04 **정답**

도둑이 보석을 훔쳤다.

해설

김 순경이 도둑을 붙잡을 수 있던 것
은 그 도둑이 보석을 훔쳤다는 사실
이 전제되었기 때문이다.

04 다음 문장에서 전제에 해당되는 부분을 쓰시오.

> 김 순경이 보석을 훔친 도둑을 붙잡았다.

제6장 화용론

01 직시(直示)의 정의를 서술하시오.

01 **정답**
우리가 사용하는 언어표현 가운데는 화자가 말을 하면서 직접 어떤 대상을 가리키는 일이 있는데, 이것을 직시라고 한다.

02 함축(含蓄)의 정의를 서술하시오.

02 **정답**
어떤 문장의 발화를 통하여 화자가 의도하는 바를 돌려서 전하는 것을 '암시된 것'이라 하는데, 이때 문장의 발화에 의하여 암시된 내용을 함축이라 한다.

제5편 어휘론

제1장 어종에 따른 분류

01 어종(語種)에 의한 분류란 무엇인지 서술하시오.

01 **정답**

한 언어의 어휘체계의 전모를 파악하기 위한 분류 작업의 수행은 수많은 개별 어휘소들을 그들의 기원, 즉 출신 성분 등에 근거하여 분류하고자 하는 것이다. 이를 어종에 의한 분류라고 한다.

02 다음 〈보기〉에 제시된 단어들 중 고유어가 아닌 것을 모두 고르고, 각각 어디에 해당되는지 분류하여 쓰시오.

> **보기**
>
> 고샅, 소쿠리, 배추, 마냥, 빵, 고무

02 **정답**

'배추'와 '마냥'은 한자어, '빵'과 '고무'는 외래어이다.

제2장 어휘의 양상

01 어휘소의 변이는 위상적인 변이와 화용적인 변이로 나눌 수 있다. 위상적 변이가 화용적 변이와 구별되는 점을 간략히 서술하시오.

02 은어의 발생 동기를 두 가지 이상 쓰시오.

---

01 정답
위상적 변이는 '누가, 어디서 말하는 어휘냐'라는 점을 중심으로 구별되는 반면, 화용적 변이는 '동일한 화자가 어떻게 말하는 어휘냐'라는 점을 중심으로 하여 구별된다.

02 정답
종교적 동기, 상업적 동기, 방어적 동기

해설
은어의 발생은 기존 단어 의미 확장이나 변경, 축약어의 활용, 문화 매체나 놀이로 탄생한다.
- 종교적 동기 : 특정 행동에 관련하는 초인간, 신적인 대상을 인식하여 위험을 피하고 가호를 얻어 행운을 기원하기 위해 발생할 수 있다.
  예 산삼채취인, 가축 도살업자, 승려의 은어 등이 이에 해당된다.
- 상업적 동기 : 고객들을 대상으로 보다 많은 금전적 수익을 올리기 위해 사용되는데, 셈변, 돈변 등의 어휘 범주를 중심으로 발달한다.
  예 포목상, 청과상, 우상(牛商)의 은어가 이러한 동기에서 발생한 은어들이다.
- 방어적 동기 : 집단의 비행, 범죄 등 반사회적인 행동을 하는 집단에서 그들을 제재, 처벌하는 기구로부터 보호하고 집단 성원들의 귀속의식을 고취하며 집단의 기능을 유지하기 위한 강력한 통제를 목적으로 은어가 발생한다.
  예 관리자와 수형자로 구성된 고립된 사회에는 피감시자로서 수형자들이 가지는 특수한 생태학적 특징이 있고, 여러 유형의 잡범들의 언어적 접촉이 성행하여 여러 집단의 은어들이 교류되면서 양적으로 팽창하는 경향이 현저하다.

제3장 어휘 선정

01 기본 어휘의 정의를 서술하시오.

01 **[정답]**
기본 어휘는 언어 사용의 국면이 다양한 여러 영역으로 분리될 수 있다는 것을 전제로 하여, 그 영역의 전개를 위해 가장 기본이 되는 어휘의 집합을 가리키는 개념이다.

[해설]
언어 사용의 다양한 영역 분리 및 전개를 위해 특정한 목적과 분야를 위한 '○○ 기본 어휘'라는 식의 표현이 가능하다. 기본 어휘의 예를 들어보면, '생활 기본 어휘', '학습 기본 어휘'처럼 사용될 수 있거나, 나아가서는 '초등학교 교육을 위한 기본 어휘', '중학교 국어 교육을 위한 기본 어휘' 등처럼 분야별 기본 어휘라는 개념으로 사용될 수 있다.

02 기본 어휘를 선정하기 위해서 가장 선행되어야 하는 것은 무엇인지 쓰시오.

02 **[정답]**
기본 어휘를 선정하기 위해서는 분야별 고빈도어를 조사하는 일이 선행되어야 한다. 이렇게 분야별로 빈도가 높은 어휘를 그 분야의 어휘 가운데 '기본도가 높은' 어휘라고 한다.

제6편 국어사

제1장 국어의 형성과 시대구분

01 다음 내용에서 괄호 안에 들어갈 적절한 말을 순서대로 쓰시오.

> 계통상 하나로 묶이는 언어의 종족을 (㉠)이라 하고,
> 동일한 조어(祖語)로부터 퍼져 나오면서 같은 (㉠)에
> 속하는 언어들은 서로 (㉡)에 있다고 말한다.

01 정답
㉠ 어족
㉡ 친족관계

02 국어의 역사를 크게 네 시기로 분류하고, 그에 대한 설명을 각각 약술하시오.

02 정답
- 고대국어 : 삼국시대부터 통일신라가 패망하기까지의 약 1,000년 동안의 국어를 가리킨다.
- 중세국어 : 고려가 건립된 시기부터 임진왜란 전후까지의 국어를 가리킨다.
- 근대국어 : 임진왜란 이후인 17세기 초부터 갑오개혁까지의 국어를 가리킨다.
- 현대국어 : 근대와 현대의 경계는 모호하나, 일반적으로 갑오개혁 이후부터 지금까지의 국어를 포함할 수 있다. 해방 전후부터 현대국어로 분류하는 관점도 존재한다.

제2장 표기법

01
• 구결 : 한문을 끊어 읽을 때 중간중간에 넣은 우리말 토를 말한다.
• 이두 : 구결문에서 한문 부분을 우리말에 가깝게 바꾸어 놓은 것이다.
• 향찰 : 한자의 음과 훈을 이용해 완전한 우리말 문장을 적는 표기법이다.

01 차자 표기법에는 구결, 이두, 향찰이 있다. 이들 각각의 정의를 간략히 서술하시오.

02
둘 다 한자를 빌려 당시 신라어를 표기하기 위해 창안된 표기법이므로 신라어를 파악하는 데 사용된다는 가치를 갖는다. 특히 이두는 문법형태의 파악에 큰 구실을 하며, 향가 표기에 쓰인 향찰은 단어뿐만 아니라 문장의 모습까지 보여준다는 점에서 큰 가치가 있다.

02 이두와 향찰의 가치를 서술하시오.

03
훈민정음은 한글의 이름으로서의 훈민정음과, 세종이 지은 한글 교본의 제목으로서의 훈민정음 두 가지가 있다.

03 '훈민정음(訓民正音)'이라는 이름이 갖는 두 가지 의미를 간략히 서술하시오.

04 『훈민정음』 해례본에서 서술하고 있는 초성 기본자를 모두 쓰시오.

05 훈민정음 초성자와 중성자의 제자원리를 각각 쓰시오.

06 훈민정음 17자 체계 중 이체자에 해당하는 것을 모두 쓰시오.

04 정답

ㄱ, ㄴ, ㅁ, ㅅ, ㅇ

해설

훈민정음은 사람의 발음기관을 상형하여 기본자 'ㄱ, ㄴ, ㅁ, ㅅ, ㅇ'을 만들고, 소리의 거세짐에 따라 기본자에 획수를 더해 가획자 'ㅋ, ㄷ, ㅌ, ㅂ, ㅍ, ㅈ, ㅊ, ㆆ, ㅎ'을 만들었다. 여기에 이체자 'ㆁ, ㄹ, ㅿ'을 더해 총 17자 자음체계를 갖고 있었다.

05 정답

• 초성자는 사람의 발음기관을 상형하여 기본자를 만들고, 여기에 획을 더하여 가획자를 만들었다.
• 중성자는 천지인(天地人)을 상형하여 기본자를 만들고, 여기에 결합의 원리를 적용하여 추출자, 재출자를 만들었다.

해설

초성자는 상형의 원리와 가획의 원리가 적용된 것이고, 중성자는 상형의 원리와 결합의 원리가 모두 적용된 것으로 볼 수 있다.

06 정답

ㆁ, ㄹ, ㅿ

해설

훈민정음 초성 17자 체계는 기본자(ㄱ, ㄴ, ㅁ, ㅅ, ㅇ), 가획자(ㅋ, ㄷ, ㅌ, ㅂ, ㅍ, ㅈ, ㅊ, ㆆ, ㅎ), 이체자(ㆁ, ㄹ, ㅿ)로 구성된다. 이체자 중 'ㆁ'은 아음, 'ㄹ'은 반설음, 'ㅿ'은 반치음에 해당한다.

07 정답

『언문지』, 유희

해설

임진왜란 때까지 사용되다가 이후 소멸된 사성점은 성조를 표시하기 위해 자음과 모음 외에 따로 만들어 활용한 것인데, 순조 때 유희는 『언문지(諺文誌)』에서 사성점의 불필요성을 주장하기도 했다.

07 사성점의 불필요성을 주장한 문헌과 그 저자의 이름을 모두 쓰시오.

08 정답

· 중세국어 : · ㅡ ㅣ ㅏ ㅓ ㅗ ㅜ (7개)

· 근대국어 : ㅡ ㅣ ㅏ ㅓ ㅗ ㅜ ㅐ ㅔ (8개)

· 현대국어 : ㅡ ㅣ ㅏ ㅓ ㅗ ㅜ ㅐ ㅔ ㅚ ㅟ (10개)

08 단모음의 종류를 중세국어, 근대국어, 현대국어로 구별하여 쓰시오.

09 정답

'곶', '닢', '빛나시니이다'

해설

표음적 표기는 15세기 당시에 적용된 표기법으로 소리 나는 대로 표기하는 것이고, 표의적 표기는 뜻을 밝혀 적는 표기법이다. '기픈'은 '깊 + 은', '비치'는 '빛 + 이'가 각각 연음되어 나는 것을 그대로 표기한 것이므로 표음적 표기에 해당된다. '곶', '닢', '빛나시니이다'는 표의적 표기로, 이러한 표의적 표기는 받침에 'ㅈ, ㅊ, ㅌ, ㅍ' 등이 사용되었다.

09 다음 〈보기〉 중에서 표음적 표기가 아닌 것을 모두 골라 쓰시오.

보기

곶, 닢, 빛나시니이다, 기픈, 비치

10 훈민정음 당시 28자모 체계 중 현대국어에서 사용되지 않는
소실문자를 소실된 순서대로 쓰시오.

10 **정답**
ㆆ → ㅿ → ㆁ → ·

해설
훈민정음은 자음 17자, 모음 11자로
총 28자모 체계를 갖추고 있었다. 이
중 'ㆆ'는 15세기, 'ㅿ'는 16세기 후반
임진왜란 전후, 'ㆁ'는 16세기 후반
임진왜란 이후, '·'는 16세기 후반
둘째 음절 이하에서 'ㅡ'로, 18세기
에 첫째 음절에서 'ㅏ'로 변하였고,
표기는 1933년 소실되었다.

제3장 국어의 역사적 변천(고대국어~근대국어)

01 중세국어에서 단어와 단어 사이의 의미를 구별했던 성조체계는 현대국어에 와서 어떻게 변화되었는지 서술하시오.

01 정답

성조체계는 현대국어에서 소리의 길고 짧음을 나타내는 음장 체계로 변화되었다. 하지만 경상도 방언과 강원도의 일부 방언, 그리고 함경남도의 전역과 함경북도의 일부 방언 등에서 여전히 성조체계를 보이고 있다.

02 다음 〈보기〉에 제시된 단어들이 중세국어 시기에 각각 어떤 뜻으로 사용되었는지 쓰시오.

> ── 보기 ──
>
> 어리다, 어엿브다, 빋ᄊᆞ다, 싁싁하다

02 정답

- 어리다 → 어리석다
- 어엿브다 → 불쌍하다
- 빋ᄊᆞ다 → 값이 나가지 않다
- 싁싁하다 → 엄하다

03 중세국어와 현대국어에서의 객체높임법 형성 방법을 비교하여 서술하시오.

03 정답

중세국어에서는 객체높임법을 '-ᄉᆞᆸ, -ᄌᆞᆸ, -ᄉᆞᆸ' 등의 선어말어미를 통해서 나타냈지만, 현대국어에서는 '모시다, 드리다, 여쭈다, 뵙다' 등 특수어휘나 부사격 조사 '께' 등을 통해서 실현한다.

제7편 방언론

제1장 언어와 방언

01 표준어는 다음과 같이 세 가지 원칙으로 정한다. 괄호 안에 들어갈 용어를 순서대로 쓰시오.

> 1. 계층적 조건 : (㉠)
> 2. 시간적 조건 : (㉡)
> 3. 지리적 조건 : (㉢)

01 **정답**
㉠ 교양 있는 사람
㉡ 현대
㉢ 서울

해설
표준어는 교양 있는 사람(계층적 조건)들이 두루 쓰는 현대(시간적 조건) 서울말(지리적 조건)로 정함을 원칙으로 한다.

02 사회적 방언과 지역적 방언의 의미를 간략히 서술하시오.

02 **정답**
사회적 방언은 사회 계층, 연령, 성별, 직업 등의 요인에 의해 생기는 방언이고, 지역적 방언은 지역의 차이에 의해 생기는 방언이다.

03 방언의 보수성에 대해 간략히 서술하시오.

03 **정답**
한 방언은 여러 요인으로 다른 방언의 전파를 받게 되는데, 그럼에도 불구하고 한편으로 자기 방언의 체계를 지키려는 성질이 있다. 이것을 방언의 보수성이라 한다.

제2장 국어 지역방언의 주요 특징

01 지역방언 중 제주방언의 특징을 2가지 이상 서술하시오.

01 **정답**
- '·'음가가 유지되고 있다.
- 성조와 음장이 없다.
- '궤기(고기)', '실피(슬피)' 등 전설 모음화 현상이 있다.
- '-저', '쩌', '-암/엄', '-수-', '-쿠-' 등 특이한 어미가 많다. 등

02 동남방언의 특징을 3개 이상 서술하시오.

02 **정답**
- 음장의 대립은 보이지 않고 대신 성조를 유지하고 있다.
- 어두 경음화 현상이 두드러진다.
- 경음 'ㅆ'을 발음하지 못하고 'ㅅ'으로 발음한다.
- 짧은 부정법을 주로 사용한다. 등

제3장 사회방언

01 사회방언의 개념을 서술하시오.

01 **정답**
일정한 언어사회를 구성하고 있는
다양한 사회 계층과 연령층의 집단
에 속해 있는 화자들이 사용하는 고
유한 방언을 말한다. 즉, 지리적 거리
가 아닌 사회적 거리에 의해 생긴 방
언을 사회방언이라고 한다.

02 사회적 방언을 만드는 요인을 5가지 이상 쓰시오.

02 **정답**
사회방언의 생성 요인으로는 사회계
층, 성별, 연령, 말투, 속어, 특수어,
은어 등이 있다.

행운이란 100%의 노력 뒤에 남는 것이다.

- 랭스턴 콜먼 -

독학학위제 2단계 전공기초과정인정시험 답안지(객관식)

컴퓨터용 사인펜만 사용

★ 수험생은 수험번호와 응시과목 코드번호를 표기(마킹)한 후 일치여부를 반드시 확인할 것.

전공분야

성명

(1) 2

(2) ④ ③ ● ①

수험번호

과목코드		응시과목				
		1	① ② ③ ④		21	① ② ③ ④
		2	① ② ③ ④		22	① ② ③ ④
		3	① ② ③ ④		23	① ② ③ ④
		4	① ② ③ ④		24	① ② ③ ④
		5	① ② ③ ④		25	① ② ③ ④
		6	① ② ③ ④		26	① ② ③ ④
		7	① ② ③ ④		27	① ② ③ ④
		8	① ② ③ ④		28	① ② ③ ④
		9	① ② ③ ④		29	① ② ③ ④
		10	① ② ③ ④		30	① ② ③ ④
		11	① ② ③ ④		31	① ② ③ ④
		12	① ② ③ ④		32	① ② ③ ④
		13	① ② ③ ④		33	① ② ③ ④
		14	① ② ③ ④		34	① ② ③ ④
		15	① ② ③ ④		35	① ② ③ ④
		16	① ② ③ ④		36	① ② ③ ④
		17	① ② ③ ④		37	① ② ③ ④
		18	① ② ③ ④		38	① ② ③ ④
		19	① ② ③ ④		39	① ② ③ ④
		20	① ② ③ ④		40	① ② ③ ④

교시코드 ① ② ③ ④

과목코드		응시과목				
		1	① ② ③ ④		21	① ② ③ ④
		2	① ② ③ ④		22	① ② ③ ④
		3	① ② ③ ④		23	① ② ③ ④
		4	① ② ③ ④		24	① ② ③ ④
		5	① ② ③ ④		25	① ② ③ ④
		6	① ② ③ ④		26	① ② ③ ④
		7	① ② ③ ④		27	① ② ③ ④
		8	① ② ③ ④		28	① ② ③ ④
		9	① ② ③ ④		29	① ② ③ ④
		10	① ② ③ ④		30	① ② ③ ④
		11	① ② ③ ④		31	① ② ③ ④
		12	① ② ③ ④		32	① ② ③ ④
		13	① ② ③ ④		33	① ② ③ ④
		14	① ② ③ ④		34	① ② ③ ④
		15	① ② ③ ④		35	① ② ③ ④
		16	① ② ③ ④		36	① ② ③ ④
		17	① ② ③ ④		37	① ② ③ ④
		18	① ② ③ ④		38	① ② ③ ④
		19	① ② ③ ④		39	① ② ③ ④
		20	① ② ③ ④		40	① ② ③ ④

교시코드 ① ② ③ ④

※ 감독관 확인란
(인)

답안지 작성시 유의사항

1. 답안지는 반드시 컴퓨터용 사인펜을 사용하여 다음 보기와 같이 표기할 것.
   보기) 잘된 표기: ●   잘못된 표기: ⊗ ⊗ ◑ ⊙ ○ ◉ ●
2. 수험번호 (1)에는 아라비아 숫자로 쓰고, (2)에는 "●"와 같이 표기할 것.
3. 과목코드는 뒷면 "과목코드번호"를 보고 해당과목의 코드번호를 찾아 표기하고,
   응시과목란에는 응시과목명을 한글로 기재할 것.
4. 교시코드는 문제지 전면 의 교시를 해당란에 "●"와 같이 표기할 것.
5. 한번 표기한 답은 긁거나 수정액 및 스티커 등 어떠한 방법으로도 고쳐서는
   아니되고, 고친 문항은 "0"점 처리함.

관 리 번 호 (연번)
(응시자수)

독학학위제 2단계 전공기초과정인정시험 답안지(객관식)

컴퓨터용 사인펜만 사용

★ 수험생은 수험번호와 응시과목 코드번호를 표기(마킹)한 후 일치여부를 반드시 확인할 것.

전공분야

성명

	수 험 번 호					
2		-			-	
(1)			(2)			

응시과목

과목코드		응시과목				
		1	① ② ③ ④	21	① ② ③ ④
		2	① ② ③ ④	22	① ② ③ ④
		3	① ② ③ ④	23	① ② ③ ④
		4	① ② ③ ④	24	① ② ③ ④
		5	① ② ③ ④	25	① ② ③ ④
		6	① ② ③ ④	26	① ② ③ ④
		7	① ② ③ ④	27	① ② ③ ④
		8	① ② ③ ④	28	① ② ③ ④
		9	① ② ③ ④	29	① ② ③ ④
		10	① ② ③ ④	30	① ② ③ ④
		11	① ② ③ ④	31	① ② ③ ④
		12	① ② ③ ④	32	① ② ③ ④
		13	① ② ③ ④	33	① ② ③ ④
교시코드		14	① ② ③ ④	34	① ② ③ ④
① ② ③ ④		15	① ② ③ ④	35	① ② ③ ④
		16	① ② ③ ④	36	① ② ③ ④
		17	① ② ③ ④	37	① ② ③ ④
		18	① ② ③ ④	38	① ② ③ ④
		19	① ② ③ ④	39	① ② ③ ④
		20	① ② ③ ④	40	① ② ③ ④

응시과목

과목코드		응시과목				
		1	① ② ③ ④	21	① ② ③ ④
		2	① ② ③ ④	22	① ② ③ ④
		3	① ② ③ ④	23	① ② ③ ④
		4	① ② ③ ④	24	① ② ③ ④
		5	① ② ③ ④	25	① ② ③ ④
		6	① ② ③ ④	26	① ② ③ ④
		7	① ② ③ ④	27	① ② ③ ④
		8	① ② ③ ④	28	① ② ③ ④
		9	① ② ③ ④	29	① ② ③ ④
		10	① ② ③ ④	30	① ② ③ ④
		11	① ② ③ ④	31	① ② ③ ④
		12	① ② ③ ④	32	① ② ③ ④
		13	① ② ③ ④	33	① ② ③ ④
교시코드		14	① ② ③ ④	34	① ② ③ ④
① ② ③ ④		15	① ② ③ ④	35	① ② ③ ④
		16	① ② ③ ④	36	① ② ③ ④
		17	① ② ③ ④	37	① ② ③ ④
		18	① ② ③ ④	38	① ② ③ ④
		19	① ② ③ ④	39	① ② ③ ④
		20	① ② ③ ④	40	① ② ③ ④

답안지 작성시 유의사항

1. 답안지는 반드시 컴퓨터용 사인펜을 사용하여 다음 보기와 같이 표기할 것.
   보기 잘 된 표기: ● 잘못된 표기: ⊗ ⊗ ⊙ ◐ ○ ◑ ●

2. 수험번호 (1)에는 아라비아 숫자로 쓰고, (2)에는 "●"와 같이 표기할 것.

3. 과목코드는 "뒷면 과목코드번호"를 보고 해당과목의 코드번호를 찾아 표기하고, 응시과목란에는 응시과목명을 한글로 기재할 것.

4. 교시코드는 문제지 전면 의 교시를 해당란에 "●"와 같이 표기할 것.

5. 한번 표기한 답은 긁거나 수정액 및 스티커 등 어떠한 방법으로도 고쳐서는 아니되고, 고친 문항은 "0"점 처리됨.

※ 감독관 확인란

(인)

관 리 번 호	(응시자수)
(연번)	

[이 답안지는 마킹연습용 모의답안지입니다.]

절취선

독학학위제 2단계 전공기초과정인정시험 답안지(객관식)

★ 수험생은 수험번호와 응시과목 코드번호를 표기(마킹)한 후 일치여부를 반드시 확인할 것.

전공분야

성 명

수험번호							
(1)	2	—		—		—	
(2)	④③●①	①②③④⑤⑥⑦⑧⑨⓪	①②③④⑤⑥⑦⑧⑨⓪	—	①②③④⑤⑥⑦⑧⑨⓪	①②③④⑤⑥⑦⑧⑨⓪	—	①②③④⑤⑥⑦⑧⑨⓪	①②③④⑤⑥⑦⑧⑨⓪	①②③④⑤⑥⑦⑧⑨⓪	①②③④⑤⑥⑦⑧⑨⓪	①②③④⑤⑥⑦⑧⑨⓪

※ 감독관 확인란

㊞

관 리 번 호

(연번)

(응시자수)

답안지 작성시 유의사항

1. 답안지는 반드시 컴퓨터용 사인펜을 사용하여 다음 [보기]와 같이 표기할 것.
   [보기] 잘된표기: ●
   잘못된표기: ⊘ ⊗ ◉ ○● ◑●
2. 수험번호 (1)에는 아라비아 숫자로 쓰고, (2)에는 "●"와 같이 표기할 것.
3. 과목코드는 뒷면 "과목코드번호"를 보고 해당과목의 코드번호를 찾아 표기하고,
   응시과목란에는 응시과목명을 한글로 기재할 것.
4. 교시코드는 문제지 전면 의 교시를 해당란에 "●"와 같이 표기할 것.
5. 한번 표기한 답은 긁거나 수정액 및 스티커 등 어떠한 방법으로도 고쳐서는
   아니되고, 고친 문항은 "0"점 처리함.

과목코드

과목코드				응시과목				
①②③④⑤⑥⑦⑧⑨⓪	①②③④⑤⑥⑦⑧⑨⓪	①②③④⑤⑥⑦⑧⑨⓪	①②③④⑤⑥⑦⑧⑨⓪	1 ①②③④	2 ①②③④	3 ①②③④	4 ①②③④	5 ①②③④

교시코드
①②③④

1	①②③④	21	①②③④
2	①②③④	22	①②③④
3	①②③④	23	①②③④
4	①②③④	24	①②③④
5	①②③④	25	①②③④
6	①②③④	26	①②③④
7	①②③④	27	①②③④
8	①②③④	28	①②③④
9	①②③④	29	①②③④
10	①②③④	30	①②③④
11	①②③④	31	①②③④
12	①②③④	32	①②③④
13	①②③④	33	①②③④
14	①②③④	34	①②③④
15	①②③④	35	①②③④
16	①②③④	36	①②③④
17	①②③④	37	①②③④
18	①②③④	38	①②③④
19	①②③④	39	①②③④
20	①②③④	40	①②③④

과목코드 (2)

과목코드				응시과목
①②③④⑤⑥⑦⑧⑨⓪	①②③④⑤⑥⑦⑧⑨⓪	①②③④⑤⑥⑦⑧⑨⓪	①②③④⑤⑥⑦⑧⑨⓪	

교시코드
①②③④

1	①②③④	21	①②③④
2	①②③④	22	①②③④
3	①②③④	23	①②③④
4	①②③④	24	①②③④
5	①②③④	25	①②③④
6	①②③④	26	①②③④
7	①②③④	27	①②③④
8	①②③④	28	①②③④
9	①②③④	29	①②③④
10	①②③④	30	①②③④
11	①②③④	31	①②③④
12	①②③④	32	①②③④
13	①②③④	33	①②③④
14	①②③④	34	①②③④
15	①②③④	35	①②③④
16	①②③④	36	①②③④
17	①②③④	37	①②③④
18	①②③④	38	①②③④
19	①②③④	39	①②③④
20	①②③④	40	①②③④

[이 답안지는 마킹연습용 모의답안지입니다.]

절취선

독학학위제 2단계 전공기초과정인정시험 답안지(객관식)

컴퓨터용 사인펜만 사용

★ 수험생은 수험번호와 응시과목 코드번호를 표기(마킹)한 후 일치여부를 반드시 확인할 것.

전공분야	
성명	

수험번호

(1)	2		-		-	
	① ● ③ ④					
(2)	① ② ③ ④ ⑤ ⑥ ⑦ ⑧ ⑨ ⓪	① ② ③ ④ ⑤ ⑥ ⑦ ⑧ ⑨ ⓪		① ② ③ ④ ⑤ ⑥ ⑦ ⑧ ⑨ ⓪		① ② ③ ④ ⑤ ⑥ ⑦ ⑧ ⑨ ⓪
		① ② ③ ④ ⑤ ⑥ ⑦ ⑧ ⑨ ⓪		① ② ③ ④ ⑤ ⑥ ⑦ ⑧ ⑨ ⓪		① ② ③ ④ ⑤ ⑥ ⑦ ⑧ ⑨ ⓪

응시과목 (1)

과목코드		응시과목
		1 ① ② ③ ④ 21 ① ② ③ ④
① ② ③ ④ ⑤ ⑥ ⑦ ⑧ ⑨ ⓪		2 ① ② ③ ④ 22 ① ② ③ ④
① ② ③ ④ ⑤ ⑥ ⑦ ⑧ ⑨ ⓪		3 ① ② ③ ④ 23 ① ② ③ ④
① ② ③ ④ ⑤ ⑥ ⑦ ⑧ ⑨ ⓪		4 ① ② ③ ④ 24 ① ② ③ ④
① ② ③ ④ ⑤ ⑥ ⑦ ⑧ ⑨ ⓪		5 ① ② ③ ④ 25 ① ② ③ ④
① ② ③ ④ ⑤ ⑥ ⑦ ⑧ ⑨ ⓪		6 ① ② ③ ④ 26 ① ② ③ ④
		7 ① ② ③ ④ 27 ① ② ③ ④
		8 ① ② ③ ④ 28 ① ② ③ ④
		9 ① ② ③ ④ 29 ① ② ③ ④
		10 ① ② ③ ④ 30 ① ② ③ ④
교시코드		11 ① ② ③ ④ 31 ① ② ③ ④
① ② ③ ④		12 ① ② ③ ④ 32 ① ② ③ ④
		13 ① ② ③ ④ 33 ① ② ③ ④
		14 ① ② ③ ④ 34 ① ② ③ ④
		15 ① ② ③ ④ 35 ① ② ③ ④
		16 ① ② ③ ④ 36 ① ② ③ ④
		17 ① ② ③ ④ 37 ① ② ③ ④
		18 ① ② ③ ④ 38 ① ② ③ ④
		19 ① ② ③ ④ 39 ① ② ③ ④
		20 ① ② ③ ④ 40 ① ② ③ ④

응시과목 (2)

과목코드		응시과목
		1 ① ② ③ ④ 21 ① ② ③ ④
① ② ③ ④ ⑤ ⑥ ⑦ ⑧ ⑨ ⓪		2 ① ② ③ ④ 22 ① ② ③ ④
① ② ③ ④ ⑤ ⑥ ⑦ ⑧ ⑨ ⓪		3 ① ② ③ ④ 23 ① ② ③ ④
① ② ③ ④ ⑤ ⑥ ⑦ ⑧ ⑨ ⓪		4 ① ② ③ ④ 24 ① ② ③ ④
① ② ③ ④ ⑤ ⑥ ⑦ ⑧ ⑨ ⓪		5 ① ② ③ ④ 25 ① ② ③ ④
① ② ③ ④ ⑤ ⑥ ⑦ ⑧ ⑨ ⓪		6 ① ② ③ ④ 26 ① ② ③ ④
		7 ① ② ③ ④ 27 ① ② ③ ④
		8 ① ② ③ ④ 28 ① ② ③ ④
		9 ① ② ③ ④ 29 ① ② ③ ④
		10 ① ② ③ ④ 30 ① ② ③ ④
교시코드		11 ① ② ③ ④ 31 ① ② ③ ④
① ② ③ ④		12 ① ② ③ ④ 32 ① ② ③ ④
		13 ① ② ③ ④ 33 ① ② ③ ④
		14 ① ② ③ ④ 34 ① ② ③ ④
		15 ① ② ③ ④ 35 ① ② ③ ④
		16 ① ② ③ ④ 36 ① ② ③ ④
		17 ① ② ③ ④ 37 ① ② ③ ④
		18 ① ② ③ ④ 38 ① ② ③ ④
		19 ① ② ③ ④ 39 ① ② ③ ④
		20 ① ② ③ ④ 40 ① ② ③ ④

답안지 작성시 유의사항

1. 답안지는 반드시 컴퓨터용 사인펜을 사용하여 다음 [보기]와 같이 표기할 것.
   [보기] 잘된 표기: ●   잘못된 표기: ⊙ ⊗ ● ○ ◐ ○ ○
2. 수험번호 (1)에는 아라비아 숫자로 쓰고, (2)에는 "●"와 같이 표기할 것.
3. 과목코드는 뒷면 "과목코드번호"를 보고 해당과목의 코드번호를 찾아 표기하고,
   응시과목란에는 응시과목명을 한글로 기재할 것.
4. 교시코드는 문제지 전면 의 교시를 해당란에 "●"와 같이 표기할 것.
5. 한번 표기한 답은 긁거나 수정액 및 스티커 등 어떠한 방법으로도 고쳐서는
   아니되고, 고친 문항은 "0"점 처리함.

※ 감독관 확인란

(인)

관 리 번 호	
(연번)	(응시자수)

[이 답안지는 마킹연습용 모의답안지입니다.]

독학 학위취득종합시험 답안지(객관식)

컴퓨터용 사인펜만 사용

★ 수험생은 수험번호와 응시과목 코드번호를 표기(마킹)한 후 일치여부를 반드시 확인할 것.

전공분야

성 명

전공분야	

(1)

4	수 험 번 호

(2)

관리번호

(연번)

※ 감독관 확인란

(인)

(응시자수)

과목코드 / 응시과목

과목코드	응시과목
	1 ① ② ③ ④
교시코드	2 ① ② ③ ④

답안지 작성시 유의사항

1. 답안지는 반드시 컴퓨터용 사인펜을 사용하여 다음 보기와 같이 표기할 것.
   보기) 잘된표기: ● 잘못된표기: ⊗ ⊙ ◐ ○
2. 수험번호 (1)에는 아라비아 숫자로 쓰고, (2)에는 "●"와 같이 표기할 것.
3. 과목코드는 뒷면 "과목코드번호"를 보고 해당과목의 코드번호를 찾아 표기하고,
   응시과목란에는 응시과목명을 한글로 기재할 것.
4. 교시코드는 문제지 전면 의 교시를 해당란에 "●"와 같이 표기할 것.
5. 한번 표기한 답은 긁거나 수정액 및 스티커 등 어떠한 방법으로도 고쳐서는
   아니되고, 고친 문항은 "0"점 처리함.

[이 답안지는 마킹연습용 모의답안지입니다.]

년도 학위취득 종합시험 답안지(주관식)

전공분야

성 명

★ 수험생은 수험번호와 응시과목 코드번호와 코드번호를 표기(마킹)한 후 일치여부를 반드시 확인할 것.

과목코드
① ② ③ ④ ⑤ ⑥ ⑦ ⑧ ⑨ ⑩
① ② ③ ④ ⑤ ⑥ ⑦ ⑧ ⑨ ⑩
① ② ③ ④ ⑤ ⑥ ⑦ ⑧ ⑨ ⑩
① ② ③ ④ ⑤ ⑥ ⑦ ⑧ ⑨ ⑩
① ② ③ ④ ⑤ ⑥ ⑦ ⑧ ⑨ ⑩

교시코드
① ② ③ ④

수험번호

(1)	4	-			-			-	
(2)	① ② ③ ●		① ② ③ ④ ⑤ ⑥ ⑦ ⑧ ⑨ ⑩							

답안지 작성시 유의사항

1. ※란은 표기하지 말 것.
2. 수험번호 (2)란, 과목코드, 교시코드 표기는 반드시 컴퓨터용 싸인펜으로 표기할 것
3. 교시코드는 문제지 전면 의 교시를 해당란에 컴퓨터용 싸인펜으로 표기할 것.
4. 답란은 반드시 흑·청색 볼펜 또는 만년필을 사용할 것. (연필 또는 적색 필기구 사용불가)
5. 답안을 수정할 때에는 두줄(=)을 긋고 수정할 것.
6. 답란이 부족하면 해당답란에 "뒷면기재"라고 쓰고 뒷면 '추가답란'에 문제번호를 기재한 후 답안을 작성할 것.
7. 기타 유의사항은 객관식 답안지의 유의사항과 동일함.

※ 감독관 확인란
㉑

응시과목

번호	※ 1차 점수	※ 1차 채점	※1차확인	과 목	※2차확인	※ 2차 채점	※ 2차 점수
1	⓪ ① ② ③ ④ ⑤ ⑥ ⑦ ⑧ ⑨ ⑩						⓪ ① ② ③ ④ ⑤ ⑥ ⑦ ⑧ ⑨ ⑩
2	⓪ ① ② ③ ④ ⑤ ⑥ ⑦ ⑧ ⑨ ⑩						⓪ ① ② ③ ④ ⑤ ⑥ ⑦ ⑧ ⑨ ⑩
3	⓪ ① ② ③ ④ ⑤ ⑥ ⑦ ⑧ ⑨ ⑩						⓪ ① ② ③ ④ ⑤ ⑥ ⑦ ⑧ ⑨ ⑩
4	⓪ ① ② ③ ④ ⑤ ⑥ ⑦ ⑧ ⑨ ⑩						⓪ ① ② ③ ④ ⑤ ⑥ ⑦ ⑧ ⑨ ⑩
5	⓪ ① ② ③ ④ ⑤ ⑥ ⑦ ⑧ ⑨ ⑩						⓪ ① ② ③ ④ ⑤ ⑥ ⑦ ⑧ ⑨ ⑩

응시과목 코드번호를 표기(마킹)한 후 일치여부를 반드시 확인할 것.

참고문헌

- 강신항, 『훈민정음연구』, 성균관대학교 출판부, 1999.
- 김재욱 외, 『신국어학개론』, 형설출판사, 1981.
- 김종택 외, 『신국어학』, 형설출판사, 1993.
- 남기심·고영근, 『표준국어문법론』, 탑출판사, 1985.
- 심재기 외, 『의미론 서설』, 집문당, 1989.
- 유병학, 『언어생활』, 교학연구사, 1984.
- 이관규, 『학교문법론』, 월인, 1999.
- 이익섭, 『국어학개설』, 학연사, 1992.
- 최전승, 『국어학의 이해』, 태학사, 2000.

또 실패했는가? 괜찮다. 다시 실행하라. 그리고 더 나은 실패를 하라!

– 사뮈엘 베케트 –

시대에듀 독학사 국어국문학과 2 · 4단계 국어학개론

개정1판1쇄 발행	2025년 02월 05일 (인쇄 2024년 12월 18일)
초 판 발 행	2022년 07월 06일 (인쇄 2022년 05월 04일)
발 행 인	박영일
책 임 편 집	이해욱
편 저	임재진
편 집 진 행	송영진 · 김다련
표지디자인	박종우
편집디자인	차성미 · 김휘주
발 행 처	(주)시대고시기획
출 판 등 록	제10-1521호
주 소	서울시 마포구 큰우물로 75 [도화동 538 성지 B/D] 9F
전 화	1600-3600
팩 스	02-701-8823
홈 페 이 지	www.sdedu.co.kr

I S B N	979-11-383-7963-2 (13710)
정 가	23,000원